I0046211

LE
NOUVEL HUISSIER

DES JUSTICES DE PAIX,

OU

MANUEL DE CE FONCTIONNAIRE

D'APRÈS LES NOUVELLES LOIS;

PAR LOUIS VILLEMOT,

HUISSIER A CHAMPLITTE (HAUTE-SAÔNE).

Dijon,

DOUILLIER, IMPRIMEUR-LIBRAIRE,
RUE DES GODRANS.

1838.

46041

LE

NOUVEL HUISSIER

DES JUSTICES DE PAIX.

LE
NOUVEL HUISSIER
DES JUSTICES DE PAIX,

ou

MANUEL DE CE FONCTIONNAIRE

D'APRÈS LES NOUVELLES LOIS;

PAR LOUIS VILLEMOT,

HUISSIER A CHAMPLITTE (HAUTE-SAÔNE).

BIBLIOTHÈQUE ROYALE

Dijon,

DOUILLIER, IMPRIMEUR-LIBRAIRE.

1838.

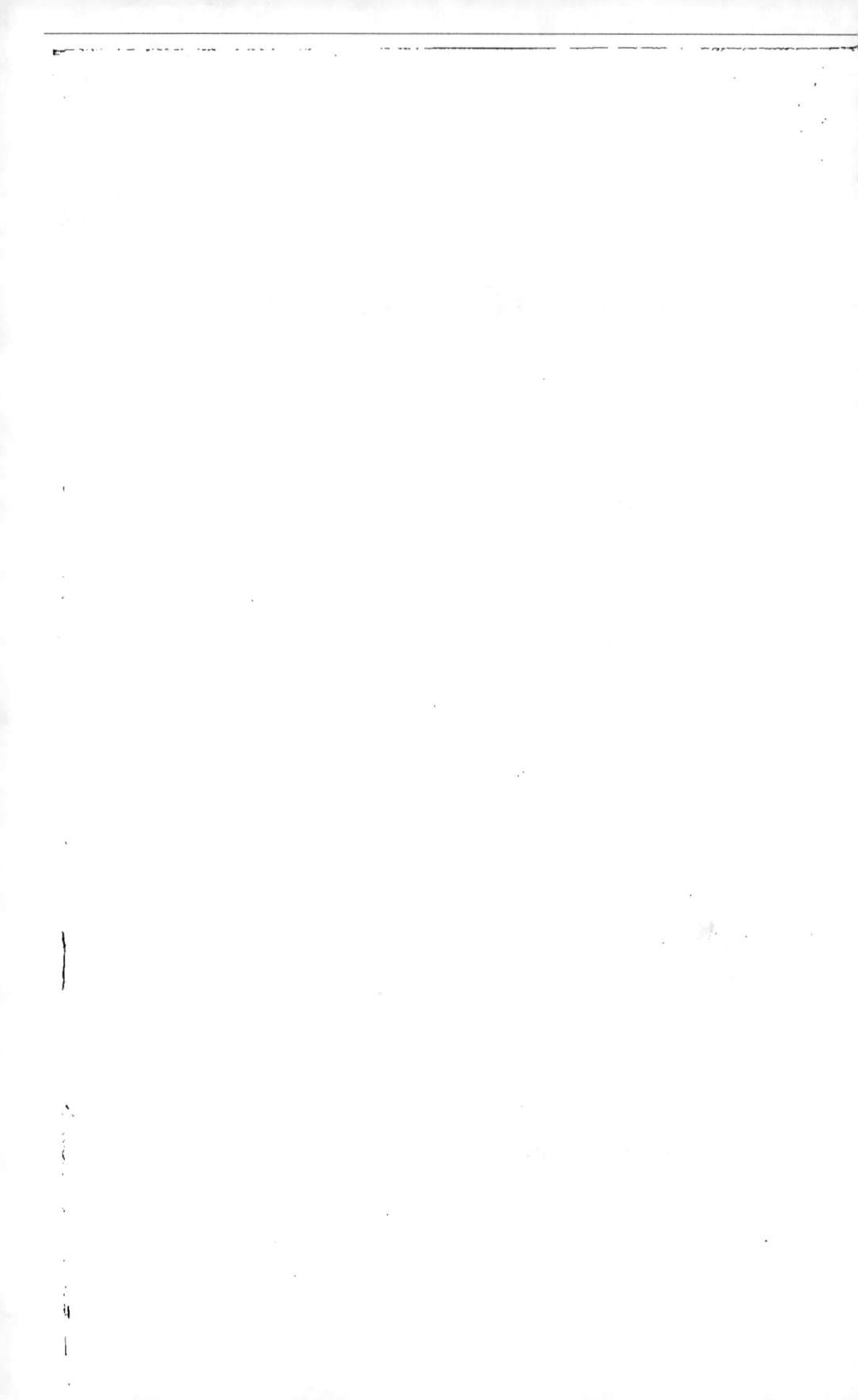

INTRODUCTION.

Depuis la création des justices de paix et la mise en vigueur de nos Codes, il n'est guère de difficultés sur la compétence qui leur est attribuée, et sur la procédure qui les concerne, qui n'aient été résolues tant par la jurisprudence que par les savans interprètes des lois qui régissaient la matière. Beaucoup d'ouvrages ont été publiés, et le changement de législation en fera probablement éclore encore beaucoup. Mais en général ces ouvrages traitent exclusivement de la compétence des juges de paix, et plusieurs embrassent tout l'ensemble de la procédure : de sorte que, pour faire l'étude spéciale des fonctions d'huissier près des justices de paix, il faut avoir tous ces ouvrages sous la main, et subir l'inconvénient de feuilleter une multitude de volumes.

Dans cet état de choses, il m'a semblé qu'un dépouillement de tout ce qui concerne les huissiers, dans leurs fonctions près des justices de paix, pourrait faire l'objet d'un livre bien utile, et d'autant plus utile, que le cercle de ces fonctions se trouve sensiblement élargi par les dispositions de la nouvelle loi. Je me suis trouvé souvent moi-même dans le cas de juger de l'utilité d'un pareil ouvrage; et c'est sous l'impression du besoin qui m'en a été révélé bien des fois dans l'exercice de mes fonctions, que j'en ai conçu le plan et exécuté le travail.

D'abord ma première idée était de ne m'occuper des fonctions d'huissier qu'en ce qu'elles ont de rapport avec le tribunal de paix simplement; mais j'ai reconnu bientôt que mon ouvrage serait incomplet, et n'atteindrait pas entièrement son but, si je n'y ajoutais ce qui concerne le service de ce fonctionnaire près du tribunal de police et du bureau de conciliation. Dès-lors cette matière en est devenue le complément nécessaire.

Pour préparer et confectionner cet ouvrage, voici l'ordre d'après lequel ont été faites les recherches dont il était susceptible : remonter aux motifs des lois qui concernent ce sujet; suivre le législateur et la haute magistrature dans les études dont celle du 25 mai 1838 a été l'objet; compulser une multitude de lois, décrets et ordonnances, qui sont encore en vigueur; interroger la jurisprudence et les au-

teurs, extraire de leurs annales et ouvrages
tout ce qui se trouve encore en harmonie avec
la nouvelle législation : tel a été l'ensemble de
ces recherches.

Une fois en possession de tous ces élémens,
j'ai fait la distribution de mon travail d'après
le mode qui m'a paru le mieux concilier l'ordre
de la matière avec les moyens d'en faciliter la
recherche. Pour cela je l'ai divisé en deux parties : la première partie contient, par lettre alphabétique, tout ce qui est relatif au personnel des huissiers exerçant près des justices
de paix, tout ce qui concerne leurs devoirs,
leurs prérogatives et attributions, les obligations qu'ils ont à remplir pour l'accomplissement de leur ministère tant dans leurs actes
à raison des formes, qu'en dehors de ces actes
dans toutes les autres conditions de leur profession.

La deuxième partie est subdivisée, et contient,

1.º Le texte des lois de la compétence des
juges de paix en matière civile ; et, après
chaque article, les motifs du législateur, les
principaux arrêts et opinions d'auteurs qui
s'y rattachent, avec des formules applicables
dans des cas nombreux et variés ;

2.º Tout ce qui concerne les fonctions d'huissier près du bureau de conciliation ;

5.º Et enfin un manuel de ces mêmes fonctions près du tribunal de simple police, suivant le même ordre qu'en matière civile.

J'ai ajouté à ce travail une table des matières qui en rend l'usage aussi facile qu'on
peut le désirer.

Voilà en même temps l'ensemble et le détail
de mon ouvrage. Je le livre à mes confrères et
à ceux qui se destinent aux fonctions d'huissier, avec le vif désir de leur être utile à tous;
et si je suis parvenu à leur économiser du
temps et des dépenses, à leur éviter des peines
et de l'embarras, enfin, si j'ai réussi à faciliter
leur ministère, je trouverai là, la meilleure et
la plus flatteuse récompense.

LE
NOUVEL HUISSIER
DES JUSTICES DE PAIX.

<<><><><><><><><><><><><><><><><><><><><><><><><><><><><><><><><>

PREMIÈRE PARTIE.

—

ABSENCE. ABSENT.

On entend par absent, *en droit, celui dont on ignore et la résidence et l'existence.*

1. Le mot *absent*, pris génériquement, et dans la signification la plus étendue, indique tout homme qui n'est pas au lieu ordinaire de son domicile; mais si l'on connaît le lieu de sa résidence, il est présent aux yeux de la loi.

2. Suivant le Code civil, pour qu'un homme soit considéré et regardé comme absent, il faut que l'absence soit déclarée par un jugement. Jusque là, quoiqu'un homme ne se trouve point, qu'on ignore où il est, et s'il existe ou non, il n'est encore que présumé absent.

3. En conséquence on peut diriger contre lui

1

toutes espèces de poursuites, on peut lui signifier toutes citations et autres exploits à son domicile le dernier connu, obtenir contre lui tous jugemens par défaut, et les faire mettre à exécution.

4. Mais après que l'absence est déclarée, et que les héritiers présomptifs se sont fait envoyer en possession provisoire des biens, c'est contre eux, en leur qualité, que l'on doit intenter toutes les actions que l'on a droit d'ouvrir contre l'absent ; et, en ce cas, la procédure que l'on ferait contre celui-ci seul serait nulle. (*Opinion de M. Delaporte*, tome 1.er, pages 65 et 66.)

(*Voyez aux mots* Voisin, Maire, Adjoint, Membre du Conseil municipal, Procureur du Roi, Domicile, Pouvoirs, Militaires, *et* Autorisation.)

ALLIANCE. ALLIÉ.

L'alliance est l'union que le mariage produit entre l'un des époux et les parens de l'autre : les alliés sont donc les parens de l'un des époux à l'égard de l'autre.

1. L'huissier ne pourra instrumenter pour ses parens en ligne directe, ni pour ses frères, sœurs, et alliés au même degré. (*Code de procédure,* art. 4.)

2. On s'est demandé si, par suite des dispositions de cet article, l'huissier dont la femme est décédée sans enfans, peut instrumenter pour les

parens et alliés de sa femme en ligne directe, ses frères, beaux-frères, sœurs et belles-sœurs. M. Carré est d'avis de la négative. (*Analyse,* question 243.)

3. La défense faite à l'huissier d'instrumenter pour ses parens et alliés collatéraux s'entend des parens et alliés de la femme aussi bien que des parens et alliés de l'huissier lui-même. (*Annales du Notariat,* traité de M. Carré, n.° 445.)

(*Voyez, au surplus, aux mots* Parens, Parenté.)

AMENDE.

C'est une peine pécuniaire imposée par la loi pour contravention à des règles et à des devoirs.

1. Des amendes pour contraventions aux lois sur le timbre.
2. Des amendes pour contraventions aux lois sur l'enregistrement.
3. Des amendes diverses dont les huissiers sont passibles.

1. Des amendes pour contraventions aux lois sur le timbre.

1. Les huissiers devront employer du papier timbré pour les actes qu'ils rédigeront, et leurs copies et expéditions (*Loi du* 13 *brumaire an* 7, art. 17), à peine d'une amende de 100 fr. pour chaque contravention (art. 26, n.° 5), à l'exception toutefois des exploits faits à la requête du mi-

nistère public, qui doivent être visés pour timbre en débet *(1)*.

2. L'empreinte du timbre ne pourra être couverte d'écriture ni altérée (art. 21), sous peine d'une amende de 25 fr. (Art 26, n.º 2.)

3. Le papier qui aura été employé à un acte quelconque ne pourra plus servir pour un autre, quand même le premier n'aurait pas été achevé (art. 22), à peine d'une amende de 100 fr. (art. 26, n.º 5), réduite à 20 fr. d'après la loi du 16 juin 1824.

4. Il ne pourra être fait ni expédié deux actes à la suite l'un de l'autre sur la même feuille de papier timbré (art. 23), sous peine d'une amende de 100 fr. (art. 26, n.º 5), réduite à 20 fr. *ibidem.*

Sont exceptés les procès-verbaux et autres actes qui ne peuvent être consommés dans un même jour et dans la même vacation, et les significations des huissiers, qui peuvent également être écrites à la suite des jugemens et autres pièces dont il est délivré copie.

5. Il est fait défense aux huissiers d'agir sur

(1) Toutes les amendes fixes prononcées par les lois sur l'enregistrement, le timbre, les ventes publiques de meubles, et le notariat, ainsi que celles résultant du défaut de mention des patentes dans les actes, du défaut de consignation des amendes d'appel, sont réduites, savoir : celles de 500 fr., à 50 fr.; de 100 fr., à 20 fr.; celles de 50 fr., à 10 fr.; et toutes celles au-dessous de 50 fr., à 5 fr. (*Loi du* 16 *juin* 1824, art. 10.)

acte, registre ou effet de commerce non écrit sur papier timbré du timbre prescrit, ou non visé pour timbre (art. 24), à peine d'une amende de 100 fr. (art. 26, n.º 5) réduite à 20 fr. *ibid.*

6. Est soumis au timbre un certificat délivré par une chambre d'huissiers, constatant qu'un huissier cité pour comparaître à une taxe n'a pas comparu. (*Cassation, 17 juillet* 1815.)

7. Les préposés de la régie sont autorisés à retenir les actes, registres ou effets en contravention à la loi du timbre, qui leur seront présentés, pour les joindre aux procès-verbaux qu'ils en rapporteront, à moins que les contrevenans ne consentent à signer lesdits procès-verbaux, ou à acquitter sur-le-champ l'amende encourue et le droit de timbre. (*Loi du* 13 *brumaire an* 7, art. 31.)

8. En cas de refus, de la part des contrevenans, de satisfaire aux dispositions de l'article précédent, les préposés de la régie leur feront signifier, dans les trois jours, les procès-verbaux qu'ils auront rapportés, avec assignation devant le tribunal civil du département. L'instruction se fera ensuite sur simple mémoire respectivement signifié.

Les jugemens définitifs qui interviendront seront sans appel. (Art. 32.)

9. L'action pour faire condamner aux amendes sera prescrite après deux ans à compter du jour où les contraventions auront été commises, dans les cas déterminés, savoir :

1.º Par l'article 37 de la loi du 22 octobre 1798

(1.ᵉʳ *brumaire an* 7), pour la mention à faire des patentes;

2.º Par l'art. 1.ᵉʳ de la loi du 16 floréal an 4, concernant le dépôt des répertoires.

Dans tous les autres cas la prescription pour le recouvrement des droits simples d'enregistrement et des droits de timbre qui auraient été dus indépendamment des amendes, restera réglée par les lois existantes.

2. **Des amendes pour contravention aux lois sur l'enregistrement.**

1. Les exploits et procès-verbaux des huissiers doivent être enregistrés dans les quatre jours de leurs dates (*Loi du* 22 *frimaire an* 7, art. 20), soit au bureau de leur résidence, soit au bureau du lieu où ils les ont faits (art. 26), à peine d'une amende de 25 fr., d'une somme équivalente au montant du droit de l'acte non enregistré, de la nullité de l'acte non enregistré, et de la responsabilité de cette nullité envers la partie (art. 34). — Réduite à 5 fr.

2. Il n'est dû qu'une seule amende de 25 fr. par chaque exploit ou signification à partie ou à avoué, quand même, en raison des demandeurs ou des défendeurs ayant des intérêts différens, l'exploit serait sujet à la pluralité des droits d'enregistrement. (*Dictionnaire de l'Enregistrement,* EXPLOITS, § 5, n.º 4.)

3. Ces dispositions relativement aux exploits et

procès-verbaux ne s'étendent pas aux procès-verbaux de ventes de meubles et autres effets mobiliers, ni à tout autre du ministère des huissiers,
sujet au droit proportionnel. La peine pour ceux-
ci est d'une somme égale au montant du droit,
sans qu'elle puisse être au-dessous de 50 fr. Le contrevenant doit payer en outre le droit dû pour
l'acte, sauf le recours contre la partie pour ce
droit seulement. (*Loi du 22 frimaire an 7*, art. 34.)

4. Dans le délai de quatre jours pour l'enregistrement des exploits et procès-verbaux, le jour
de la date ne sera point compté. Si le dernier jour
du délai se trouve être un jour de dimanche ou de
fête, ces jours-là ne seront point comptés non
plus. (*Loi du 22 frimaire an 7*, art. 25. — *Décision
du ministre des finances du 10 messidor an 10.*)
Il résulte encore d'une décision du ministre des
finances du 24 juillet 1810, que si le dernier jour
du délai pour l'enregistrement se trouve être le
1.er janvier, ce jour-là ne doit pas compter.

5. Les huissiers ne pourront délivrer aucune
expédition d'aucun acte soumis à l'enregistrement, ni faire aucun autre acte en conséquence,
avant qu'il ait été enregistré, quand même le
délai pour l'enregistrement ne serait pas encore
expiré, à peine de 50 fr. d'amende outre le paiement du droit (*Loi du 22 frimaire an 7*, art. 41);
réduite à 10 fr.

Il y a quelques exceptions relatives à certains
actes extrajudiciaires : tels sont, par exemple, les
exploits signifiés à parties, ou par affiches et pro-

clamation ; les billets à ordre , les lettres de change, et autres actes, mais qui sont étrangers à la procédure devant les justices de paix.

6. Aucun huissier ne pourra faire ou rédiger un acte en vertu d'un autre *sous signature privée,* ou passé *en pays étranger,* l'annexer à ses minutes, ni le recevoir en dépôt, ni en délivrer extrait, copie ou expédition, s'il n'a été préalablement enregistré, à peine de 50 fr. d'amende , et de répondre personnellement du droit (*Loi du* 22 *frimaire an* 7, art. 42), sauf les exceptions dont il est parlé *suprà,* n.º 5. — Réduite à 10 fr.

7. Les huissiers tiendront des répertoires à colonnes, sur lesquels ils inscriront *jour par jour, sans blancs* ni interlignes, et par ordre de numéros, tous les actes et exploits de leur ministère , sous peine d'une amende de 5 fr. pour chaque omission. (*Ibidem ,* art. 49, n.º 2.)

8. Ils présenteront ces répertoires tous les trois mois aux receveurs de l'enregistrement de leur résidence. Ceux-ci les viseront, et énonceront dans leurs visas le nombre des actes inscrits.

Cette présentation aura lieu dans les dix premiers jours des mois de janvier, avril, juillet, et octobre, à peine d'une amende de 10 fr. pour chaque dix jours de retard. (*Loi du* 22 *frimaire an* 7, art. 51.)

9. Les huissiers sont tenus de communiquer leurs répertoires, à toute réquisition, aux préposés de la régie qui vont chez eux pour les vérifier,

sous peine d'une amende de 50 fr. (*ibidem*, art. 52), réduite à 10 fr.

10. Ils doivent aussi leur représenter et laisser prendre des extraits des titres ou actes dont ils sont dépositaires, hors les jours de repos, à peine de 50 fr. d'amende par refus constaté par procès-verbal du préposé, assisté du maire de la commune ou de son adjoint; réduite à 10 fr.

11. Le receveur, même après avoir visé un répertoire, peut encore constater, dans les deux ans de ce visa, les contraventions relatives à des omissions, sur ce répertoire, d'actes passés dans le trimestre auquel se rapporte le visa. (*Dictionnaire de l'Enregistrement*, RÉPERTOIRE, § 3, nombre 5.)

12. Lorsqu'un officier public a laissé passer plusieurs trimestres sans présenter son répertoire au visa, les amendes ne se cumulent pas en raison des visa non requis. Ce n'est point le nombre de visa qu'il faut consulter, mais avoir égard seulement au nombre de fois dix jours qui se sont écoulés à compter de l'époque où le premier visa aurait dû être mis. Au reste, les préposés devant, à l'expiration des dix premiers jours de chaque trimestre, rapporter des procès-verbaux, et faire acquitter les amendes, il doit y avoir peu d'officiers publics qui laissent passer plusieurs trimestres sans faire viser leur répertoire. (*Ibidem*, nombre 7.)

13. Les officiers publics sont tenus de présenter leurs répertoires au visa des receveurs aux époques déterminées par la loi, quand même ils n'auraient

reçu aucun acte depuis leur installation ou pendant tout un trimestre. (*Ibidem*, nombre 8.)

14. Les huissiers qui tiennent leurs répertoires sur papier non timbré, ou qui n'y inscrivent leurs actes que par intercalation, encourent dans le premier cas une amende de 100 fr., et dans le second une amende de 50 fr. (*Lois des* 19 *décembre* 1790 et 11 *février* 1791. — *Cassation*, 19 *décembre* 1808), réduite à 10 fr. dans le premier cas, et à 5 fr. dans le second.

15. L'huissier qui, pour la représentation de son répertoire à l'enregistrement, a été en retard seulement d'un ou deux jours, est passible de la peine de 10 fr. que la loi inflige pour une décade de retard. (*Cassation*, 31 *janvier* 1809.)

16. La mention faite, sur le répertoire d'un huissier, que ses actes ont été enregistrés, ne détruit pas la présomption contraire qui résulte du défaut de mention sur les registres du receveur. (*Cassation*, 2 *octobre* 1810.)

17. L'huissier qui ne fait pas viser le répertoire de ses actes par le receveur de l'enregistrement, est passible de l'amende prononcée pour cette omission, encore bien qu'il n'ait plus le libre usage de ses facultés intellectuelles. (*Cassation*, 31 *janvier* 1814.)

18. Suivant l'art. 49 de la loi du 22 frimaire an 7, c'est le jour même que l'acte est signifié, qu'il doit être porté sur le répertoire. L'huissier encourt l'amende si l'inscription est faite après le jour. (*Cassation*, 4 *décembre* 1816.)

19. Les prescriptions établies par l'art. 61 de la loi du 22 frimaire an 7 étant uniquement relatives aux droits d'enregistrement, on ne peut les étendre aux amendes encourues par les officiers ministériels. Sur ce dernier objet la prescription ne s'acquiert que par 30 ans (*Cassation,* 18 *novembre* 1806), sauf l'exception dans le cas où les amendes résultent de contraventions dont les préposés ont eu connaissance par l'enregistrement des actes. (*Conseil d'état,* 18 *août* 1810.)

3. Amendes diverses dont les huissiers sont passibles.

1. L'huissier de justice de paix encourt une amende de 25 à 50 fr., qui peut être prononcée sans appel par le juge de paix contre lui, dans le cas où, se trouvant hors ceux prévus par l'art. 86 du Code de procédure, il assisterait les parties comme conseil, ou les représenterait comme procureur fondé devant la justice de paix. (*Loi du* 25 *mai* 1838, art. 18.)

2. Les huissiers sont tenus de mettre à la fin de l'original et de la copie de l'exploit le coût d'icelui, à peine de 5 fr. d'amende payables à l'instant de l'enregistrement. (*Code de procédure,* article 67.)

3. Les huissiers sont tenus de faire mention de leurs patentes, et de celles des particuliers qui y sont soumis, dans leurs actes et exploits, sous peine de l'amende de 500 fr., prononcée par l'art. 37 de la loi du 1.er brumaire an 7 (*Ordonnance du 23 décembre* 1814); réduite à 50 fr.

4. Pour faciliter la taxe des frais, les huissiers, outre la mention qu'ils doivent faire, au bas de l'original et de la copie de chaque acte, du montant de leurs droits, seront tenus d'indiquer en marge de l'original le nombre des rôles des copies de pièces, et d'y marquer de même le détail de tous les articles de frais formant le coût de l'acte. (*Décret du 14 juin* 1813, art. 8.)

Cette disposition s'applique à tous les actes d'huissiers en général. (*Décision du ministre de la justice, du 31 juillet* 1808.)

5. Le receveur a droit de faire acquitter l'amende de suite, sans qu'il soit besoin que la condamnation en ait été prononcée.

6. L'officier ministériel, soit pour omission, soit pour contravention dans un de ses actes, peut être condamné à une amende de 5 fr. jusqu'à 100 fr., quand même la loi n'aurait pas prononcé la nullité de l'acte. (*Code de procédure,* art. 1030.)

7. Les copies d'actes, de jugemens, d'arrêts, et de toutes autres pièces, qui seront faites par les huissiers, devront être *correctes et lisibles*, à peine du rejet de la taxe, ainsi qu'il a été ordonné par l'art. 28 du décret du 16 février 1807, pour les copies de pièces faites par les avoués. Les papiers employés à ces copies ne pourront contenir plus de 35 lignes par page de moyen papier, à peine de l'amende de 25 fr. prononcée pour les expédi-

tions par l'art. 26 de la loi du 13 brumaire an 7 (*Décret du* 29 *août* 1813, art. 1.ᵉʳ); réduite à 5 fr.

8. Tout huissier qui ne remettra pas lui-même à personne ou domicile l'exploit et les copies de pièces qu'il aura été chargé de signifier, sera condamné, par voie de police correctionnelle, à une suspension de trois mois et à une amende qui ne pourra être moindre de 200 fr., ni excéder 2,000 fr., et aux dommages et intérêts des parties.

Si néanmoins il résulte de l'instruction qu'il a agi frauduleusement, il sera poursuivi criminellement, et puni d'après l'art. 146 du Code pénal. (*Décret du* 14 *juin* 1813, art. 45.)

(*Voyez aux mots* Copies, Coût des actes, Enregistrement, Exploit, Nullité, Officiers ministériels, Répertoire, Visa.)

APPEL.

1. Appel de cause.
2. Appel des jugemens de justice de paix.
3. Appel des jugemens de simple police.

1. Appel de cause.

1. Les huissiers audienciers des juges de paix sont tenus d'appeler les causes portées à l'audience, et de donner lecture des citations. (Inductions des art. 16 de la *Loi du* 25 *mai* 1838 et 93 du *Décret du* 14 *juin* 1813.)

2. Ils ont droit à la rétribution de 15 centimes par chaque appel de cause. (*Décret du* 14 *juin* 1813, art. 93.)

2. **Appel des jugemens civils de justice de paix**.

1. L'appel des jugemens des juges de paix ne sera recevable ni avant les trois jours qui suivront celui de la prononciation des jugemens, à moins qu'il n'y ait lieu à exécution provisoire, ni après les trente jours qui suivront la signification à l'égard des personnes domiciliées dans le canton.

Les personnes domiciliées hors du canton auront pour interjeter appel, outre le délai de trente jours, le délai réglé par les art. 73 et 1033 du Code de procédure civile. (*Loi du* 25 *mai* 1838, art. 13.)

2. Ne sera pas recevable l'appel des jugemens mal à propos qualifiés en premier ressort, ou qui, étant en dernier ressort, n'auraient point été qualifiés.

Seront sujets à l'appel les jugemens qualifiés en dernier ressort, s'ils ont statué soit sur des questions de compétence, soit sur des matières dont le juge de paix ne pouvait connaître qu'en premier ressort.

Néanmoins, si le juge de paix s'est déclaré compétent, l'appel ne pourra être interjeté qu'après le jugement définitif. (*Ibidem*, art. 14.)

3. Les significations des jugemens de justice de paix, de la date desquelles courait le délai d'appel, qui, sous l'ancienne législation, ne pouvaient être faites que par l'huissier de la justice de paix, peuvent l'être actuellement par tous les huissiers du canton.

Il n'y a que les significations de jugement par défaut qui doivent toujours être faites par huissier commis. (Induction de l'art. 16 de la *Loi du 25 mai* 1838.)

4. On ne peut se pourvoir contre un jugement de justice de paix que par appel, par opposition, et par tierce opposition, et jamais par requête civile. (*M. Carré*, question n.º 49.)

5. L'acte d'appel doit contenir assignation, à peine de nullité. (*Cassation*, 6 *septembre* 1814. — S. 15, 1, 40. — *Ibidem*, question n.º 76.)

3. **Appel des jugemens de simple police.**

1. Les jugemens rendus en matière de police pourront être attaqués par la voie de l'appel, lorsqu'ils prononceront un emprisonnement, ou lorsque les amendes, restitutions, et autres réparations civiles, excèderont la somme de 5 fr. outre les dépens. (*Code d'instruction criminelle*, art. 172.)

2. Le jugement par lequel un tribunal de police se déclare incompétent dans une affaire de nature à comporter une condamnation au-dessus de 5 fr., est de sa nature en dernier ressort. Il n'est susceptible de recours qu'auprès de la Cour de cassation. (*Ibid.*, art. 172. — *Cassation*, 18 *juillet* 1817.)

3. Lorsqu'un tribunal correctionnel a prononcé sur une matière de simple police sans qu'il y ait eu de demande en renvoi, son jugement est rendu compétent, et il est en dernier ressort. (*Cassation*, 5 *novembre* 1811.)

4. En matière de simple police, les jugemens sur la compétence sont tous en dernier ressort, sans égard à la valeur du litige. (*Ibid.* 172. — *Cassation*, 31 *décembre* 1818.)

5. Un tribunal correctionnel ne peut pas recevoir l'appel d'un tribunal de simple police lorsque ce jugement n'a pas prononcé un emprisonnement ou une amende, restitution, et autres réparations civiles, excédant la somme de 5 fr. outre les dépens. (*Cassation*, 29 *janvier* 1813.)

6. Le ministère public n'est, dans aucun cas, recevable à interjeter appel d'un jugement de simple police. La faculté dont parle l'art. 172 appartient exclusivement à la partie condamnée. Il suit de là que la peine prononcée en première instance en matière de simple police ne peut jamais être aggravée en instance d'appel.

7. C'est par la condamnation, et non par l'objet de la demande civile, que se détermine le caractère en dernier ressort dans les matières de police. (*Cassation*, 5 *septembre* 1811.)

8. Le ministère public et les parties pourront, s'il y a lieu, se pourvoir en cassation contre les jugemens rendus en dernier ressort par le tribunal de police, ou contre les jugemens rendus par le tribunal correctionnel sur l'appel des jugemens de police. (*Code d'instruction criminelle*, art. 177.)

9. L'appel des jugemens de police est suspensif (*ibid.*, art. 173); c'est-à-dire que l'exécution provisoire ne peut pas en être permise.

10. L'appel des jugemens rendus par le *tribu-*

nal de police sera porté au tribunal correctionnel. Cet appel sera interjeté dans les dix jours de la signification de la sentence à personne ou domicile. Il sera suivi et jugé dans la même forme que les appels des sentences des juges de paix. (*Code d'instruction criminelle*, art. 174.)

11. La disposition de l'art. 174 du Code d'instruction criminelle portant que l'appel des jugemens du tribunal de police sera suivi et jugé dans la même forme que les appels de sentences des juges de paix, ne rend pas applicable aux appels en matière de police l'art. 471 du Code de procédure, qui prononce une amende de 5 fr. contre celui qui succombe dans l'appel d'un jugement du juge de paix. (*Cassation,* 19 *juin* 1817.)

12. Le délai pour interjeter appel d'un jugement d'un tribunal de simple police ne court qu'à partir du jour de la signification du jugement, soit que ce jugement ait été rendu contradictoirement, soit qu'il ait été rendu par défaut. Cela résulte des expressions générales dans lesquelles est conçu l'art. 174. En ce point, le délai de l'appel d'un jugement d'un tribunal correctionnel, s'il a été rendu contradictoirement, court à partir du jour de sa prononciation. (*Cassation,* 19 *février* 1813. — S., 17, 87.)

13. Un jugement dont l'appel n'a point été relevé légalement, a acquis, dans l'intérêt des parties, l'autorité de la chose jugée, mais peut donner ouverture à cassation dans l'intérêt de la loi. (*Cassation,* 17 *janvier* 1812.)

2

14. Les dispositions des art. 152, 153, 154, 155, 156, 157, 158, 162, 163, et 164, sur la solennité de l'instruction, la nature des preuves, la forme, l'authenticité de la signature du jugement défini- tif, la condamnation aux frais, ainsi que les peines que ces articles prononcent, seront communes aux jugemens rendus sur l'appel par les tribunaux correctionnels. (*Code d'instruction criminelle,* art. 176.)

15. Le ministère public et les parties pourront, s'il y a lieu, se pourvoir en cassation contre les ju- gemens rendus en dernier ressort par le tribunal de police, ou contre les jugemens rendus par le tri- bunal correctionnel sur l'appel des jugemens de police.

Le recours aura lieu dans la forme et dans les délais qui seront prescrits. (*Code d'instruction criminelle,* art. 177.)

16. La personne condamnée par défaut par un jugement de police simple ou correctionnelle rendu en dernier ressort, et non susceptible d'op- position, peut se pourvoir en cassation contre ce jugement dans les trois jours qui en suivront la si- gnification, à la charge de faire ensuite notifier son pourvoi à la partie contre laquelle il est formé, dans un autre délai de trois jours, en conformité de l'art. 418.

Mais il n'en est pas de même lorsque le jugement par défaut peut être attaqué par la voie de l'oppo- sition : Le recours en cassation ne peut être formé tant que la voie de l'opposition est ouverte. (*An-notation de M. Bourguignon.*)

(*Voyez* 2.ᵉ *partie, titre des* Affaires de police.)

AUDIENCES.

1. Les juges de paix indiqueront au moins deux audiences par semaine; ils pourront juger tous les jours, même ceux de dimanches et fêtes, le matin et l'après-midi.

Ils peuvent donner audience chez eux, en tenant les portes ouvertes. (*Code de procédure civile,* art. 8.)

2. Les parties seront tenues de s'expliquer avec modération devant le juge, et de garder en tout le respect qui est dû à la justice. Si elles y manquent, le juge les y rappellera d'abord par un avertissement. En cas de récidive, elles pourront être condamnées à une amende qui n'excèdera pas la somme de 10 fr., avec affiches du jugement, dont le nombre n'excèdera pas celui des communes du canton. (*Ibidem,* art. 10.)

3. Dans le cas d'insulte ou irrévérence grave envers le juge, il en dressera procès-verbal, et pourra condamner à un emprisonnement de trois jours au plus. (*Ibid.,* art. 11.)

4. Les jugemens, dans les cas prévus par les précédens articles, seront exécutoires par provision. (*Ibidem,* art. 12.)

AUDIENCIERS.

1. Les juges de paix choisiront leurs huissiers audienciers. (*Loi du* 25 *mai* 1838, art. 16.)

2. Sous l'ancienne législation l'on entendait par audienciers les huissiers qui avaient exclusivement le droit de faire tous les actes devant la justice de paix. Actuellement que la concurrence est établie pour tous les huissiers en général, les fonctions d'audienciers ne consistent plus qu'à faire le service des audiences et à appeler les causes.

3. Le seul bénéfice qui leur reste exclusivement est le droit des appels de cause. Après cela, leur rapprochement plus particulier du juge, la confiance qu'ils lui inspirent, peuvent les faire désigner pour la signification de tous les actes pour lesquels la loi donne au juge le pouvoir de commettre un huissier, par exemple pour la signification des jugemens par défaut. Mais ici ce n'est plus qu'un privilége dépendant de la volonté du juge, et que la loi ne garantit point, parce que tous les autres huissiers du même canton peuvent être commis aussi bien que les huissiers audienciers.

(*Voyez aux mots* Concurrence, Huissiers, Appel de cause.)

AUTORISATION.

C'est l'acte par lequel on donne à quelqu'un le pouvoir d'agir, de contracter, de s'obliger. — En droit, c'est l'assistance d'un légitime administrateur qui donne à celui qu'il a sous son pouvoir la faculté, la capacité de s'obliger ou d'agir verbale-

ment. — *Telle est aussi l'autorisation nécessaire aux mineurs interdits ; telle est celle du mari à l'égard de la femme ; telle est aussi, relativement aux communes et établissemens publics, celle des autorités supérieures à l'égard des autorités inférieures.* (Nouveau Ferrière.)

DIVISION.

SECTION PREMIÈRE.

De l'autorisation relative aux mineurs et interdits.

1. De l'autorisation des mineurs non émancipés.
2. Des mineurs émancipés.
3. Des interdits.
4. Des personnes pourvues d'un conseil judiciaire.
5. Règles communes aux quatre paragraphes précédens.

SECTION DEUXIÈME.

De l'autorisation de la femme mariée.

1. Nécessité de l'autorisation du mari.
2. Des moyens à employer pour obtenir l'autorisation du mari.
3. Le mari est dans l'impossibilité d'autoriser sa femme et de procéder avec elle.
4. L'action est dirigée contre une femme mariée.

SECTION TROISIÈME.

De l'autorisation relative aux communes et établissemens publics.

1. De ce que doivent faire les communes pour être autorisées à former une action.
2. De l'autorisation nécessaire pour intenter une action contre les communes.

3. Du cas où l'action appartient aux établissemens publics, et du cas où elle est dirigée contre ces mêmes établissemens.

SECTION PREMIÈRE.

DE L'AUTORISATION RELATIVE AUX MINEURS ET INTERDITS.

1. Des mineurs non émancipés.

1. Les mineurs non émancipés sont généralement incapables d'exercer toute espèce d'action. C'est au nom de leurs tuteurs qu'elles doivent être intentées. (*Code civil,* art. 509.)

2. Il y a exception à ce principe général dans les cas urgens où l'intérêt du mineur demande une très-prompte interposition de la justice. Il peut actionner sans le concours de son tuteur, sauf à celui-ci à continuer l'instance. (Induction de l'art. 2194 du *Code civil.*)

FORMULES.

1.º *Demande d'un tuteur au nom du mineur.*

L'an mil huit cent...., le...., à la requête du sieur Jules P...., propriétaire, demeurant à...., agissant en qualité de tuteur élu (ou tuteur légal) du sieur Georges M...., mineur non émancipé, fils de...., demeurant au même lieu, etc.

2.º *Demande contre un tuteur par un particulier.*

L'an mil huit cent...., le...., à la requête du sieur César A...., serrurier, demeurant à...., y patenté, etc.,

J'ai. . . ., huissier. . . . soussigné,

Cité Paul V. . . ., négociant, demeurant à. . . .,
en qualité de tuteur élu (ou tuteur légal) du sieur
Adrien L. . . ., mineur non émancipé, fils de. . . .,
domicilié de droit avec lui, étant au domicile dudit V. . . ., parlant à. . . ., etc.

Les conclusions doivent être prises contre le
tuteur.

2. **Des mineurs émancipés.**

1. Le mineur est émancipé de plein droit par
le mariage. (*Code civil*, art. 476.)

2. Le mineur, même non marié, pourra être
émancipé par son père, ou, à défaut de père, par
sa mère, lorsqu'il aura atteint l'âge de quinze ans
révolus. (*Ibidem*, art. 477.)

3. Le mineur, resté sans père ni mère, pourra
aussi, mais seulement à l'age de 18 ans accom-
plis, être émancipé si le conseil de famille l'en
juge capable. (*Ibidem*, art. 478.)

4. Le mineur émancipé a le libre exercice de
ses droits, mais seulement pour les actions de
l'administration de ses biens, par exemple lorsqu'il s'agit de l'exécution du bail ou du paiement
de fermages, etc. (*Ibidem*, art. 481.)

5. Il ne peut actionner sans l'assistance de son
curateur lorsqu'il s'agit d'un capital mobilier : la
loi veut qu'il en soit assisté. (*Ibidem*, art. 482.)

6. Le mineur émancipé qui fait son commerce,
est réputé majeur pour tous les faits qui y sont relatifs. (*Ibidem*, art. 487.)

7. D'après ces dispositions, le mineur émancipé peut se trouver dans trois cas différens, savoir :

1.º Il peut intenter seul une action, s'il est question de fermage, d'arrérages, de fruits échus, et de toutes réclamations de pure administration.

2.º Il peut intenter seul une action relative au commerce qu'il fait, s'il est commerçant, quelle que soit la nature de sa réclamation, fût-ce un capital : en ce cas, il est assimilé au majeur.

3.º Le mineur émancipé ne peut actionner sans l'assistance de son curateur lorsqu'il s'agit d'un capital mobilier, hors du commerce, et de toutes actions immobilières.

4.º Il faut distinguer entre l'autorité du tuteur d'un mineur non émancipé, et celle du curateur d'un mineur émancipé : le premier actionne en son nom, comme tuteur de son pupille, l'action est intentée à sa requête ; tandis que le second ne fait qu'assister l'émancipé, qui est en nom au procès, et lui servir de conseil légal. (*Procédure civile* de M. Pigeau.)

5.º Toutes demandes qui intéressent les mineurs sont dispensées du préliminaire de la conciliation. (*Code de procédure civile*, art. 49.)

6.º Le mineur émancipé doit être appelé en conciliation lorsque l'objet de la demande n'excède pas les bornes de sa capacité. (*Opinion* de MM. Delvincourt et Pigeau.)

1.º *Demande formée par un mineur émancipé.*

L'an mil huit cent. . . ., le . . . ., à la requête du sieur Auguste F. . . ., propriétaire, demeurant à. . . ., fils mineur émancipé, issu du mariage d'entre Pierre F. . . . et Anne G. . . ., ses père et mère décédés, lequel procède avec l'assistance du sieur Pierre-François R. . . ., son curateur à l'émancipation, ce dernier, négociant, demeurant au même lieu. . . . . .

2.º *Demande contre un mineur émancipé.*

L'an mil huit cent . . . ., le . . . ., à la requête du sieur Théodore D. . . ., propriétaire rentier, demeurant à. . . .

J'ai . . . ., huissier . . . ., soussigné,

Cité, 1.º le sieur Emmanuel F. . . ., étudiant en droit, domicilié à . . . ., fils mineur émancipé du sieur Paul F. . . ., et Victoire C. . . ., décédés, étant en son domicile, parlant à . . . ., à qui j'ai remis copie du présent original;

2.º Et le sieur Joseph-Emile P. . . ., notaire, demeurant à. . . ., curateur à l'émancipation dudit Emmanuel F. . . ., spécialement pour assister ce mineur, dont il est le conseil judiciaire, aux fins des présentes, étant au domicile dudit curateur, parlant à . . . ., qui a reçu aussi copie des présentes, et chacun séparément.

3. **Des interdits.**

Les interdits pour cause d'imbécillité, de démence, ou de fureur, sont assimilés aux mineurs quant à leur capacité et à leurs défenseurs. (*Code civil* , art. 505 et 506.)

Les demandes en interdiction et en nomination de tuteur à l'interdit, en décharge de compte, en destitution de tutèle, et en main-levée d'interdiction, peuvent être portées, sans essai de conciliation, au tribunal civil de première instance. (*Code civil* , art. 492.)

(*Voyez section première* , n.os 1 et 2.)

4. **Du conseil judiciaire.**

1. Les individus dont la fureur ou la démence n'est pas suffisante pour autoriser l'interdiction, et les prodigues, peuvent être pourvus d'un conseil judiciaire.

2. L'assistance du conseil judiciaire est nécessaire pour plaider, transiger, augmenter, recevoir un capital mobilier, en donner décharge, etc. (*Code civil* , art. 449 et 513.)

3. L'interdiction ou la nomination d'un conseil judiciaire aura son effet du jour du jugement. Tous actes passés postérieurement par l'interdit, ou sans l'assistance du conseil, seront nuls de droit. (*Ibidem* , art. 502.)

1.º *Demande formée par une personne pourvue*
d'un conseil judiciaire.

L'an mil huit cent ...., le ...., à la requéte
du sieur Julien V...., propriétaire et cultivateur,
demeurant à ...., agissant avec l'assistance du
sieur Théophile N...., manufacturier, demeurant à ...., son conseil judiciaire suivant jugement du tribunal de ...., en date du....,

2.º *Demande formée contre une personne pourvue*
d'un conseil judiciaire.

L'an mil huit cent...., le ...., à la requéte du
sieur Charles F...., teinturier...., demeurant
à ...., non sujet à patente, pour ce qui suit,

J'ai...., huissier...., soussigné,

Cité, 1.º le sieur Julien V...., propriétaire cultivateur, demeurant à ...., pourvu d'un conseil
judiciaire dans la personne du sieur Théophile
N...., suivant jugement du tribunal de....,
étant au domicile dudit V...., parlant à ...., qui
a reçu copie du présent;

2.º Et le sieur Théophile N...., manufacturier,
demeurant à...., en son domicile où étant, et
parlant à...., qui a reçu aussi copie, et chacun
séparément, ce dernier cité pour avoir à assister
ledit V...., comme conseil judiciaire, dans le
procès qui fait l'objet des présentes.

5. **Règles communes aux quatre paragraphes précédens.**

1. Nous avons dit plus haut que pour intenter une action en justice intéressant un mineur, il fallait qu'elle le fût à la requête de son tuteur. Ceci ne suffit qu'autant que l'action est purement mobilière. Mais si l'action est immobilière, les règles sont différentes : les tuteurs ont besoin eux-mêmes d'une autorisation du conseil de famille. (*Code civil,* art. 464.)

2. Ils en ont besoin pour intenter une demande en partage, même quand elle n'aurait pour but qu'un partage de mobilier. (*Ibidem,* art. 465.)

3. Le curateur d'un mineur émancipé doit aussi se faire autoriser en pareil cas, ou le mineur émancipé lui-même. (Argument de l'art. 484 du *Code civil.*)

4. Les père et mère en minorité peuvent être tuteurs de leurs enfans mineurs. (*Code civil,* art. 390 et 442.) Mais ils ne pourraient intenter une action immobilière pour leurs pupilles, parce que la loi n'a pu donner à quelqu'un le pouvoir de faire pour un autre ce qu'il ne pourrait valablement faire pour lui-même. (Argument de l'article 2208 du *Code civil. — Procédure civile,* de M. Pigeau.)

SECTION DEUXIÈME.

DE L'AUTORISATION DE LA FEMME MARIÉE.

1. Nécessité de l'autorisation du mari.

1. La femme ne peut ester en jugement sans l'autorisation de son mari, quand même elle serait marchande publique, ou non commune, ou séparée de biens. (*Code civil*, art. 215.)

2. Il n'y a aucune exception à cette règle en matière civile. Dans aucun cas la femme mariée ne peut comparaître en justice sans y être autorisée.

3. Comme il y a des distinctions à faire suivant le régime sous lequel les époux sont mariés, il devient utile de se reporter aux droits qu'ils tirent de ces divers régimes de communauté, pour savoir la manière d'intenter les actions qui les concernent. Cela va être l'objet de divers exemples.

PREMIER CAS.

La femme est commune en biens.

1. Pour action mobilière, le mari peut actionner seul. (*Code civil*, art. 1428.)

2. Pour action immobilière, le mari doit actionner concurremment avec sa femme. (*Ibidem.*)

3. Il peut plaider au possessoire sans le concours de sa femme. (*Ibidem.*)

FORMULES.

1.° *Demande par le mari et la femme communs en biens.*

L'an mil huit cent . . . . , le . . . . , à la requête du sieur François G. . . . , cultivateur, demeurant à . . . ., et de Gabrielle C. . . ., sa femme, demeurant avec lui, et qu'il autorise. . . . .

2.º *Demande contre le mari et la femme communs en biens.*

L'an mil huit cent . . . ., le . . . ., à la requête du sieur Victor L. . . ., rentier, demeurant à. . . .

J'ai . . . ., huissier . . . ., soussigné,

Cité Gabrielle E. . . ., épouse du sieur François G. . . ., cultivateur, demeurant ensemble à . . . ., et ledit G. . . ., comme mari et légitime administrateur des biens de sadite femme, qu'il est requis d'autoriser; sinon, l'on se pourvoira pour la faire autoriser d'office; étant en leur domicile commun, parlant à. . . ., qui a reçu la copie, etc.

DEUXIÈME CAS.

Il y a exclusion de communauté.

1. Le mari, étant administrateur des biens de sa femme, peut intenter seul toutes actions mobilières.

2. Il peut également intenter une action possessoire, comme usufruitier des immeubles de sa femme (*Code civil*, art. 1530), et il est responsable des prescriptions qu'on pourrait acquérir.

3. Quant aux actions immobilières, elles ne peuvent être intentées que par le mari et la femme, parce que le premier n'est que simple administrateur des biens de cette femme. (*Ibid.*, art. 1531.)

(*Voyez suprà*, Intitulé des Formules, n.os 1 et 2, section 2.)

TROISIÈME CAS.

Les époux sont mariés sous le régime dotal, et il s'agit des biens dotaux de la femme.

1. Le mari seul a l'administration des biens do-taux pendant le mariage. Il a seul le droit d'en poursuivre les débiteurs et détenteurs, d'en per-cevoir les fruits et les intérêts, et de recevoir le remboursement des capitaux. (*Code civil,* article 1549.)

2. Il suit des dispositions de l'article précédent, que toutes actions mobilières peuvent être inten-tées par le mari seul.

3. Quant aux actions immobilières, il y a seu-lement deux cas où elles peuvent être intentées par le mari seul, par exemple :

1.º Si la propriété ou immeuble dotal a été transporté au mari (*Code civil*, art. 1552), parce qu'il a droit d'intenter seul les actions relatives à cet immeuble ;

2.º Et si, la propriété n'ayant pas été transportée au mari, l'action est dirigée au possessoire, parce que, dans ce cas, l'art. 1549 du Code civil lui donne le droit de poursuivre seul les détenteurs de l'immeuble dotal.

4. Mais si, au contraire, l'action est dirigée au pétitoire, le mari ne peut actionner que conjointe-ment avec sa femme, parce que l'immeuble dotal est inaliénable. (*Ibid.*, art. 1554.)

QUATRIÈME CAS.

Les époux sont mariés sous le régime dotal, et il s'agit des biens paraphernaux de la femme.

L'article 1576 du Code civil établit que la femme a l'administration et la jouissance de ses biens paraphernaux, mais qu'elle ne peut les aliéner, ni paraître en jugement à raison desdits biens, sans l'autorisation de son mari, ou, à son refus, sans la permission du juge.

De là il suit que le mari ne peut intenter seul aucune action par rapport à ces sortes de biens, et que le concours du mari et de la femme est indispensable.

CINQUIÈME CAS.

La femme est marchande publique.

1. La femme n'est réputée marchande publique qu'autant qu'elle fait un commerce séparé de celui de son mari, et qu'elle ne détaille pas les marchandises du commerce de ce dernier. (*Code civil*, art. 220.)

2. Dans ce cas elle peut s'engager pour ce qui concerne son négoce. (*Ibidem.*)

3. En conséquence elle ne peut intenter que des actions mobilières, parce que son commerce ne lui donne le droit que d'exiger le paiement d'obligations contractées envers elle à ce sujet. Voici comment ces actions peuvent être intentées.

1.º Si la femme est commune en biens, le mari peut les intenter seul, parce qu'il est chef de la communauté, et que les objets du commerce de sa femme en font partie. Si celle-ci actionne, il lui faut l'autorisation de son mari ou de la justice.

2.º Si la femme est non commune, le mari a la propriété du mobilier de sa femme, et il peut encore actionner seul.

3.º Mais si la femme est séparée de biens, il ne peut actionner seul, parce que le mobilier appartient à la femme.

SIXIÈME CAS.

L'action de la femme est immobilière; mais la femme est mineure, et son mari majeur.

La femme mineure, étant émancipée, a pour curateur son mari. (Argument de l'art. 2208 du *Code civil.*) Elle ne peut donc actionner qu'avec son autorisation; et si cette autorisation lui est refusée, elle est obligée de réclamer au tribunal la nomination d'un curateur et l'autorisation de procéder avec lui.

SEPTIÈME CAS.

L'action de la femme est immobilière, et les deux époux sont mineurs.

Pour intenter une action de cette nature, la femme mineure n'a pas qualité. Son mari, qui ne peut procéder même pour lui, ne peut ni l'autoriser, ni actionner seul : c'est donc le cas de demander qu'il soit nommé un tuteur par le tribunal. (Argument de l'art. 2208 du *Code civil.*)

HUITIÈME CAS.

L'action de la femme est immobilière; mais la femme est majeure, et son mari mineur.

La femme, dans ce cas, doit être autorisée par le juge (224, 2208); mais le mari, qui a intérêt, de même que dans le cas précédent, à ce qu'il ne se fasse rien dans l'instance contre ses droits, peut y assister pour veiller à leur conservation.

CAS DIVERS.

L'action de la femme est mobilière ou immobilière; mais le mari est absent, ou interdit, ou condamné à des peines infamantes.

Dans tous ces cas la femme est obligée de se munir d'une autorisation de la justice. (*Code civil*, art. 221 et 222.)

EXTRAIT DE LA JURISPRUDENCE.

1. L'autorisation du mari qui plaide contre sa femme n'est pas nécessaire à celle-ci : il est censé la lui donner par cela seul qu'il lui intente une action. (*Nancy*, 24 *avril* 1811.)

2. L'art. 216 du Code civil, qui permet à la femme d'ester en jugement sans autorisation de son mari lorsqu'elle est poursuivie en matière criminelle et de police, n'est pas applicable au cas où c'est elle qui intente le procès. (*Cassation*, 1.er *juillet* 1808.)

3. L'autorisation expresse du mari n'est pas nécessaire à une femme étrangère pour s'engager

à raison d'un logement en France, et même de tout ce qui est aliment.

Le mari qui consent au voyage de sa femme, consent nécessairement d'avance à ce qu'elle s'oblige pour sa subsistance pendant le voyage. (*Bruxelles*, 23 *février* 1808.)

4. La femme autorisée par son mari à intenter toutes actions relatives à ses biens personnels, et à défendre à toutes demandes, est suffisamment autorisée, par cela même, à défendre sur un pourvoi en cassation, sans qu'il soit nécessaire d'assigner le mari. (*Cassation*, 2 *août* 1820.)

2. Des moyens à employer pour obtenir l'autorisation du mari.

Il paraîtrait résulter d'un arrêt de la cour royale de Colmar du 31 juillet 1810, qui établit que les tribunaux de commerce sont compétens pour autoriser les femmes mariées actionnées devant eux à ester en jugement, qu'elles peuvent l'être aussi par le juge de paix pour les actions de sa compétence. Quelque analogie qu'il existe entre ces deux juridictions extraordinaires, et quels qu'aient été les motifs de la cour royale de Colmar, il est impossible, quant à l'autorisation à donner par le mari à sa femme dans une action de la compétence du juge de paix, de se soustraire aux règles posées en l'art. 861 du Code de procédure civile, qui enjoignent de s'adresser par voie de requête au président du tribunal. D'ailleurs aucune loi ne confère aux juges de paix le pouvoir de donner cette autorisation.

Voici la manière de procéder dans les divers cas où la femme mariée a besoin d'une autorisation de son mari.

Le mari refuse. Dans ce premier cas elle doit faire sommation au mari de l'autoriser à procéder, et lui prescrire un délai qu'elle peut arbitrer, pour donner cette autorisation, ayant soin de laisser le temps suffisant.

Si le mari consent, elle peut être donnée par une réponse dans la sommation, signée de lui, ou contenant la mention qu'il ne peut ou ne sait signer.

Si l'huissier ne rencontre pas le mari, celui-ci est tenu de donner son autorisation par acte extra-judiciaire passé par-devant notaire ou sous signature privée.

S'il refuse de la consentir, elle présente ses moyens dans une requête au président du tribunal, qui rend une ordonnance permettant de citer le mari, à jour indiqué, à la chambre du conseil. Ensuite de cette ordonnance, la femme cite le mari, et c'est sur cette citation qu'intervient le jugement d'autorisation ou de refus. (*Procédure de M. Pigeau.*)

3. Le mari est dans l'impossibilité d'autoriser sa femme et de procéder avec elle.

PREMIER CAS.

Il est absent.

1. Si l'absence n'est pas déclarée, la femme prend un acte de notoriété qui atteste l'absence de son mari : elle présente requête, elle y expose ses moyens. Le président rend une ordonnance portant que l'affaire sera communiquée au ministère public, et commet un juge pour faire son rapport à jour indiqué : au jour indiqué le tribunal prononce.

2. Si l'absence est déclarée, elle joint à sa requête le jugement de déclaration.

DEUXIÈME CAS.

Le mari est condamné à une peine afflictive ou infamante, ou interdit.

Dans ce cas la femme joint à la requête le jugement qui a prononcé la condamnation ou l'interdiction. (*Code de procédure civile,* art. 221.)

4. L'action est dirigée contre une femme mariée.

1. Si l'action est dirigée contre une femme mariée, il faut appliquer en raison inverse ce qui est aux trois paragraphes précédens, et assigner en conséquence soit le mari et la femme, soit un tuteur pour la femme, suivant les règles exposées à ce sujet.

2. La demande en autorisation de la femme mariée comme défenderesse pour ester en ju-

gement, doit être portée par action principale au tribunal devant lequel la contestation est portée. (*Code civil*, art. 218. — *Cour royale de Colmar, 31 juillet* 1810.)

3. Mais s'il est question d'actes extrajudiciaires ou de poursuites à intenter de la part de la femme en qualité de demanderesse, c'est devant le tribunal du domicile qu'elle doit porter cette demande, même lorsque ces poursuites devraient avoir lieu devant un autre tribunal. (*Code de procédure civile*, art. 861. — *Code civil*, art. 219. — *Analyse de M. Carré*, question 2681.)

4. C'est au demandeur qui assigne une femme mariée, à appeler son mari, et non à la femme de requérir cette autorisation. (*Cassation*, 7 octobre 1811.)

5. Lorsque le mari se trouve dans l'impossibilité morale ou physique de donner son autorisation, par exemple s'il est absent, ou condamné à une peine emportant interdiction légale, il n'est pas nécessaire de l'appeler; mais la femme doit toujours être autorisée du juge.

SECTION TROISIÈME.

DE L'AUTORISATION RELATIVE AUX COMMUNES
ET ÉTABLISSEMENS PUBLICS.

1. De ce que doivent faire les communes pour être autorisées à intenter une action.

1. Nulle commune ou section de commune ne peut introduire une action en justice sans être autorisée par le conseil de préfecture.

Après tout jugement intervenu, la commune ne peut se pourvoir devant un autre degré de juridiction qu'en vertu d'une nouvelle autorisation du conseil de préfecture.

Cependant tout contribuable inscrit au rôle de la commune, a le droit d'exercer, à ses frais et risques, avec l'autorisation du conseil de préfecture, les actions qu'il croirait appartenir à la commune ou section, et que la commune ou section, préalablement appelée à en délibérer, aurait refusé ou négligé d'exercer.

La commune ou section sera mise en cause, et la décision qui interviendra aura effet à son égard. (*Loi du* 18 *juillet* 1837, art. 49.)

2. La commune, section de commune ou le contribuable auquel l'autorisation aura été refusée, pourra se pourvoir devant le roi en son conseil d'état. Le pourvoi sera introduit et jugé en la forme administrative. Il devra, à peine de déchéance, avoir lieu dans le délai de trois mois à dater de la notification de l'arrêté du conseil de préfecture. (*Ibidem*, art. 50.)

2. De l'autorisation nécessaire pour intenter une action contre les communes.

1. Quiconque voudra intenter une action contre une commune ou section de commune, sera tenu d'adresser préalablement au préfet un mémoire exposant les motifs de sa réclamation. Il lui en sera donné récépissé.

La présentation du mémoire interrompra la prescription et toutes déchéances.

Le préfet transmettra le mémoire au maire, avec l'autorisation de convoquer immédiatement le conseil municipal pour en délibérer. (*Ibidem*, art. 51.)

2. La délibération du conseil municipal sera, dans tous les cas, transmise au conseil de préfecture, qui décidera si la commune doit être autorisée à ester en jugement.

La décision du conseil de préfecture devra être rendue dans le délai de deux mois à dater de la date du récépissé énoncé en l'article précédent. (*Ibid.*, art. 52.)

Toute décision du conseil de préfecture portant refus d'autorisation, devra être motivée.

En cas de refus de l'autorisation, le maire pourra, en vertu d'une délibération du conseil municipal, se pourvoir devant le roi en son conseil d'état, conformément à l'art. 50 ci-dessus.

Il devra être statué sur le pourvoi dans le délai de deux mois à partir du jour de son enregistrement au secrétariat général du conseil d'état. (*Ibidem*, art. 53.)

3. L'action ne pourra être intentée qu'après la décision du conseil de préfecture, et, à défaut de décision dans le délai fixé par l'art. 52, qu'après l'expiration de ce délai.

En cas de pourvoi contre la décision du conseil de préfecture, l'instance sera suspendue jusqu'à ce qu'il ait été statué sur le pourvoi, et, à défaut de décision dans le délai fixé par l'article précédent, jusqu'à l'expiration de ce délai.

En aucun cas la commune ne pourra défendre à l'action qu'autant qu'elle y aura été expressément autorisée. (*Ibid.*, art. 54.)

4. Le maire peut toutefois, sans autorisation préalable, intenter toute action possessoire, ou y défendre, et faire tous autres actes conservatoires, ou interruptifs des déchéances. (*Ibidem*, art. 55.)

5. Lorsqu'une section est dans le cas d'intenter ou de soutenir une action judiciaire contre la commune elle-même, il est formé pour cette section une commission syndicale de trois ou cinq membres, que le préfet choisit parmi les électeurs municipaux, et, à leur défaut, parmi les citoyens les plus imposés.

Les membres du corps municipal qui seraient intéressés à la jouissance des biens ou droits revendiqués par la section, ne devront point participer aux délibérations du conseil municipal relatives au litige.

Ils seront remplacés dans toutes ces délibérations par un nombre égal d'électeurs municipaux de la commune, que le préfet choisira parmi les habitans ou propriétaires étrangers à la section.

L'action est suivie par celui de ses membres que la commission syndicale désigne à cet effet. (*Ibid.,* art. 56.)

6. Lorsqu'une section est dans le cas d'intenter ou de soutenir une action judiciaire contre une

autre section de la même commune, il sera formé, pour chacune des sections intéressées, une commission syndicale, conformément à l'article précédent. (*Ibid.*, art. 57.)

7. La section qui aura obtenu une condamnation contre la commune, ou contre une autre section, ne sera point passible des charges ou contributions imposées pour l'acquittement des frais et dommages et intérêts qui résulteraient du fait du procès.

Il en sera de même à l'égard de toute partie qui aurait plaidé contre une commune ou une section de commune. (*Ibid.*, art. 58.)

3. **Du cas où l'action appartient aux établissemens publics, et du cas où elle est dirigée contre ces mêmes établissemens.**

1. Les établissemens publics, tels que les hospices, les lycées, les fabriques, etc., ont besoin, pour plaider, de la même autorisation que les communes. (*Cour de cassation*, 22 *prairial an* 13. — *Décret du* 30 *juin* 1806; et pour les fabriques particulièrement, *Cassation*, 21 *juin* 1808.)

2. L'action se dirige au nom de leurs administrateurs.

3. L'autorisation nécessaire pour le procès à intenter au nom des établissemens publics (comme au nom des communes) n'est pas également nécessaire pour réclamer un objet mobilier de peu de valeur. (*Arrêté du* 7 *thermidor an* 9.— *Rejet*, 21 *juin* 1808.)

(*Voyez aux mots* Communes, Hospices, Fabriques.)

AVERTISSEMENT.

1. « Dans toutes les causes, excepté celles où il
» y aurait péril en la demeure, et celles dans les-
» quelles le défendeur serait domicilié hors du
» canton, ou des cantons de la même ville, le
» juge de paix pourra interdire aux huissiers de
» sa résidence de donner aucune citation en jus-
» tice de paix sans qu'au préalable il ait appelé,
» sans frais, les parties devant lui. » (*Loi du*
25 *mai* 1838, art. 17.)

2. L'avertissement préalable était en usage bien
long-temps avant la nouvelle loi; mais il n'était
pas *obligatoire pour les huissiers.* La loi a fait innovation à cet égard : elle leur enjoint de ne faire
aucune citation sans qu'au préalable le juge
de paix ait été mis à même de prévenir les
parties.

3. Pour le juge de paix, l'avertissement n'est
que facultatif : il peut en faire usage à volonté et
quand il juge convenable de le faire. Il peut aussi
avertir suivant le mode qu'il croit devoir employer.
Dans les premiers projets qui ont précédé la loi
du 25 mai 1838, une disposition mettait dans les
attributions du greffier l'obligation d'expédier les
avertissemens moyennant 15 centimes par chaque
avertissement, et les parties devaient paraître à
une première audience; mais beaucoup d'inconvéniens ont été signalés, et on en est revenu à
l'usage adopté presque partout, laissant aux juges
de paix la confiance qu'ils avaient justifiée généralement.

Ainsi il dépend entièrement du juge de prévenir les parties ou de ne pas le faire, d'appliquer à
l'huissier qui aurait cité sans avertissement la
peine prononcée par la loi, ou de l'en tenir quitte.
Il est à cet égard arbitre absolu.

4. Un mode d'avertissement qui paraît concilier assez bien les intérêts des justiciables avec
l'ordre nécessaire à la marche des affaires, et qui a
été adopté dans bien des endroits, le voici : l'huissier reçoit les notes de ses cliens jusqu'à un certain jour, par exemple jusqu'au jeudi de chaque
semaine. Il a un cahier à cet effet, où il inscrit la
date des commissions, les noms et domiciles des
parties, l'exposé sommaire des affaires. Ce jour
qui vient d'être indiqué, il remet son cahier de
notes au juge de paix, qui prévient les parties, et
essaie de les concilier jusqu'au lundi ou mardi
suivant. Un de ces deux derniers jours, il retourne
à l'huissier ce cahier de notes, en marge duquel il
met son permis de citer, ou la mention de l'arrangement intervenu entre les parties, et cela en face
de l'exposé de chaque affaire. Alors l'huissier connaît les personnes qu'il peut citer pour le lundi
de la seconde semaine, quand les audiences se donnent ce jour-là.

BILLET.

1. Ce n'est jamais aux tribunaux de commerce
qu'appartient la connaissance d'une action tendant
à obtenir paiement du montant d'un billet à ordre
souscrit entre simples particuliers. C'est aux tri-

bunaux de première instance et de justice de paix qu'appartient ce droit, chacun dans l'étendue de sa compétence. (*Cour de cassation,* 14 *octobre* 1791.)

2. Le souscripteur d'un billet à ordre, qui s'y qualifie marchand, ne peut prétexter ensuite qu'il n'est pas marchand, pour se soustraire à la juridiction commerciale et à la contrainte par corps. (*Paris,* 28 *juin* 1813. — S., 14, 2, 188. — D., 12, 2, 93. — L., 38, 144.)

BORNAGE.

1. Les actions en bornage sont mixtes ; elles peuvent être portées devant le juge de la situation de la propriété à borner, ou devant le juge du domicile. (*Code de procédure civile,* art. 1.er et 59. — *MM. Merlin* et *Henrion.*)

2. Sous l'ancienne législation les actions en bornage étaient de la compétence des tribunaux de première instance ; mais la nouvelle loi les a rangées dans la compétence des juges de paix (art. 6), pourvu que la propriété ou les titres ne soient pas contestés.

(*Voyez* 2.e *partie, chapitre* I.er)

BOURSE COMMUNE.

1. Les huissiers audienciers qui reçoivent un traitement n'en verseront aucune portion à la bourse commune. (*Ordonnance du* 26 *juin* 1822, art. 6.)

(*Voyez les autres dispositions de cette ordonnance, et les articles non abrogés du décret du* 14 *juin* 1813.)

BREVETS D'INVENTION.

1. « Les actions concernant les brevets d'inven-
» tion seront portées, s'il s'agit de nullité ou de
» déchéance des brevets, devant les tribunaux ci-
» vils de première instance; s'il s'agit de contrefa-
» çon, devant les tribunaux correctionnels. » (*Loi
du 25 mai* 1838, art. 20.)

2. La loi du 14—25 mai 1791, tit. 11, art. 10 et
suivans, avait rangé au nombre des actions dont
le juge de paix pouvait connaître, les contestations
relatives aux brevets d'invention : par exemple,
le propriétaire d'un brevet pouvait se pourvoir en
justice de paix contre celui qui le troublait dans
l'exercice de son droit, et le juge de paix était
compétent pour appliquer au contrefacteur les
peines prononcées par la loi. Il était aussi compétent pour connaître des contestations entre deux
brevetés.

3. Ces genres d'actions s'introduisaient dans les
mêmes formes que les autres procédures civiles
devant le juge de paix, et le jugement qu'il prononçait était exécutoire provisoirement, nonobstant appel.

4. Quant aux actions en nullité ou en déchéance des brevets, elles étaient dans la juridiction des tribunaux ordinaires de première instance, et l'appel était porté devant les cours
royales.

5. La loi du 25 mai 1838 a changé cet ordre
de choses. Ces contestations maintenant doivent

être portées, savoir : s'il s'agit de nullité ou de déchéance des brevets, devant les tribunaux civils de première instance ; et s'il s'agit de contrefaçon, devant les tribunaux correctionnels.

6. Les motifs de ce changement sont tirés en partie de ce que les progrès toujours croissans de l'industrie peuvent engager bien souvent des intérêts très-considérables. D'un autre côté, il arrivait assez fréquemment que le défendeur inculpé de contrefaçon venant à critiquer le titre du breveté, les déchéances ou les nullités dont il excipait tombaient sous la compétence du juge de paix, par application de ce principe du droit qui veut que *le juge de l'action soit juge de l'exception*. De là les juges de paix connaissaient presque de toutes ces actions, parce qu'on les introduisait presque toujours par voie d'action principale. Un ensemble de questions aussi difficiles a paru au législateur dépasser les limites des fonctions des juges de paix, et il les a retranchées de la compétence.

CHANGEMENT DE DOMICILE.

1. Le changement de domicile s'opère par le fait d'une habitation réelle dans un autre lieu, joint à l'intention d'y fixer son principal établissement. (*Code civil*, art. 103.)

2. La preuve de l'intention résultera d'une déclaration expresse faite tant à la municipalité du lieu qu'on quittera qu'à celle du lieu où l'on aura transféré son domicile. (*Ibidem*, 104.)

3. A défaut de déclaration expresse, la preuve de l'intention dépendra des circonstances. (*Ibid.*, 105.)

4. Pour opérer un changement de domicile légal, tout ce que la loi exige, c'est le concours du fait et de l'intention de changement. Il n'est aucunement nécessaire que la résidence nouvelle ait duré ni un an, ni six mois, ni même un mois, ni un temps déterminé quelconque. (*Limoges*, 1.er septembre 1813.)

5. L'huissier doit apporter la plus scrupuleuse attention dans l'examen des changemens de domicile, parce qu'un acte signifié à un domicile qui n'est pas celui de la partie à laquelle on l'adresse, peut avoir des conséquences très-funestes.

(*Voyez au mot* Domicile.)

CITATION.

C'est l'acte par lequel on somme une partie de paraître devant un juge de paix, pour qu'il soit prononcé sur la demande exposée dans cet acte. (Traité de M. Carré.)

DIVISION.

SECTION PREMIÈRE.

Des formalités d'une citation.

1. De la date des jour, mois et an.
2. Des nom, prénoms, profession et domicile du demandeur.
3. Des noms, demeure et immatricule de l'huissier.
4. Des noms et demeure du défendeur.

5. De l'objet et des moyens de la demande.

6. De l'indication du juge de paix qui doit en connaître,

7. Du jour et de l'heure de la comparution.

SECTION DEUXIÈME.

Devant quel juge de paix il faut citer.

SECTION TROISIÈME.

Par quel huissier la citation doit être faite.

SECTION QUATRIÈME.

Des personnes et des lieux où la citation doit être remise, et pour quelles personnes l'huissier ne peut instrumenter.

SECTION CINQUIÈME.

Délais à observer dans les citations.

SECTION PREMIÈRE.

DES FORMALITÉS D'UNE CITATION.

1. De la date des jour, mois et an.

1. La loi exige rigoureusement la mention de la date, parce qu'il est nécessaire de connaître si l'action est exercée en temps utile, de fixer le moment où commence le délai accordé à l'adversaire pour préparer sa défense, pour le constituer en demeure, et pour faire courir les intérêts.

2. Mais, comme les délais ne courent que du jour de la citation, et qu'on ne les compte que par jour, il est inutile de rappeler si elle a été notifiée avant ou après midi.

4

3. Non-seulement la date doit être indiquée dans la copie, mais encore dans l'original. (Extrait du *Praticien français.*)

2. **Des nom, prénoms, profession et domicile du demandeur.**

1. Toute citation doit contenir les noms, profession et domicile du demandeur. (*Code de procédure civile*, art. 1er.)

2. En exigeant la mention des noms, la loi semble requérir non-seulement le nom de famille, mais les prénoms et surnoms du demandeur.

3. Cependant le défaut de la mention de ces prénoms et surnoms n'empêcherait pas la validité de l'exploit; mais il est toujours bon de les énoncer, pour mieux indiquer à l'adversaire celui qui intente une action contre lui.

4. Quand on poursuit de la part d'un préfet, d'un maire, d'un syndic de communauté, il n'est pas nécessaire de relater les noms patronymiques de la famille de ces fonctionnaires. Leur qualité est le nom même qu'ils doivent prendre dans la cause. (*Opinion de M. Carré, Analyse*, question 186.)

5. Lorsqu'un tuteur introduit une action pour son mineur, il doit en faire mention dans son exploit.

6. Il en est de même de celui qui est pourvu d'un conseil judiciaire.

7. Quand plusieurs figurent dans la même demande, tous doivent être individuellement dénommés.

8. La mention de la profession est également requise, parce que souvent elle signale mieux que les nom et prénoms la personne du demandeur.

9. Lorsque celui-ci n'a point de profession, qu'il est rentier ou propriétaire, il est toujours bon de le déclarer. Cette qualité négative sert toujours à désigner l'individu. (Extrait du *Praticien français.*)

10. L'indication du domicile est aussi de la plus rigoureuse nécessité. Indépendamment de ce qu'elle fait connaître l'individu, elle fournit encore à l'autre partie les moyens de pouvoir trouver son adversaire, traiter avec lui, et terminer peut-être par des offres ou autrement le procès qui s'engage.

11. Le domicile doit être convenablement déterminé. Il faut spécifier la commune, le canton, et le département, pour peu qu'on craindrait de ne pas faire connaître suffisamment le domicile du demandeur quand il demeure à la campagne. S'il demeure dans une ville, et surtout dans une ville populeuse, il devient nécessaire d'indiquer la section, la rue et le numéro de la maison qu'il occupe.

12. Il est bon de remarquer qu'il s'agit ici tant du domicile réel du demandeur que du domicile qu'il aurait élu aux termes de l'art. 111 du Code civil.

13. Une foule de difficultés se présentent très-

souvent sur le véritable domicile des parties ; mais la solution dépend presque toujours des circonstances et des faits de la cause. (Extrait du *Praticien français*.)

3. Des noms, demeure et immatricule de l'huissier.

1. Toute citation devant le juge de paix contiendra les noms, demeure et immatricule de l'huissier. (*Code de procédure*, art. 1.er)

2. Il est indispensable que l'huissier qui notifie une citation y fasse mention de ses noms, pour faire connaître à la personne qu'il cite qu'il est réellement celui ayant droit de la faire.

3. L'indication de la demeure sert à constater que l'huissier est ou n'est pas dans les limites de la juridiction dans laquelle il a droit d'exercer.

4. La loi exige aussi l'immatricule de l'huissier, qui sert à faire connaître à quel tribunal il est attaché. Une ordonnance du 23 décembre 1814 l'oblige à faire en même temps mention de la classe et du numéro de sa patente.

Nota. Quelques huissiers avaient pensé que la mention seule qu'ils sont audienciers à la justice de paix d'un tel endroit, suffisait pour remplir l'obligation qui leur est imposée par la loi du 7 nivôse an 7, de faire mention de leurs immatricules ; mais c'est une erreur : les huissiers sont immatriculés près du tribunal de l'arrondissement dans lequel ils exercent, et c'est cette énonciation à laquelle la loi les oblige.

(*Voyez* 2.e *partie, aux formules; et au mot* Amende.)

4. Des noms et demeure du défendeur.

1. Toute citation contiendra les noms et de-meure du défendeur. (*Code de procédure civile,* art. 1.er)

2. Quoique la loi n'exige pas qu'on indique les prénoms et la profession du défendeur, il convient de le faire lorsqu'il est possible, afin que le défendeur ait bien la certitude que c'est à lui que l'exploit s'adresse. (*Opinion de M. Carré,* question 207.)

3. On peut employer indistinctement les mots *demeure* et *domicile,* qui sont synonymes dans la signification qui leur est donnée par l'usage. (*Ibidem,* question 208.)

5. De l'objet et des moyens de la demande.

1. Les exploits doivent être libellés. Il n'y a pas de demande sans motif et sans cause.

2. Il faut indiquer l'objet de la demande, pour que le défendeur sache précisément ce qu'on lui demande, et examine s'il doit y satisfaire ou plaider.

3. Il faut analyser les moyens de la demande, pour indiquer en quelle qualité et à quel titre on cite.

4. La loi n'exige qu'un exposé sommaire, c'est-à-dire tout ce qui peut être nécessaire pour donner connaissance de l'objet de la demande, sauf à développer et augmenter les moyens dans la plaidoierie.

6. De l'indication du juge de paix qui doit connaître de la demande.

Le but de cette formalité est de mettre le défendeur à portée de s'assurer si le juge de paix devant lequel on le cite est compétent, et s'il est de son intérêt de le récuser. (Extrait du *Praticien français.*)

7. Du jour et de l'heure de la comparution.

1. L'indication du jour et de l'heure de la comparution est indispensable pour mettre le défendeur à même de se rencontrer à l'audience dans le moment où sa cause doit être appelée.

2. Il est essentiel aussi que le lieu où le juge de paix tient ses audiences soit clairement désigné, parce qu'il peut arriver que, ce lieu étant inconnu au défendeur, il ne puisse s'y rencontrer, et n'encoure les suites désagréables d'un jugement par défaut.

SECTION DEUXIÈME.

DEVANT QUEL JUGE DE PAIX IL FAUT CITER.

Comme il y a quelques distinctions à faire à l'égard du juge devant lequel la citation doit être donnée, suivant qu'il s'agit d'affaire en jugement, en conciliation, ou en simple police, nous allons rappeler ce que la loi exige dans ces divers cas.

Il s'agit d'une affaire en justice de paix.

1. En matière purement personnelle ou mobilière, la citation sera donnée devant le juge du domicile du défendeur; s'il n'a pas de domicile, devant le juge de sa résidence. (*Code de procédure,* art. 1.er)

2. S'il y a plusieurs défendeurs, la citation sera donnée devant le juge du domicile de l'un d'eux, au choix du demandeur. (Induction de l'art. 59 du *Code de procédure.*)

3. Les matières personnelles sont celles dans lesquelles une partie agit contre une autre qui lui est personnellement obligée, soit par suite d'un contrat ou d'un quasi-contrat, soit par suite d'un délit ou d'un quasi-délit. (*M. Henrion de Pansey.*)

4. Les actions par lesquelles on revendique des meubles ou des choses mobilières, sont des actions mobilières de la compétence des juges de paix, pourvu que la valeur en soit déterminée par la demande au taux de cette compétence, en premier ou dernier ressort. (*Ibidem.*)

NOTA. Sous l'ancienne législation, qui ne dérogeait pas plus que la nouvelle au principe de juridiction établi dans l'art. 2 du Code de procédure civile, prescrivant de citer devant le juge du domicile du défendeur, quelques praticiens avaient pensé, avec M. Jules de Foulan, qui émet cette opinion à la page 42 de son *Manuel des huissiers,* que des difficultés soulevées entre des ouvriers de diverses professions et leurs maîtres, entre des aubergistes et des voyageurs, pouvaient être jugées par le juge de paix du lieu où ces contestations s'étaient élevées. Dans la commission de la chambre des députés qui a examiné le projet de loi qui régit aujourd'hui la matière, la minorité de cette commission était d'avis aussi d'introduire une exception au principe général dans le même sens; mais la majorité de la même commission, et le pouvoir législatif ensuite, ont reconnu qu'à propos d'une loi qui détermine la compétence à raison de la matière, et non destinée à entrer dans de nouveaux règlemens de juridiction, quand dans l'usage d'ailleurs il ne se présente presque aucun inconvénient, il fallait s'en tenir à la règle de droit qui oblige d'assigner tout défendeur à son domicile.

Ainsi c'est toujours devant le juge du domicile du débiteur qu'on doit l'assigner.

5. La citation doit être donnée devant le juge de la situation de l'objet litigieux, lorsqu'il s'agit,

1.° Des actions pour dommages aux champs, fruits, et récoltes;

2.° Des déplacemens de bornes, des usurpations de terre, arbres, haies, fossés et autres clôtures, des entreprises sur les cours d'eau, et de toutes autres actions possessoires;

3.° Des réparations locatives;

4.° Des indemnités prétendues par le fermier ou locataire pour non-jouissance, lorsque le droit ne sera pas contesté, et des dégradations alléguées par le propriétaire. (*Code de procédure*, art. 3.)

6. Quant à ce qui concerne les actions qui ont été mises dans la compétence des juges de paix par la loi du 25 mai 1838, et qui antérieurement n'en faisaient point partie, elles doivent être portées, savoir:

Devant le juge de la situation de l'objet litigieux, lorsqu'il s'agit,

1.º Des actions en bornage, et de celles relatives
à la distance prescrite par la loi, les règlemens
particuliers et l'usage des lieux, pour les plantations d'arbres et de haies (voyez première partie, au mot *Bornage*);

2.º De celles relatives au paiement de loyers ou
fermages ; des expulsions de lieux, et des congés.
(*Rapport de M. Amilhau.*)

En matière de pension alimentaire, elles doivent
être portées devant le juge du domicile du défendeur.

Elles doivent l'être devant le juge du lieu où la
saisie a été faite, quand il s'agit de demande en
validité de saisie-gagerie. (*Traité de M. Carré,*
n.º 3943.)

OBSERVATIONS.

Dans ces divers cas, le législateur n'ayant indiqué aucune
autre marche à suivre, il n'y a pas à douter qu'il a entendu
ne déroger en rien à la juridiction ordinaire ; c'est-à-dire
que, le tribunal de paix remplaçant le tribunal de première
instance, les actions dont celui-ci devait connaître doivent
être jugées par le premier, d'après les règles du droit commun, parce que la loi du 25 mai 1838, comme il est dit
ci-dessus, ne s'occupe d'aucun nouveau règlement de
juridiction. (*Rapport de M. Renouard,* séance du 29 mars
1837.)

Il s'agit d'affaire en conciliation.

C'est l'art. 50 du Code de procédure civile qui indique devant quel juge la citation doit être donnée. Cet article est ainsi conçu :

« Le défendeur sera cité en conciliation :

» 1.º En matière personnelle et réelle, devant » le juge de paix de son domicile : s'il y a deux » défendeurs, devant le juge de l'un d'eux, au » choix du demandeur ;

» 2.º En matière de société autre que celle de » commerce, tant qu'elle existe, devant le juge » du lieu où elle est établie ;

» 3.º En matière de succession, sur les de- » mandes entre héritiers jusqu'au partage inclu- » sivement ; sur les demandes qui seraient inten- » tées par les créanciers du défunt avant le partage ; » sur les demandes relatives à l'exécution des dis- » positions à cause de mort, jusqu'au jugement » définitif, devant le juge de paix du lieu où la » succession est ouverte. »

Il s'agit d'une affaire en police.

En simple police, ce n'est pas le juge du domicile du prévenu qui est compétent pour connaître des délits ou contraventions, mais celui du lieu où la contravention a eu lieu. (*Cassation, 4 frimaire an* 11.—S... 7, 1, 14.)

SECTION TROISIÈME.

PAR QUEL HUISSIER LA CITATION DOIT ÊTRE FAITE.

1. Sous la législation précédente, il n'y avait que quelques huissiers au choix des juges de paix qui avaient le droit de donner les citations devant ces magistrats ; mais la loi du 25 mai 1838 , art. 16, étend ce droit à tous les huissiers du même canton ; et dans les villes où il y a plusieurs justices de paix, les huissiers exploitent concurremment dans le ressort de la juridiction assignée à leur résidence.

2. Si les huissiers d'un canton étaient tous empêchés , le juge peut en commettre un d'un canton voisin. (*Code de procédure* , art. 4.)

SECTION QUATRIÈME.

DES PERSONNES ET DES LIEUX OU LA CITATION DOIT ÊTRE REMISE, ET POUR QUELLES PERSONNES L'HUISSIER DU JUGE DE PAIX NE PEUT INSTRUMENTER.

1. La copie doit être laissée à la partie ou en son domicile, ou, si elle n'en a pas, à sa résidence.

2. Le domicile de tout Français est au lieu où il a son principal établissement.

3. Il peut arriver qu'un particulier ait deux endroits où il réside alternativement et également ; comme encore il peut arriver qu'un individu n'ait aucun domicile connu. Dans le premier cas , s'il n'y a pas la déclaration prescrite par

l'art. 104 du Code civil, et que les circonstances
dont parle l'art. 105 militent également en faveur
de l'un et de l'autre domicile, le demandeur est
libre d'en choisir un, en accordant cependant la
préférence à celui où se trouve actuellement la
personne. Dans le second cas il doit chercher la
résidence de l'individu.

4. On entend par résidence le lieu où un homme
habite de fait, sans y avoir fixé dans le *droit* son
domicile.

1.° Le domicile de la femme est celui de son
mari. (*Code civil*, art. 108.)

2.° Celui du fils qui n'a point encore formé d'é-
tablissement est chez son père;

3.° Du mineur non émancipé, chez son tuteur;
s'il est émancipé, il a son domicile propre au lieu
où il a cru devoir se fixer;

4.° De l'interdit, chez son curateur;

5.° Du domestique ou de l'ouvrier, chez leurs
maîtres, lorsqu'ils y travaillent habituellement, et
qu'ils demeurent dans la même maison, lors même
que ceux-ci auraient leur famille dans la même
ville, dans le même village ou dans le même canton. Lorsque ce sont des ouvriers passagers qui
ne demeurent pas chez les personnes pour lesquelles ils travaillent, et qui n'ont point de domicile, on ne peut les citer qu'à leur résidence,
ou dans l'endroit où ils vont manger et coucher;

6.° Du fonctionnaire inamovible, où il exerce
ses fonctions;

7.° Du fonctionnaire à temps, à son ancienne

résidence, à moins de déclaration contraire (Extrait du *Praticien français*);

8.º Du soldat, où il était domicilié avant son départ (*Analyse de M. Carré*, question 248);

9.º Les ecclésiastiques, dans la paroisse qu'ils desservent.

10.º Des gens attachés à la cour, à l'endroit où réside le roi;

11.º De l'élève en droit ou en médecine, ou de tout autre étudiant ou apprenant un art ou un métier, dans son pays, c'est-à-dire au lieu de son origine, sauf l'exception portée en l'art. 103 du Code civil (Extrait du *Praticien français*);

12.º Des matelots et marins, au domicile qu'ils avaient avant leur départ. (*Analyse de M. Carré.*)

13.º L'exilé ou déporté conserve son domicile antérieur.

14.º Il en est de même du détenu ou du prisonnier chez l'ennemi.

15.º Les hospices, communes et corps, sont cités dans la personne de leurs syndics, maires ou administrateurs.

5. Si l'huissier ne trouve personne au domicile de la partie, il laisse la copie au maire ou à l'adjoint, qui vise l'original sans frais. (*Code de procédure*, art. 4.)

Nota. Il est à remarquer qu'entre l'art. 4 et l'art. 68 du Code de procédure, il y a différence en ce qui concerne la remise de la copie. D'après l'art. 4, si l'huissier ne trouve personne au domicile de la partie, il doit s'adresser immédiatement au maire ou à l'adjoint; tandis que pour satisfaire à l'art. 68 en pareil cas, et quand il s'agit d'ajournement, l'huissier qui ne trouve personne au domicile, doit s'adresser d'abord au voisin, qui signe son original, et ce n'est qu'au refus de ce voisin qu'il doit s'adresser au maire ou à l'adjoint.

Ainsi, aussi bien il y aurait irrégularité de laisser la copie d'une citation au voisin quand on n'a personne trouvé au domicile, que de laisser celle d'un ajournement au maire sans s'être adressé au voisin, et sans en avoir le refus de la recevoir.

Comme il n'est rien dit aux titres de la conciliation et des tribunaux de simple police concernant la remise de la copie quand l'huissier ne trouve personne au domicile de la partie, il est prudent de se conformer à la règle générale comme à l'égard des ajournemens, parce que le livre 1.er du Code de procédure est uniquement applicable aux cas qui y sont prévus, et destiné à régler une juridiction exceptionnelle.

6. La citation peut être remise à la personne du cité hors du lieu de son domicile. (*Analyse de M. Carré*, question 7. — *Questions de Lepage*, page 68. — *Levasseur*, page 47.)

7. Si l'huissier ne rencontrait personne au domicile du défendeur, et que le maire, ou l'adjoint, ou un membre du conseil municipal, refuse de recevoir sa copie et de viser son original, c'est au procureur du roi qu'il doit s'adresser.

8. L'huissier ne peut instrumenter pour ses parens en ligne directe, ni pour ses frères et sœurs, et alliés au même degré. (*Code de procédure civile*, art. 4.)

Nota. On remarquera aussi que la prohibition pour cause de parenté s'étend moins loin lorsqu'il s'agit d'actes de justice de paix, suivant l'art. 4 ci-dessus, que quand il s'agit d'ajournement ou autres actes, suivant l'art. 66 du Code de procédure civile. Dans le premier cas cette prohibition ne s'étend qu'aux parens en ligne directe, et aux frères et sœurs, ou alliés au même degré, tandis que dans le deuxième cas elle s'étend d'abord à tous les parens en ligne directe à l'infini, et en ligne collatérale jusqu'au degré de cousin issu de germain inclusivement.

SECTION CINQUIÈME.

DÉLAIS A OBSERVER DANS LES CITATIONS.

1. Les délais à observer entre le jour de la citation et celui de la comparution diffèrent suivant que l'action est en justice de paix, en simple police, ou en conciliation, savoir :

Si l'affaire est en justice de paix,

1.º Le délai doit être d'un jour franc, par exemple : la citation pour paraître le lundi doit être notifiée le samedi qui précède. (*Code de procédure civile*, art. 5.)

Si l'affaire est en simple police,

2.º Le délai entre la citation et le jour de la comparution doit être de 24 heures au moins. Mais, comme les délais se comptent ordinairement par jour, et non par heure, il est prudent de laisser un jour franc, par exemple, comme en justice de paix, citer le samedi pour paraître le lundi suivant. (*Code d'instruction criminelle*, art. 146.)

Si l'affaire est en conciliation,

3.º Le délai doit être de trois jours francs ;

c'est-à-dire que ni le jour de la date de la citation, ni celui de la comparution, ne doivent compter; par exemple, une citation donnée pour le lundi doit être notifiée le jeudi de la semaine précédente. (*Code de procédure civile,* art. 51.)

2. Quand la partie est domiciliée dans une distance au-delà de trois myriamètres, les délais doivent être augmentés d'un jour par chaque trois myriamètres. (Art. 5 et 1033 du *Code de procédure,* et 146 du *Code d'instruction criminelle.*)

3. Dans les deux premiers cas, c'est-à-dire quand il s'agit d'action en justice de paix et en police, les délais peuvent être abrégés, s'il y a urgence, par une cédule du juge de paix, qui peut permettre de citer, même dans le jour et à l'heure indiqués. (*Code de procédure,* art. 6, et d'*instruction criminelle,* art. 146.) Il n'en est pas de même pour les affaires en conciliation.

(*Voyez aux mots* Adjoint, Concurrence, Maire, Membre du Conseil municipal, Nullité, Parenté, Procureur du Roi, Visa; *et 2.e partie, aux formules.*)

COMMUNE.

On appelle ainsi la réunion collective des habitans d'un même lieu.

Nous ne considérons ici les communes qu'en ce qui les concerne par rapport à la procédure.

1. Elles ne peuvent agir dans les tribunaux, contracter et s'obliger, qu'en vertu d'une autorisation préalable.

2. Le défaut de cette formalité emporte nullité. (Extrait du *Nouveau Ferrière.*)

1.° *Demande formée par une commune.*

L'an mil huit cent. . . , le. . . , à la requête des habitans et communauté de (désigner ici la commune), agissant par le fait et sur la poursuite de M. Charles R. . . . , leur maire; lesquels sont, à cet effet, pourvus de l'autorisation nécessaire aux communes pour procéder en justice.

2.° *Demande formée par un particulier contre une commune.*

L'an mil huit cent. . . , le. . . , à la requête du sieur Jacques D. . . . , capitaine en retraite, demeurant à. . . , lequel a rempli les formalités exigées pour poursuivre les communes en justice,

J'ai. . . , huissier. . . soussigné,

Cité les habitans et communauté de. . . dans la personne de M. Charles R. . . . , leur maire en fonctions, domicilié en ladite commune, où étant, en sa demeure, parlant à. . . . qui a reçu copie, et visé mon présent original,

A comparaître à. . .

(*Voyez aux mots* Autorisation, Maire, Adjoint, Membre du Conseil municipal, Procureur du Roi, Visa.)

5

COMPÉTENCE.

C'est le pouvoir que les tribunaux tiennent de la loi pour juger de certaines affaires.

1. La compétence des juges de paix a été long-temps réglée par la loi du 24 août 1790, art. 9 et 10 ; elle l'est aujourd'hui par la loi du 25 mai 1858, qui la règle d'une manière infiniment plus complète.

2. Le juge de paix est compétent pour connaître de certaines contestations en matière de douanes. (*Lois des* 14 *germinal an* 11 *et* 4 *fructidor an* 3.)

3. Il connaît aussi de certaines contestations en matière d'octroi. (*Lois des* 2 *vendémiaire an* 8 *et* 27 *frimaire même année.*)

4. Ces magistrats ont encore d'autres attributions concernant les appositions et levées de scellés, et les conseils de famille, qui leur sont faites par le Code civil.

(*Voyez* 2.ᵉ partie, chapitres 1.ᵉʳ, 2, 3, 4, et 5.)

CONCURRENCE.

1. La concurrence s'entend ici du droit qu'ont tous les huissiers, sans distinction, d'exercer leur ministère près des justices de paix.

2. La loi du 27 mars 1791 avait institué les huissiers audienciers des justices de paix comme seuls compétens pour les citations et les significations des actes de ce tribunal. L'article 27 de la loi du 19 vendémiaire an 4 avait décidé qu'il n'y aurait qu'un huissier audiencier par justice de paix. La loi de floréal an 10 étendit ce nombre à deux. Celle de 1807, et le décret du 13 juin 1813, leur attribuaient tous les exploits et actes du ministère des huissiers près les justices de paix. Tous ces décrets et lois, en ce qui concerne les huissiers audienciers, sont abolis par l'art. 16 de la loi du 25 mai 1838, dont le texte est ci-dessous.

3. Tous les huissiers d'un même canton auront le droit de donner toutes les citations et de faire tous les actes devant la justice de paix. Dans les villes où il y a plusieurs justices de paix, les huissiers exploitent concurremment dans le ressort de la juridiction assignée à leur résidence. Tous les huissiers du même canton seront tenus de faire le service des audiences et d'assister le juge de paix toutes les fois qu'ils en seront requis. (*Loi du 25 mai* 1838, art. 16.)

COPIE.

1. La copie est un écrit transcrit d'après un autre, et qui doit être conforme à celui-ci : car autrement ce n'est plus une copie. (*Nouveau Ferrière.*)

2. Les pièces dont les huissiers doivent donner copie en tête de leurs exploits, doivent être timbrées et enregistrées.

3. Néanmoins l'énonciation des actes que le même huissier aurait notifiés, et dont le délai d'en-

registrement ne serait pas encore expiré, peut avoir lieu, pourvu que cet huissier en relate la date, avec la mention que l'acte sera présenté à l'enregistrement en même temps que celui qui contient cette mention. (*Loi du* 28 *avril* 1816, art. 56.)

4. Le coût de l'exploit doit être relaté tant sur la copie que sur l'original. (*Code de procédure civile*, art. 67.)

5. Les huissiers doivent détailler en marge de l'original et de la copie des exploits, tous les articles des frais qui forment le coût de l'acte. (*Décret du* 14 *juin* 1813, art. 48.)

(*Voyez au surplus aux mots* Amende, Citation, Exploit, Huissier.)

DATE.

1. C'est l'expression, l'énonciation du jour, du mois et de l'année auxquels un acte a été fait ou passé.

2. Sans la réunion de ces trois circonstances, la date n'est point exacte. (*Nouveau Ferrière.*)

DÉLAI.

(*Voyez aux mots* Citation *et* Opposition.)

DÉNI DE JUSTICE.

1. C'est le refus que font les officiers préposés pour rendre la justice, de faire tout ce qui dépend d'eux pour l'expédition de quelques affaires.

2. Quand l'huissier a un acte de cette nature à

signifier au juge de paix, il doit le faire précéder de deux réquisitions faites à ce magistrat dans la personne de son greffier, et qui doivent être signifiées de trois jours en trois jours, à peine d'interdiction. (*Code de procédure*, art. 507.)

3. Néanmoins aucun juge ne pourra être pris à partie sans permission préalable du tribunal devant lequel la prise à partie sera portée. (*Ibid.*, art. 510.)

DIMANCHE.

Le repos des fonctionnaires publics est fixé au dimanche. (Art. 57 de la *Loi du* 18 *germinal an* 10.)

(*Voy. au mot* Fêtes.)

DOMICILE.

1. Le domicile est le lieu où une personne a sa demeure constante et habituelle, où elle a établi le siége de sa famille, de sa fortune, et de ses affaires : en sorte que quand elle est absente de ce lieu, on dit qu'elle est en voyage, et qu'elle est de retour quand elle y revient. (*Nouveau Ferrière.*)

2. C'est dans le lieu de son domicile que l'homme exerce ses droits civils et politiques, et c'est là que doivent le faire citer tous ceux qui ont des droits à exercer contre lui. Après avoir établi comment on acquiert la jouissance des droits qui constituent l'état civil, après avoir indiqué

quelles sont les preuves de l'état civil, il était
convenable de donner les règles qui fixent le domicile. (*Droit français,* par M. Toullier, n.º 362.)

3. On distingue dans notre jurisprudence française deux espèces de domiciles, le domicile politique et le domicile civil.

Le domicile politique est le lieu où chaque citoyen exerce ses droits politiques. Il est indépen-
dant du domicile civil, et l'on peut avoir et conserver son domicile politique dans un autre lieu
que le domicile civil. (*Ibidem,* n.º 363.)

4. Le Code civil ne s'occupe que du domicile civil, qui est le lieu où une personne jouissant de ses
droits a son principal établissement, où elle a établi sa demeure, le centre de ses affaires, le siége
de sa fortune, le lieu d'où cette personne ne s'é-
loigne qu'avec le désir et l'espoir d'y revenir dès
que la cause de son absence aura cessé. (*Ibidem,*
n.º 364.)

5. Les questions de domicile s'étendaient autrefois à presque toutes les matières de droit civil.
Elles étaient aussi multipliées qu'importantes
lorsque le territoire français était partagé entre
une infinité de coutumes locales dont les dispositions étaient différentes sur une multitude d'objets, tels que l'époque de la majorité, la communauté conjugale, la faculté plus ou moins étendue
de disposer, les droits de primogéniture, de mas-
culinité, de représentation en succession, etc. Il
importait beaucoup alors de déterminer le véritable domicile des mineurs, des époux, des dona-

teurs, des testateurs, ou des individus morts sans avoir fait de testament. (*Ibid.* , n.° 365.)

6. Aujourd'hui que la législation est uniforme dans toute la France, les effets du domicile se bornent à déterminer quel est le juge naturel de la personne. Ainsi c'est devant le juge de paix du domicile d'une personne que ses parens doivent être assemblés pour lui nommer un tuteur ou un curateur, et dans tous les cas où il est nécessaire de consulter le conseil de famille.

C'est aussi le domicile de la personne qui règle le lieu où elle doit être assignée, et, le plus souvent, le tribunal où ses affaires doivent être portées.

Le second effet du domicile concerne les successions. C'est le domicile du défunt, et non pas l'endroit où il est mort, qui détermine le lieu où s'ouvre la succession, et par conséquent le tribunal où doivent être portées toutes les questions qui y sont relatives, telles que les partages, le paiement des dettes, etc.

Enfin, un troisième effet du domicile est de déterminer le lieu où la personne doit se marier ; mais le domicile nécessaire pour contracter mariage est assujetti à des règles particulières qui sont expliquées au Code civil. (*Ibid.* , n.° 366.)

7. L'homme ne peut avoir qu'un seul domicile réel : car il ne peut en même temps placer en deux endroits le siége principal de sa fortune et de ses affaires. L'unité du domicile réel est positivement établie par l'art. 102, qui porte que le domicile de

tout Français est au lieu où il a son principal établissement. C'est par cette raison qu'on retrancha
comme inutile la disposition ajoutée dans le projet
du Code, « que la loi ne reconnaît au citoyen
» qu'un seul domicile. »

Les autres lieux qu'un citoyen peut habiter
tour-à-tour, outre celui de son domicile réel, ne
sont donc que de simples résidences, et l'on ne
doit plus s'arrêter aujourd'hui aux principes de
l'ancienne jurisprudence, qui reconnaissait en
certains cas deux domiciles, et qui distinguait un
domicile de droit et un domicile de fait. (*Ibidem*,
n.º 367.)

8. Mais on peut avoir autant de domiciles élus
ou conventionnels qu'on a souscrit d'actes différens : car il arrive souvent que des citoyens qui
contractent, élisent un domicile pour l'exécution
d'un contrat, en stipulant que les assignations nécessaires pour cette exécution seront données en un
lieu déterminé. Cette stipulation conserve sa force
après la mort des contractans, et lie leurs héritiers
et ayant-cause. (N.º 368.)

9. Mais elle ne constitue qu'un domicile impar-
fait; et l'art. 111 du Code civil, dont la disposition est répétée dans l'art. 59 du Code de procédure, veut que, dans ce cas, le demandeur ait
l'option de former les significations, demandes et
poursuites relatives à l'exécution de ces actes, soit
devant le tribunal du domicile élu, soit devant
celui du domicile réel du défendeur. (N.º 369.)

10. Le domicile réel est de deux espèces : le

domicile originaire, et le domicile de choix.
(N.° 370.)

11. C'est la naissance qui donne à l'homme son
premier domicile. En tous pays les enfans n'ont
pas d'autre domicile que celui de leur père. Ils
n'en peuvent avoir d'autre jusqu'à leur émancipation; et lorsque le père est décédé, son premier domicile continue d'être celui de ses enfans qui n'en
ont pas choisi un autre, ou qui ne sont pas sous la
puissance d'un tuteur. Le vieillard même, après
avoir vécu loin de la maison paternelle, y conserve encore son domicile, s'il n'a pas manifesté
la volonté d'en prendre un autre. (N.° 371.)

12. Mais aussitôt que l'homme est sorti, par
l'émancipation ou par la majorité, de la puissance
de ses père et mère, il devient libre de changer
son domicile, et de choisir celui qui lui convient.

Pour dissiper les doutes que ce changement
peut faire naître, l'art. 103 établit, en principe
général, qu'il ne peut s'opérer que par le fait d'une
habitation réelle dans un autre lieu, jointe à l'intention d'y fixer son principal établissement :
car le fait doit toujours concourir avec l'intention.
La résidence la plus longue ne prouve rien si elle
n'est pas accompagnée de la volonté; tandis que si
l'intention est constante, elle opère le changement
avec la résidence la plus courte, ne fût-elle que
d'un jour: car du moment où le fait concourt avec
l'intention, il forme ou change le domicile sans
aucun délai. Il ne suffit donc pas de manifester la
volonté de changer de domicile, comme il ne suffit

pas de changer de résidence. L'intention qui n'est pas accompagnée du fait peut n'indiquer qu'un essai, qu'un déplacement passager, ou l'établissement d'une habitation secondaire. Il faut, pour consommer un changement de domicile, la réunion du fait et de l'intention ; tandis que pour conserver le domicile acquis, il suffit de l'intention.

Le fait ne peut guère être douteux, mais l'intention l'est souvent. Toute la difficulté tient donc à l'embarras de reconnaître avec certitude quand l'intention se trouve réunie au fait, et l'embarras peut être grand lorsque l'individu réside alternativement en deux endroits différens. (N.º 372.)

13. L'intention est expresse ou présumée, et la présomption de l'intention est légale ou simple. (N.º 373.)

14. La preuve de l'intention résulte d'une déclaration faite tant à la municipalité du lieu qu'on quitte qu'à celle du lieu on l'on a transféré son domicile. Il faut bien remarquer cette double déclaration exigée par l'art. 104. A défaut de l'une d'elles, la volonté de changer de domicile pourrait n'en être pas moins constante relativement à l'individu qui n'a fait qu'une déclaration ; mais cette volonté peut rester douteuse à l'égard des tiers, ou leur être inconnue ; et c'est par cette raison que les exploits notifiés en un lieu qui n'est pas le vrai domicile, peuvent être déclarés valides, suivant les circonstances. (N.º 374.)

15. La loi présume l'intention de changer de domicile dans les cas suivans:

1.º Lorsqu'un citoyen accepte des fonctions conférées à vie (art. 107), son acceptation emporte de plein droit la translation de son domicile aussitôt qu'il est rendu au lieu où il doit exercer ses fonctions. La loi lui suppose l'intention de remplir ses devoirs dans toute leur étendue : elle n'admettrait pas la preuve du contraire.

2.º La femme, en se mariant, est présumée avoir l'intention d'habiter avec son mari (art. 108). Son devoir l'y oblige. Elle est en sa puissance ; elle ne peut avoir d'autre domicile que celui de son époux, quelque longue résidence qu'elle ait faite ailleurs.

3.º Le mineur non émancipé a son domicile chez ses père et mère, ou chez son tuteur (art. 108). Le majeur interdit a également le sien chez son tuteur.

(*Voyez*, *au surplus*, *aux mots* Citation, *section* 4; Changement de domicile, Autorisation.)

DROITS LITIGIEUX.

1. Les droits litigieux sont ceux qu'on ne peut exercer sans procès.

2. Les juges, leurs suppléans, les greffiers, *huissiers*, avoués, défenseurs officieux, et notaires, ne peuvent devenir cessionnaires des procès, droits et actions litigieux, qui sont de la compétence du tribunal dans le ressort duquel ils exercent leurs fonctions, à peine de nullité, et des dépens, dommages et intérêts. (*Code civil*, art. 1597.)

NOTA. C'est ici le cas d'appeler l'attention la plus scrupuleuse des huissiers sur les propositions qui leur sont faites journellement d'acheter des créances reposant sur des titres équivoques, et même réguliers, sous le prétexte qu'ils peuvent plus facilement en tirer parti à raison de leur position. Il y va de la considération de ces fonctionnaires de repousser toutes propositions de cette nature, fussent-ils persuadés qu'il n'y aura aucune poursuite, parce que de pareils trafics laissent toujours dans l'opinion publique une idée défavorable contre ceux qui les font, et la délicatesse d'un huissier doit être constamment en garde contre tout ce qui peut éveiller de semblables soupçons.

3. La citation en conciliation ne constitue pas les parties en état de litige, de manière que si, ultérieurement, le créancier cède son droit, le débiteur puisse se faire tenir quitte par le cessionnaire en lui remboursant le prix de la cession. (*Metz*, 6 *mai* 1817.)

4. Un droit n'est litigieux dans le sens de l'art. 1700 du Code civil que lorsqu'il y a réellement litige sur le fond du droit. Les tribunaux ne peuvent se déterminer d'après une prétendue nature litigieuse, ou d'après des conjectures sur la probabilité du litige. (*Cassation*, 5 *juillet* 1819.)

ENQUÊTE.

1. L'enquête est le droit accordé par la loi de prouver par témoins des faits dont on n'a pas la preuve écrite.

2. Quand, par suite du droit de procéder à une enquête résultant de l'art. 34 du Code de procé-

dure civile, le juge de paix l'ordonne, et permet de citer des témoins, l'huissier est obligé, pour faire ces citations, de se munir d'une cédule signée du juge portant ces ordonnance et permission.

(*Voyez* 2.e *partie, chapitre* 3.)

ENREGISTREMENT.

C'est la mention, dans un registre public, de la nature d'un acte, de sa date, du nom des parties à la requête desquelles il est fait, ou qui y ont concouru. Il est fait mention sur l'enregistrement du jour, du bureau où il a été fait, et du droit qui a été payé. (Nouveau Ferrière.)

NOTA. Pour faciliter les recherches au lecteur, on a adopté l'ordre alphabétique, parce qu'au mot *Enregistrement* se rattache une assez grande quantité de matières intéressant le ministère des huissiers de justice de paix.

Actes.

Les actes sont tous soumis à l'enregistrement sur les minutes, brevets, ou originaux. (*Loi du* 22 *frimaire an* 7, art. 7, et *du* 28 *avril* 1816, art. 38.)

Actes judiciaires à enregistrer en débet.

1. Les actes judiciaires qui doivent être enregistrés en débet sont les actes faits à la requête des procureurs du roi près les tribunaux, ou d'une administration agissant dans l'intérêt de l'état, d'une commune ou d'un établissement public,

ceux des commissaires de police, ceux des gardes
établis par l'autorité pour délits ruraux et fores-
tiers, et les actes et jugemens qui interviennent
sur des actes et procès-verbaux en fait de police
simple ou correctionnelle. (*Loi de frimaire an 7,*
art. 70. — *Loi de* 1816, art. 58, et *Ordonnance du*
22 *mai* 1816.)

2. Lorsqu'il y a une partie civile, les droits doivent être acquittés par elle. (*Même Ordonnance.*)

3. Tous les actes dont il est parlé au premier
paragraphe du numéro précédent doivent être
faits sur papier visé *gratis* pour valoir timbre par
les receveurs d'enregistrement.

Actes judiciaires à enregistrer gratis.

1. Les actes des huissiers et des gendarmes concernant la police générale et de sûreté et la vindicte publique, doivent être enregistrés gratis.
(*Loi de frimaire an* 7, art. 70, § 2.)

2. Seront enregistrés gratis les actes de poursuites, et tous autres ayant pour objet soit le
recouvrement des contributions publiques et de
toutes autres sommes dues à l'état, ainsi que
les contributions locales, soit le recouvrement
des sommes dues pour mois de nourrice : le tout
lorsqu'il s'agira de cotes, droits et créances non
excédant en total la somme de 100 fr. (*Loi du* 16
juin 1824, art. 6.)

Actes sous seings privés.

1. Les actes sous signatures privées, portant

transmission de biens immeubles ou usufruit, les baux à ferme ou à loyer, sous-baux, etc., doivent être enregistrés dans les trois mois de leur date, à peine du double droit. (*Loi de frimaire*, art. 22 et 23.)

2. Tous actes sous signatures privées doivent être enregistrés avant de s'en servir en justice ou devant les autorités constituées. Aucun officier public ne peut faire un acte en vertu d'un acte sous signature privée, l'annexer à ses minutes, ni en délivrer extrait ou expédition, s'il n'a été enregistré, à peine d'amende. (*Loi de frimaire an 7*, art. 23, 42, et 47. — *Loi du 22 avril* 1816, art. 57 et 58. — *Loi du 16 juin* 1824.)

3. Les droits d'un acte sous signatures privées doivent être acquittés par celui qui le présente à la formalité. En cas de contestation, le receveur de l'enregistrement a la faculté d'en tirer copie, et de la faire certifier conforme à l'original par celui qui l'a présenté. En cas de refus, il peut conserver l'acte pendant vingt-quatre heures pour s'en procurer une collation en forme. (*Loi du 22 frimaire*, art. 56.)

Actes innommés.

Tous actes civils, judiciaires, extrajudiciaires, qui ne se trouvent pas dénommés dans la loi, et qui ne peuvent donner lieu au droit proportionnel, sont fixés au droit de 1 fr. (*Loi de frimaire*, art. 68, § 1.)

Avenir.

L'acte appelé AVENIR, signifié par exploit, est assujetti au droit de 50 cent.

Billet.

1. Tout billet portant reconnaissance d'une dette et obligation de la payer, est assujetti au timbre proportionnel.

2. Le billet souscrit pour valeur de marchandises désignées doit le droit de 2 fr. pour cent, comme vente de mobilier.

3. Celui souscrit pour prêt en espèces doit le droit de 1 fr. pour 100 fr.

4. Le droit d'enregistrement des billets, ou promesses de payer, se liquide sur la somme exprimée dans l'acte. (*Loi de frimaire,* art. 14 et 69.)

Billet adiré.

La sommation de payer un effet adiré doit, 1.º le droit fixe de sommation; 2.º le droit proportionnel sur l'effet, sauf restitution s'il est justifié qu'il a été enregistré. Quant au timbre, il ne sera exigé ni droit ni amende pour l'effet non représenté. (*Instruction,* n.º 548.)

Billets à ordre.

1. Les billets à ordre, au porteur, ou autres effets négociables, à l'exception des lettres de change tirées de place en place, sont assujettis au droit de 50 cent. par 100 fr. Ils peuvent n'être présentés à l'enregistrement qu'avec les protêts qui en sont faits. (*Loi de frimaire an 9*, art. 69.)

2. Il faut distinguer entre le protêt et une simple sommation de payer. Ce n'est que dans le premier cas qu'on peut n'enregistrer le billet qu'avec l'exploit; mais dans le deuxième, s'il s'agit d'une simple sommation, il faut qu'il soit fait mention de l'enregistrement du billet dans cet exploit.

Bureaux d'enregistrement.

1. Ils doivent être ouverts au public tous les jours pendant huit heures, excepté les dimanches et fêtes reconnues. (*Décision du ministre des finances, du 1.*er *juillet* 1816.)

2. Les huissiers, et tous autres ayant pouvoir de faire des exploits, procès-verbaux, ou rapports, seront tenus de faire enregistrer leurs actes, soit au bureau de leur résidence, soit au bureau du lieu où ils ont été faits. (*Loi de frimaire*, art. 26.)

3. Les actes sous seing privé, et ceux passés en pays étrangers, peuvent être enregistrés dans tous les bureaux indistinctement. (*Ibidem.*)

Calcul décimal.

On doit employer ce calcul dans les actes, perceptions, et comptes.

Cédules des juges de paix.

Sont exemptes de l'enregistrement, mais assujetties au timbre, les cédules des juges de paix. La signification qui en est faite est soumise à la formalité de l'enregistrement comme les autres exploits. (*Loi de frimaire*, art. 70, § 3. — *Loi du 13 brumaire an 7*, art. 2.)

Citation.

(*Voyez* Exploit, n.º 3.)

Commandement.

Les significations des jugemens définitifs des juges de paix, contenant commandement de payer, ne sont assujetties qu'au droit simple de 1 fr. (*Journal de l'enregistrement et des domaines*, art. 6192.)

Nota. Plusieurs employés de l'administration de l'enregistrement ont perçu et perçoivent encore un droit fixe de 2 francs sur les significations de la nature de celles dont il vient d'être question, lorsqu'elles contiennent à la suite commandement de payer. C'est une erreur qui est contraire en même temps à la loi et aux instructions de la Régie. Il suffit, pour juger de l'existence de cette erreur, de se reporter aux principes de la perception avant la loi du 28 avril 1816, et l'on verra que l'art. 45 de cette loi, au lieu de faire une innovation qui leur soit contraire, n'a fait que les confirmer.

En effet cet article porte : « Les exploits relatifs aux » procédures devant les juges de paix, jusque et y compris » les significations des jugemens définitifs, lorsque ces » exploits ne peuvent donner lieu au droit proportion- » nel, seront sujets au droit fixe de 1 fr. » Ainsi une signification de cette nature, quoique suivie de commandement, ne donne point lieu au droit proportionnel, et ne peut pas non plus donner lieu au droit fixe de 2 francs, parce que le véritable caractère de cet acte lui donne place incontestablement parmi ceux de la procédure des justices de paix dont parle la loi.

Compte.

1. On peut transcrire en tête d'une citation un compte détaillé de vente et livraison de marchandises qui n'est ni certifié ni signé par le créancier, sans être assujetti à l'enregistrement. (*Décision du directeur de l'enregistrement, du 4 septembre* 1822.)

2. Sont exempts de timbre et de l'enregistrement les comptes de recettes ou gestions publiques, et les doubles, autres que celui du comptable, de chaque compte de recette ou gestion particulière. (*Loi du* 13 *brumaire an* 7, art. 16.)

Contestation.

Sur la perception et le recouvrement des droits d'enregistrement, de timbre, de greffes et d'hypothèques, on ne peut suspendre le paiement des droits, sauf restitution. (*Loi de frimaire,* art. 28, § 5.)

Débet.

(*Voyez* Actes judiciaires à enregistrer en débet.)

Décime par franc.

Le décime par franc est établi par la loi du 6 prairial an 7, et maintenu par des lois particulières, notamment par celles des 28 avril, 15 et 16 mai 1818.

Délai.

1. Le délai est de quatre jours pour l'enregistrement des actes des huissiers, et autres ayant pouvoir de faire des exploits et des procès-verbaux.

2. Dans ce délai le jour de la date de l'acte ne sera pas compté. (*Cassation*, 23 *floréal an* 6.)

3. Si le dernier jour du délai se trouve être un dimanche ou jour férié, ces jours-là ne sont point comptés non plus. (*Loi de frimaire*, art. 25.)

4. Les jours de repos sont Noël, l'Ascension, l'Assomption, et la Toussaint. (*Concordat de* 1801.)

Double droit d'enregistrement.

Le double droit d'enregistrement est dû sur les actes présentés à l'enregistrement après les délais fixés par la loi.

Droits d'enregistrement.

Les droits d'enregistrement se liquident sans fractions, en suivant les séries de 20 fr. en 20 fr., et les droits proportionnels ne peuvent être moindres que les droits fixes quant à l'enregistrement. (*Loi du* 27 *ventôse an* 9.)

Exploit.

1. Les huissiers ayant pouvoir de faire des exploits et procès-verbaux, ou rapports, sont tenus de faire enregistrer les actes de leur ministère dans le délai de quatre jours de leurs dates, et d'en acquitter les droits personnellement, soit au bureau de leur résidence, soit au bureau du lieu où ils ont été faits. (*Loi de frimaire,* art. 20, 26 et 29.)

2. Les exploits relatifs aux procédures devant les juges de paix sont passibles du droit fixe de 1 fr.

3. Pour tous les exploits ci-dessus, quelle que soit la qualité des droits, il sera dû un droit pour chaque demandeur ou défendeur, en quelque nombre qu'ils soient dans le même acte, excepté les copropriétaires ou cohéritiers, les parens réunis, les cointéressés, les débiteurs ou créanciers associés ou solidaires, les séquestres, les experts, et les témoins, qui ne seront comptés que pour une seule et même personne, soit en demandant, soit en défendant dans le même original d'acte, lorsque leurs qualités y sont exprimées. (*Loi de frimaire an 7,* art. 68, § 1. — *Loi du 27 ventôse an 9,* art. 13.)

4. Il est dû autant de droits qu'il y a de demandeurs non solidaires, *et vice versâ.* S'il s'agit de plusieurs demandeurs et de plusieurs défendeurs, on doit exiger autant de droits qu'il se trouve de demandeurs, et relativement au nombre des parties contre lesquelles chacun poursuit. Ainsi, s'il y a quatre demandeurs et trois défendeurs, et que chaque demandeur ait un intérêt distinct et personnel contre chaque défendeur, il est dû douze droits. (*Décision du ministre des finances et de la justice,* des 31 juillet et 16 août 1808.)

5. Dans les tribunaux de paix, de commerce et

de police, près desquels il n'existe aucun avoué en titre, les parties peuvent comparaître en personne. Si l'exploit de citation contient pouvoir à un individu de représenter celui à la requête duquel la citation est donnée, il est dû un droit particulier pour le pouvoir. (*Décision du ministre des finances, du 22 thermidor an 4.*)

6. Lorsqu'un acte n'est pas inséré dans le registre, il s'ensuit une présomption légale de son défaut d'enregistrement, et c'est à celui qui prétend que la formalité a été donnée, à la prouver en représentant l'original de l'acte. (*Cassation, 2 octobre* 1820.)

Huissiers.

Les huissiers ne peuvent former ni opposition ni appel à un jugement qui n'aurait pas été enregistré. (*Décision du ministre des finances, du 27 février* 1815.)

Lettres missives.

1. Les lettres missives doivent être visées pour timbre avant d'être produites en justice. (*Loi du 13 brumaire an* 7, art. 30.)

2. Le pouvoir peut, sans contravention au timbre, être donné par lettre missive sur papier libre, en la faisant timbrer ou viser pour timbre avant de s'en servir. (*Décision du ministre des finances, du* 25 *octobre* 1808, art. 3057 du *Journal.*)

Ordonnances.

Les ordonnances portant mandement d'assigner les opposans à scellés, rendues par les juges de paix, opèrent le droit de 1 fr. (*Loi de frimaire,* art. 68, § 1.)

Prestations de serment des huissiers.

Ces actes sont soumis à l'enregistrement.

Visa.

Sont exempts de la formalité de l'enregistrement les visas qui sont donnés sur des actes d'huissiers par les maires, les juges de paix, procureurs du roi, etc.

(*Voyez au surplus* Amende, Répertoire, Tarif, *et* Timbre.)

ÉTABLISSEMENS PUBLICS.

Les lois actuelles donnent maintenant ce nom à ce qu'on appelait autrefois corps et communauté. (*Nouveau Ferrière.*)

(*Voyez aux mots* Autorisation, Fabriques, Hospices.)

ÉTRANGERS.

1. Ce sont ceux qui sont nés de parens non Français, ou qui, étant nés Français, ont adopté une autre patrie, en s'y faisant naturaliser, ou en y prenant du service, et en acceptant des emplois sans la permission de leur souverain.

2. Les étrangers qui forment des demandes contre des Français dans les tribunaux de France, en toutes autres matières que celles de commerce, doivent, avant tout, fournir une caution si on la leur demande, à moins qu'ils n'aient en France des immeubles qui puissent en répondre. (*Code civil*, art. 16. — *Code de procédure*, art. 166.)

3. L'étranger peut être cité en France au lieu de sa résidence actuelle, surtout lorsqu'il l'a lui-même indiquée par des actes signifiés.

4. Un étranger peut, à l'occasion d'une obligation souscrite en pays étranger envers un Français, être cité devant les tribunaux français, alors même qu'il n'est pas trouvé en France. (*Rejet*, 7 *septembre* 1808.)

5. Les demandes contre étrangers justiciables des tribunaux ne sont pas dispensées du préliminaire de conciliation. (*Rejet*, 22 *avril* 1818.)

6. Les étrangers peuvent, tout aussi bien que les Français, avoir en France un domicile où ils doivent être cités en matière personnelle et mobilière. (*Cassation*, 8 *thermidor an* 10.)

7. Un Français est toujours présumé conserver l'esprit de retour, quelque résidence qu'il fasse à l'étranger, encore même que, né sur le sol étranger, d'un père français, il ait une affection présumée pour ce pays étranger. (*Rejet*, 13 *juin* 1811.)

EXÉCUTION PROVISOIRE.

1. L'exécution provisoire des jugemens sera ordonnée dans tous les cas où il y a titre authentique, promesse reconnue, ou condamnation précédente dont il n'y a point eu appel.

Dans tous les cas, le juge pourra ordonner l'exécution provisoire, nonobstant appel sans caution, lorsqu'il s'agira de pension alimentaire, ou lorsque la somme n'excèdera pas 300 fr., et avec caution au-dessus de cette somme.

La caution sera reçue par le juge de paix. (*Loi du* 25 *mai* 1838, art. 11.)

2. S'il y a péril en la demeure, l'exécution provisoire pourra être ordonnée sur la minute du jugement, avec ou sans caution, conformément aux dispositions de l'article précédent. (*Ibid.*, art. 12.)

3. Les juges de paix ne peuvent pas connaître de l'exécution de leurs jugemens. A cet égard il n'y a aucune innovation dans la nouvelle législation.

(*Voyez* Appel de simple police, n.° 9.)

EXPLOIT.

C'est l'acte que fait un huissier dans l'exercice de son ministère pour citer, ajourner, etc.

DIVISION.

1. Observations générales sur la rédaction des exploits en justice de paix.
2. Législation et jurisprudence.

1. Observations générales sur la rédaction des exploits en justice de paix.

1. La première des conditions d'une citation en justice de paix est d'être simple et claire, parce qu'elle est souvent adressée à des personnes qui, presque toujours privées des lumières d'un guide éclairé, comme celles d'un avocat, d'un avoué, par exemple, ne seraient pas à même de démêler ce qu'on leur demande, si l'huissier ne s'attachait pas à bien le leur expliquer, et à éviter des phrases embarrassantes à interpréter.

2. Tout exploit doit être rédigé en français, à peine de nullité.

3. L'huissier peut se dispenser d'écrire lui-même ses exploits. Ils peuvent être écrits par toutes personnes, mais ils doivent être signés par lui, à original et copie, à peine de nullité.

(*Voyez aux mots* Citation, Nullité; *et pour la rédaction, aux formules,* 2.e *partie, chapitre* I.er *et suivans.*)

2. Législation et jurisprudence.

1. Aucune signification ni exécution ne pourra être faite, depuis le 1.er octobre jusqu'au 31 mars, avant six heures du matin et après six heures du soir; et depuis le 1.er avril jusqu'au 30 septembre, avant quatre heures du matin et après neuf heures du soir, non plus que les jours de fêtes légales, si ce n'est en vertu de la permission du juge dans le cas où il y aurait péril en la demeure. (*Code de procédure*, art. 1037.)

(*Voyez*, *pour les affaires de justice de paix*, *aux mots* Dimanches, Fêtes.)

2. Il est défendu aux huissiers, par plusieurs arrêts et règlemens, de faire faire aucune signification par leurs clercs, à peine de faux.

3. Tout huissier qui ne remettra pas lui-même à personne ou domicile l'exploit ou la copie des pièces qu'il aura été chargé de signifier, sera condamné, par voie de police correctionnelle, à une suspension de trois mois, à une amende qui ne pourra être moindre de 200 fr. ni excéder 2,000 fr., et aux dommages et intérêts des parties.

Si néanmoins il résulte de l'instruction qu'il agit frauduleusement, il sera poursuivi criminellement, et puni d'après l'art. 146 du Code pénal. [*Décret du* 14 *juin* 1813, art. 45 (1).]

Copies.

1. Deux parties qui ont un intérêt commun, avec élection de domicile commun, peuvent être citées au domicile élu.

2. La copie d'un exploit tient lieu de l'original à la partie. Ainsi la régularité de l'original ne couvre point la nullité de la copie. (*Rejet*, 1.er *brumaire an* 13.)

(1) Sera puni des travaux forcés à perpétuité tout fonctionnaire ou officier public qui, en rédigeant des actes de son ministère, en aura frauduleusement dénaturé la substance ou les circonstances, soit en écrivant des conventions autres que celles qui auraient été tracées ou dictées par les parties, soit en constatant comme vrais des faits faux, ou comme avoués des faits qui ne l'étaient pas. (*Code pénal*, art. 146.)

3. Un exploit dont la date est incomplète est nul, encore que l'irrégularité ou l'erreur ne se trouve que sur la copie. (*Cassation*, 8 *février* 1809.)

4. Le locataire ne peut, par cela seul, être considéré comme étant de la famille du propriétaire de la maison qu'il habite. Il ne peut, en cette qualité, recevoir copie d'un exploit adressé au propriétaire de la maison. (*Nîmes*, 25 *avril* 1810.)

5. L'huissier qui, dans un exploit, dit en avoir laissé la copie au domicile de la partie, en parlant à une personne qu'il désigne, énonce suffisamment que c'est à cette personne que la copie a été réellement laissée. La foi due à cette énonciation ne peut être détruite par l'allégation que l'huissier a posé la copie sans que la personne à laquelle il a parlé s'en soit aperçue, et qu'il lui a parlé de tout autre objet que de la signification. (*Gênes*, 2 *juillet* 1810.)

6. Le fonctionnaire qui reçoit la copie d'une citation est suffisamment désigné par l'énonciation de sa qualité de *maire* ou *adjoint*. Il n'est pas nécessaire de le désigner en outre par son nom. (*Montpellier*, 4 *février* 1811.)

7. Les exploits signifiés à domicile élu doivent, comme ceux signifiés à domicile réel, être adressés à chacune des parties, par copie séparée, encore que l'exploit soit adressé à des cohéritiers procédant ensemble au nom de l'auteur commun, ayant élu même domicile. L'unité d'intérêt entre plusieurs ne fait exception que lorsqu'il s'agit d'as-

signation donnée à un corps moral. (*Cassation*, 15 *février* 1815.)

8. Les époux non séparés de biens peuvent être assignés conjointement par une seule copie. En police on doit leur en donner une à chacun.

Dates.

Lorsque la date de la copie d'un exploit est autre que la date de l'original, il est permis de ne pas s'arrêter à la date de la copie, si la date portée dans l'original est établie d'ailleurs par les mentions renfermées dans l'acte.

Dénomination.

Lorsqu'on cite un établissement public ou une société de commerce, il n'est pas nécessaire que l'exploit contienne les noms des entrepreneurs ou sociétaires. (*Cassation*, 21 *novembre* 1808.)

Huissier.

Est nul un exploit donné par un huissier hors de son arrondissement, encore qu'il ait été autorisé par un préfet au nom du gouvernement. (*Cassation*, 12 *nivôse an* 10.)

Immatricule.

Tout exploit du ministère d'huissier doit contenir son immatricule, c'est-à-dire l'énonciation du tribunal près duquel il exerce. (*Loi du 7 nivôse an* 7.)

Maire.

Un exploit ne peut être signifié à une commune qu'en la personne du maire. En cas d'absence du maire, la copie ne peut pas être laissée à l'adjoint, mais au juge de paix, et, en son absence, au procureur du roi. (*Cassation*, 10 *février* 1817.)

Marguilliers.

L'administration des biens des fabriques est un établissement public, dans le sens des art. 65 et 69 du Code de procédure. Ainsi les exploits signifiés à une telle administration dans la personne des marguilliers de la paroisse, sont rigoureusement soumis à la formalité du visa. (*Liége*, 2 *juillet* 1810.)

Mineur.

Lorsqu'un mineur émancipé et son curateur ont le même domicile, ils sont valablement cités tous deux par un exploit signifié au mineur, au domicile du curateur, en parlant à la personne de celui-ci. (*Rejet*, 17 *floréal an* 13.)

Nom.

1. L'exploit signifié à la requête d'un fonctionnaire, agissant comme tel, pour le dû de sa charge, est valable, encore qu'il ne contienne ni désignation individuelle, ni mention du domicile du fonctionnaire. (*Duranton*, 7, 2, 158.)

2. L'obligation imposée à l'huissier d'énoncer ses noms dans l'exploit, est suffisamment remplie par

la signature de son nom de famille au bas de l'acte. (*Rennes*, 22 *août* 1810.)

Parlant à....

1. L'exploit dont le parlant à. . . . est rempli au crayon, n'est pas valable. C'est comme s'il eût été laissé en blanc. (*Colmar*, 25 *avril* 1807.)

2. L'huissier qui remet copie au domicile du cité en parlant *à une femme*, doit désigner les rapports qui existent entre cette femme et l'assigné. (*Bruxelles*, 4 *avril* 1807.)

3. Un exploit signifié parlant à *un domestique* ou *à une femme*, sans expliquer que ce soit le domestique ou la femme de la partie elle-même, n'est pas valable. (*Cassation*, 28 *août* 1810.)

4. Un exploit peut être laissé au domicile du cité, en parlant à son salarié.

5. En cas de cohabitation de deux frères dans le même appartement, la copie d'un exploit signifiée à l'un d'eux, peut être remise au serviteur de l'autre. (*Duranton*, 5, 2, 126.)

6. Le *parlant à* d'un exploit doit, à peine de nullité, indiquer clairement le rapport qui existe entre l'assigné et la personne qui reçoit la copie. (*Duranton*, 9, 1, 510; et *Sirey*.)

7. Le maître d'un hôtel garni est à l'égard de ses locataires un serviteur dans le sens de l'article 68 du Code de procédure : en conséquence est valable l'exploit signifié au locataire en parlant à la maîtresse de l'hôtel.

8. L'exploit dirigé contre un particulier logé

en hôtel garni, peut être valablement laissé au
maître de cet hôtel, sans qu'il y ait lieu de le con-
sidérer comme un voisin qui, aux termes de l'art.
69 du Code de procédure civile, doit signer l'original. (*Nancy,* 22 *juin* 1813.)

9. Un exploit n'est pas nul parce que l'huissier,
en remettant la copie au maire après refus de parens
et serviteurs, n'a pas désigné nominativement les
parens et serviteurs. (*Duranton,* 14, 1, 123; et
Rejet, 24 *janvier* 1816.)

10. N'est pas valable l'exploit laissé au domicile du cité, parlant à son fondé de pouvoir. (*Limoges,* 19 *août* 1818.)

Patente.

Le commis d'une maison de commerce qui fait
donner une citation pour un objet relatif au commerce de sa maison, ne peut se dispenser d'énoncer
une patente. (*Cassation,* 22 *juin* 1807.)

Présomption.

1. L'existence légale d'un exploit ne peut être
établie que par la représentation de l'acte même.
Un extrait du registre de l'enregistrement ne suffit pas. (*Rejet,* 1.ᵉʳ *août* 1810.)

2. Lorsqu'il est constant qu'un exploit de signification a eu lieu, il y a présomption de validité,
encore que l'original ne soit point produit. C'est
à la partie qui a reçu la signification d'établir la
nullité. (*Riom,* 28 *décembre* 1808.)

Visa.

L'exploit adressé à un maire de commune en sa qualité, si le maire est absent, doit être visé par le juge de paix, et non par l'adjoint du maire. (*Rejet*, 10 *juin* 1832. — *Cassation*, 22 *novembre* 1813. — *Sirey*. — *Duranton*.)

Voisin.

L'art. 68 du Code de procédure, qui porte que, dans le cas où l'huissier ne trouve au domicile ni la partie, ni aucun de ses parens, serviteurs et domestiques, il remette la copie à un voisin, n'est pas applicable aux actes des huissiers de justice de paix. L'art. 4 du même Code leur enjoint, s'ils ne trouvent cette partie, ni ses parens et serviteurs, de s'adresser immédiatement au maire.

(*Voyez aux mots* Citation, Nullité.)

FABRIQUES D'ÉGLISE.

C'est un corps ou une assemblée de personnes qui ont l'administration des fonds et des revenus affectés à la réparation ou l'entretien de l'église.

1. Les conseils de fabrique ne peuvent entreprendre aucun procès, ni défendre, sans une autorisation du conseil de préfecture, auquel doit être adressée la délibération prise à ce sujet par eux; mais provisoirement le trésorier est tenu de faire tous les actes conservatoires pour le maintien des droits de la fabrique, et toutes diligences nécessaires pour le recouvrement de ses revenus.

2. L'autorisation nécessaire pour les procès à intenter au nom des fabriques comme au nom des communes, n'est pas également nécessaire pour réclamer un objet mobilier de peu de valeur. (*Loi du* 14 *décembre* 1789, art. 50 et suivans. — *Rejet,* 21 *juin* 1808. — *Sirey,* 8, 1, 429.—*Duranton,* 6, 2, 126.)

3. Les fabriciens ne peuvent, sans autorisation, être cités en justice pour raison de leurs fonctions. (*Cassation,* 9 *décembre* 1808.)

4. Les procès sont soutenus au nom de la fabrique, à la requête des membres de son conseil, poursuites et diligences du trésorier, qui doit donner au bureau connaissance de ces procédures. (*Décret du* 30 *décembre* 1809.)

5. Toutes contestations relatives à la propriété des biens, et toutes poursuites afin de recouvrement des revenus, sont de la compétence des tribunaux ordinaires. (*Ibidem,* art. 8.)

6. L'administration des biens des fabriques est un établissement public dans le sens des art. 65 et 69 du Code de procédure civile. Ainsi les exploits signifiés à une telle administration dans la personne du trésorier ou des marguilliers sont rigoureusement soumis à la formalité du visa. (*Liége,* 2 *juillet* 1810.)

(*Voyez aux mots* Autorisation, Exploit.)

FORMULES.

1.° *Demande formée par une fabrique.*

L'an mil huit cent. . . . , le. . . . à la requête des

membres composant le conseil de fabrique de l'é-
glise de (*désigner la commune*), poursuites et
diligences du sieur Georges L...., trésorier de
cette fabrique, demeurant en ladite commune,
pourvu, à l'effet de plaider, de l'autorisation nécessaire en ce cas, etc.

2.° *Demande formée contre une fabrique.*

L'an mil huit cent...., le.... à la requête du
sieur Hubert G...., marchand cirier, demeurant
à...., y patenté, etc., j'ai...., huissier....
soussigné,

Cité les membres composant le conseil de fabrique de l'église de (*désigner la commune*), dans
la personne du sieur Georges L...., trésorier de
cette fabrique, demeurant en ladite commune, où
étant, en son domicile, parlant à..., qui a reçu
copie du présent exploit, qu'il a visé, etc.

(*Voyez* Visa.)

FEMME MARIÉE.

1. La femme mariée ne peut ester en jugement
sans l'autorisation de son mari ou de la justice
(art. 215 *du Code civil*), hors le cas où elle est
poursuivie en matière criminelle et de police. (*Ibidem,* art. 216.)

2. N'est pas valable la citation donnée à une
femme mariée, même ayant l'exercice de ses actions, si le mari n'est en même temps cité ou sommé
d'autoriser sa femme à comparaître en justice, et
à défendre à la demande.

3. La règle est la même, encore que la femme citée ne soit mariée que depuis l'arrêt d'admission qui a permis de l'assigner. (*Cour de cassation, 7 octobre* 1811.)

4. En matière mobilière, la citation donnée à la femme séparée de biens est valable, quoiqu'il n'y soit pas fait mention de son mari pour l'autoriser. (*Ibidem. — Paris,* 8 *février* 1808.)

(*Voyez au surplus au mot* Autorisation.)

FÊTES.

Ce sont les jours consacrés au service de Dieu, en l'honneur des saints, et durant lesquels il est défendu de travailler.

1. Aucune fête, à l'exception du dimanche, ne pourra être établie sans la permission du gouvernement. (*Loi du* 18 *germinal* an 10.)

2. Les fêtes, en France, sont réduites au nombre de quatre, savoir : noël, l'ascension, l'assomption, la toussaint. (*Indult du légat* à latere, *du* 9 *avril* 1802, approuvé par un arrêté du gouvernement, du 29 germinal an 10, qui en ordonne la publication.)

3. Un avis du conseil d'état, du 13 mars 1810, a ajouté à ces quatre fêtes celle du premier jour de l'an. (Extrait du *Répertoire de jurisprudence.*)

4. Outre ces fêtes il y a encore celles que la nation célèbre par ordre du gouvernement à l'occasion d'un grand évènement.

5. Aucun exploit ne sera donné un jour de fête

légale, si ce n'est en vertu de la permission du président du tribunal. (*Code de procédure,* art. 63.) En justice de paix cette permission sera donnée par le juge de paix.

(*Voyez au mot* Dimanche.)

FONDÉS DE POUVOIRS.

Ce sont tous les mandataires ayant procuration ou mandat, soit par acte public, soit par acte sous seing privé.

Dans notre droit tous les actes en général peuvent se faire par des fondés de pouvoirs ; mais les actes judiciaires doivent toujours se faire au nom de la partie. Il n'y a que le souverain qui puisse plaider par procuration. (*Nouveau Ferrière.*)

(*Voyez* Procureur fondé.)

FORMALITÉS.

Ce sont les différentes choses dont le concours et l'assemblage servent à former un acte soit conventionnel, soit judiciaire, à le rendre valable, et à en assurer ou procurer l'exécution.

1. On distingue en général quatre sortes de formalités : les formalités *habilitantes,* les formalités *intrinsèques* ou *viscérales,* les formalités *extrinsèques* ou *probantes,* et les formalités d'exécution.

2. Les formalités *habilitantes* sont celles qui rendent capables de faire certains actes les personnes incapables par état.

5. Les formalités *intrinsèques* ou *viscérales* sont celles qui forment l'acte en lui-même, qui lui donnent l'existence, et sans lesquelles il ne peut pas exister. Telles sont celles dépendant du droit qu'a l'officier public de faire des actes dans un certain lieu, sans pouvoir sortir de la juridiction qui lui est assignée.

4. Les formalités *extrinsèques* ou *probantes* sont celles qui ne sont requises que pour constater soit l'accomplissement des formalités habilitantes et des formalités intrinsèques, soit ce qui a été fait par suite du concours des unes et des autres.

Telles sont, dans les actes, les signatures des parties, des témoins, et des officiers ministériels.

5. Les formalités d'*exécution* sont celles qui ne sont requises que pour qu'un acte parfait en soi puisse être exécuté.

Telles sont, dans les contrats et dans les jugemens, l'enregistrement, la mise en grosse, l'apposition de la formule exécutoire. (Extrait du *Répertoire de jurisprudence.*)

FRAIS ET SALAIRE.

C'est ce qui est dû aux officiers ministériels pour honoraires et déboursés des actes de leur ministère.

1. Les avoués et huissiers ne peuvent pas procéder par voie de taxe pour le recouvrement des frais et salaires : ils sont obligés d'en former la demande en justice.

2. L'art. 9 du décret du 16 février 1807, concernant la liquidation des dépens, porte « que les » demandes des avoués et autres officiers minis- » tériels, en paiement des frais contre les parties » pour lesquelles ils auront occupé ou instrumenté, » seront portées à l'audience, sans qu'il soit besoin » de citer en conciliation. Il sera donné, en tête » des assignations, copie du mémoire des frais » réclamés. »

3. L'art. 60 du Code de procédure porte que les demandes formées pour frais par les officiers ministériels seront portées au tribunal où les frais ont été faits. (*Répertoire de jurisprudence.*)

HOSPICES.

Ce sont des établissemens fondés pour recevoir les pauvres, les malades, les nourrir, les loger et soigner par charité.

1. L'organisation des hospices repose principalement sur la loi du 16 vendémiaire an 5, sauf quelques modifications.

Ces établissemens sont administrés par des commissions administratives composées de cinq membres. Il y a aussi dans chacune un receveur comptable.

2. Les receveurs des hospices ont seuls qualité pour recevoir et payer.

3. Le remboursement des capitaux dus aux hospices ne peut être fait qu'après un avertissement

donné aux administrateurs un mois d'avance.(*Avis du conseil d'état du* 21 *décembre* 1808.)

FORMULES.

1.º *Demande formée au nom d'un hospice.*

L'an mil huit cent. . . . , le. . . . , à la requête de MM. les membres composant la commission administrative de l'hospice de. . . . , agissant par le fait de M. Louis R. . . . , président, poursuites et diligences du sieur Charles D. . . . , percepteur-receveur dudit hospice, demeurant tous. . . . , où ils font élection de domicile dans les bureaux dudit receveur comptable.

2.º *Demande formée contre un hospice.*

L'an mil huit cent. . . . , le. . . . à la requête du sieur Louis P. . . . , etc., j'ai. . . . , huissier. . . . soussigné,

Cité les membres composant la commission administrative de l'hospice de. . . . , dans la personne de M. Louis R. . . . , président de ladite commission, demeurant en ce lieu, où étant, en son domicile, parlant à. . . . , qui a reçu copie de mon présent exploit, qu'il a visé.

HUISSIERS DE JUSTICE DE PAIX.

Ce sont des fonctionnaires considérés seulement sous le rapport de cette qualité d'huissiers de justice de paix, investis du droit de donner toutes les citations et de faire tous les actes devant cette

*juridiction, indépendamment de leurs attributions
comme huissiers attachés aux tribunaux ordinaires.*

DIVISION.

1. Historique des huissiers de justice de paix.
2. Résidence de ces fonctionnaires.
3. Leurs attributions.
4. Service à l'audience.
5. Devoirs divers.
6. Notice de jurisprudence.

1. Historique des huissiers de justice de paix.

L'origine des huissiers de justice de paix date de
deux époques différentes, suivant leurs qualités
d'huissiers des juges de paix des villes ou des
cantons ruraux.

La loi du 14 octobre 1790 autorisait les juges
de paix des villes à commettre un des huissiers
ordinaires domiciliés dans leur arrondissement,
ou au moins dans la ville, pour être attaché au
service de leur juridiction. Ceux-là sont aussi anciens que les juges de paix eux-mêmes : leur institution est dans la même loi.

Quant aux huissiers des juges de paix des cantons ruraux, leur origine paraît ne remonter qu'à
la loi du 19 vendémiaire an 4 : jusque là il n'en
avait pas encore été question. Les citations devant ces
magistrats étaient données en vertu d'une cédule
qu'ils délivraient, et qui était notifiée par le greffier de la municipalité du domicile des parties as-

signées, ou par celui qui était commis pour le remplacer.

Mais la loi de vendémiaire, que nous venons de rappeler, mit un terme à un état de choses qui n'offrait aucune garantie. Elle contient une disposition ainsi conçue : « Il n'y aura qu'un seul » huissier par chaque justice de paix, lequel ne » pourra instrumenter que dans le ressort de sa » justice. » Plus tard la loi du 28 floréal an 10 vint modifier ces dispositions : suivant cette loi, chaque juge de paix devait nommer un huissier au moins, et deux au plus. Ces nominations pouvaient porter indistinctement sur les huissiers en fonctions près les justices de paix, sur ceux reçus par les tribunaux d'appel, criminels ou de première instance, pourvu qu'ils résident dans le ressort de la justice de paix. Elle ajoutait qu'à l'avenir les juges de paix ne pouvaient prendre leurs huissiers que dans cette dernière classe, et que s'il ne s'en trouvait point de cette qualité dans le canton, ils pouvaient nommer tous autres citoyens, mais à la condition que le tribunal de première instance confirmerait leur nomination. Après cela restait dans toute sa force la disposition de l'article 27 de la loi du 19 vendémiaire an 4, qui défendait aux huissiers ordinaires de faire aucun exploit pour les justices de paix et bureaux de conciliation. De là les juges de paix, soit des villes, soit des campagnes, devaient avoir des huissiers pour le service de leurs audiences, et qu'ils avaient non-seulement le droit d'attacher à leurs tribunaux, mais encore de révoquer à vo-

lonté : ainsi la cour de cassation, par arrêt du
10 brumaire an 12, l'avait reconnu, et le Code de
procédure l'a confirmé par ses articles 4 et 52. Le
premier de ces articles porte que « la citation de-
» vant le juge de paix sera notifiée par l'huissier
» de la justice de paix; » et le second, que « la
» citation sera donnée par un huissier de la jus-
» tice de paix du défendeur. » Ce qui ajoutait encore au droit exclusif des huissiers de justice de paix,
c'est que la loi des 6 et 27 mars 1791, confirmée
par celle du 19 vendémiaire an 4, prononçait
l'amende de 6 fr. contre tout huissier qui, n'étant
pas attaché à ces tribunaux, signifiait un acte de
cette juridiction. Un arrêt de la cour de cassation
du 27 messidor an 7 le décida aussi de cette manière, mais tout en reconnaissant la validité de
l'acte signifié.

Ce droit exclusif des huissiers de justice de paix
était un véritable privilége: car ils avaient en même
temps celui de faire, dans le ressort du tribunal de
leur résidence, tous les actes du ministère d'huissier concurremment avec les huissiers ordinaires,
quoique ces derniers étaient assujettis aux mêmes
conditions de nomination, au même cautionnement, à la même patente et aux mêmes charges
qu'eux.

C'est ce privilége que la loi du 25 mai 1838 a
aboli en établissant le droit, pour tous les huissiers d'un canton, d'exploiter devant la justice de
paix du canton de leur résidence.

Ainsi dans l'état actuel de la législation tous

les huissiers en général sont huissiers de justice de paix, et ils acquièrent, du moment même de leur nomination pour exercer près des tribunaux, le droit d'instrumenter devant la justice de paix du canton de leur résidence.

(*Voyez* Concurrence.)

2. Résidence des huissiers de justice de paix.

1. La résidence de tout huissier est fixée par le tribunal près duquel il exerce. (*Décret du* 14 *juin* 1813, art. 16 et 19.)

2. Les huissiers de justice de paix sont tenus de résider au chef-lieu de canton, et les tribunaux leur assignent ordinairement cette résidence, parce que dans presque tous les pays il est le centre des affaires.

3. Si cependant les circonstances de localité ne permettent point l'établissement d'un huissier ordinaire au chef-lieu de canton, le tribunal de première instance peut le fixer dans l'une des communes les plus rapprochées du chef-lieu.

3. Attributions des huissiers de justice de paix.

1. Indépendamment des attributions qu'ont tous les huissiers de justice de paix comme huissiers ordinaires, ils ont spécialement, en cette qualité, le droit exclusif de donner toutes les citations et de faire tous les actes devant la justice de paix du canton de leurs résidences respectives.

2. Un huissier peut citer devant la justice de paix d'un autre canton que celui de sa résidence, quand il est commis par le juge de paix de ce dernier canton. (*Code de procédure,* art. 4.)

3. Dans tous les cas où les règlemens accordent aux huissiers une indemnité pour frais de voyage, il ne sera alloué qu'un seul droit de transport pour la totalité des actes que l'huissier aura faits dans une même course et dans le même lieu.

Ce droit sera partagé en autant de portions égales qu'il y aura d'originaux d'actes, et à chacun de ces actes l'huissier appliquera l'une desdites portions : le tout à peine de rejet de la taxe, ou de restitution envers la partie, et d'une amende qui ne pourra excéder 100 fr., ni être moindre de 20 fr. (*Décret du 14 juin* 1813, art. 35.)

(*Voy.* Audienciers, Concurrence, Compétence, et Tarif.)

4. **Du service des huissiers de justice de paix à l'audience.**

1. Tous les huissiers du même canton seront tenus de faire le service des audiences et d'assister le juge de paix quand ils en seront requis. (*Loi du 25 mai* 1838, art. 16.)

2. Le service des huissiers de justice de paix se fait sous les ordres du juge de paix.

3. Quand il y a plusieurs huissiers dans un canton, ils sont tenus de faire le service à tour de rôle réglé par le juge de paix. Ce magistrat peut même intervertir cet ordre, s'il le juge convenable au bien du service. Ce service consiste,

1.º **A** s'assurer si à l'heure indiquée pour l'audience, la salle à ce destinée est en bon état;

2.º **A** annoncer au public l'ouverture de l'audience;

3.º **A** appeler les parties, et à donner lecture des citations;

4.º **A** imposer silence et à faire sortir les perturbateurs;

5.º **Et** enfin à faire ce qui peut être ordonné par le juge de paix dans l'intérêt de la police des audiences.

6.º **Les** huissiers d'une justice de paix doivent en outre, sur la réquisition du juge de paix, l'assister lorsque ses fonctions l'appellent en descente, lorsqu'il est chargé de l'instruction d'une affaire criminelle, et qu'il se trouve dans la nécessité de recourir au ministère d'huissier; enfin lorsque dans l'exercice de ses fonctions il croit utile la présence de ces fonctionnaires, il peut leur enjoindre de l'assister.

5. Devoirs divers des huissiers de justice de paix.

1. Après la probité la plus scrupuleuse, un huissier doit mettre au rang de ses premiers devoirs le respect et la soumission qu'il doit aux magistrats en général, et particulièrement à celui auprès duquel il exerce son ministère.

2. Il doit s'acquitter loyalement des commissions qui lui sont données par ses cliens, et veiller à leurs intérêts comme s'il agissait pour lui-même.

3. Il ne doit jamais faire de citation, hors les cas où il y a péril en la demeure, et ceux où le défendeur serait domicilié hors du canton, ou des cantons de la même ville, sans avoir l'assurance que le juge de paix a prévenu les parties, ou qu'il n'a cru devoir le faire. (*Loi du* 25 *mai* 1838, art. 17.)

(*Voyez au mot* Avertissement.)

4. Il serait indigne des fonctions d'huissier d'exciter le créancier à diriger des poursuites contre un débiteur en lui peignant celui-ci sous des couleurs odieuses, ou en employant tout autre moyen. Il ne doit à ce créancier que les conseils dont il a besoin pour arriver soit au paiement, soit à toute autre fin conforme à ses intérêts.

5. Les huissiers se doivent entre eux une parfaite intelligence, et dans leurs intérêts particuliers, et dans l'intérêt du service. Ils doivent proscrire toutes celles avec des gens d'affaires ou avec leurs confrères eux-mêmes qui auraient pour but d'augmenter le produit de leur état par des manœuvres que la loi et la conscience réprouvent.

(*Voyez* Droits litigieux.)

6. L'exercice du ministère d'huissier est incompatible avec toutes autres fonctions publiques salariées. (*Décret du* 14 *juin* 1813, art. 40.)

7. Il est défendu aux huissiers, sous peine d'être remplacés, de tenir auberge, cabaret, café, tabagie, ou billard, même sous le nom de leurs femmes, à moins qu'ils n'y soient spécialement autorisés. (*Ibidem.*)

6. **Notice de jurisprudence.**

1. Les huissiers exerçant devant une justice de paix ont droit d'y citer en matière civile, en simple police, et en conciliation.

2. Dans le cas où l'huissier d'un autre canton signifierait des actes émanant d'une autre justice de paix que celle devant laquelle il exerce, pourvu que ce soit dans l'arrondissement du tribunal auquel il est attaché, la signification ne laisse pas d'être valable, mais l'huissier encourt l'amende de 6 fr. (Induction d'un *Arrêt de la cour de cassation du* 22 *frimaire an* **11.**)

3. C'est aux huissiers des justices de paix qu'appartient la notification des contraintes qui doivent être visées et rendues exécutoires par les juges de paix, ainsi que celle de tous autres actes dépendant de ces contraintes, tant qu'une opposition de la part des redevables n'a pas saisi le tribunal de première instance. (*Instruction ministérielle du* 8 *germinal an* 11 , S., 3, 2, 154.)

4. L'opposition au jugement par défaut d'un juge de paix, si elle contient *citation,* peut être faite sans commission spéciale par l'huissier du domicile de la personne citée, au lieu de l'être par l'huissier du juge de paix qui a rendu le jugement. (*Rejet, 6 juillet* 1814. — S., 15, 1, 41. — L., 41, 298.)

(*Voy.* Amende, Audienciers, Avertissement, Citation, Enregistrement, Exploit, Nullités, Parenté, Pouvoir spécial, Répertoire, Tarif.)

IMMATRICULE.

(*Voyez aux mots* Citation, Exploit.)

INTERDITS.

On appelle interdit *celui qui est privé par juge-*
ment de l'administration de ses biens.

1. Tous les actes passés par un interdit, depuis
son interdiction, sont nuls. (*Code civil,* art. 502.)
Ainsi tous les actes faits à la requête d'une personne telle ne seraient point valables, pas plus que
ceux faits contre elle.

2. Les actes passés antérieurement à l'interdiction peuvent être annullés si la cause de l'interdiction existait notoirement à l'époque où ils ont
été faits. (*Ibid.,* art. 503.)

3. L'interdit est assimilé au mineur pour sa
personne et pour ses biens. Les lois sur la tutèle
des mineurs s'appliquent à la tutèle des interdits.
(Art. 509.)

(*Voyez au mot* Autorisation.)

FORMULES.

1.° *Demande formée pour un interdit.*

L'an mil huit cent. . . ., le. . ., à la requête du
sieur Casimir B. . . , notaire, demeurant à. . . ,
agissant en qualité de tuteur à l'interdiction du
sieur Claude V. . . , manouvrier, demeurant à. . . ,
nommé à ces fonctions par jugement du tribunal

**

de. . . ., en date du. . . ., le même qui a prononcé cette interdiction.

2.º *Demande formée contre un interdit.*

L'an mil huit cent. . . ., le. . . ., à la requête du sieur Jean-François M. . ., propriétaire sans profession, demeurant à. . . .

J'ai. . . ., huissier. . . . soussigné,

Cité le sieur Casimir B. . . ., notaire, demeurant à. . . ., en sa qualité de tuteur à l'interdiction du sieur Claude V. . ., manouvrier, demeurant à. . ., étant au domicile dudit tuteur, parlant à. . ., qui a reçu copie du présent exploit.

(Prendre les conclusions contre le tuteur.)

JUGE DE PAIX.

C'est un magistrat de l'ordre judiciaire institué pour juger sommairement, et sans le ministère d'avoués, les contestations de peu d'importance, et essayer la conciliation sur celles dont le jugement appartient aux tribunaux civils.

1. Suivant l'art. 69 du Code de procédure civile, les communes doivent être assignées dans la personne du maire, et à Paris en la personne et au domicile du Préfet.

2. En cas d'absence ou de refus du maire, le visa doit être donné par le juge de paix, ou, à défaut, par le procureur du roi, auquel, en ce cas, la copie doit être laissée.

(*Voyez* Compétence, Visa.)

MAIRE.

On nomme ainsi le fonctionnaire public chargé de l'administration communale.

1. Les maires ne peuvent intenter ni soutenir aucune action en justice au nom des communes sans y avoir été autorisés par le conseil de préfecture. (*Loi du* 18 *juillet* 1837, art. 49.)

2. Quand l'huissier ne trouve personne au domicile de la partie qu'il est chargé de citer, il laisse sa copie au maire ou adjoint de la commune, qui doit viser son original sans frais. (*Code de procédure*, art. 4.)

3. Quoique les termes de la loi, *au maire ou adjoint*, semblent autoriser l'huissier à remettre sa copie indifféremment à l'un ou à l'autre, on doit s'adresser d'abord au maire, et ensuite à l'adjoint, en faisant mention que c'est à raison de l'absence du premier, qu'on s'adresse au second.

(*Voyez aux mots* Autorisation, Citation, Commune, Exploit, Membres du conseil municipal, Procureur du Roi, Visa.)

MARI.

Le mari est l'homme uni à la femme par le mariage.

1. Un mari est le mandataire présumé de sa femme : il peut valablement la représenter devant le bureau de paix, sans être porteur de sa procuration. (*Cassation*, 6 *prairial an* 11. — *Sirey*, 20, 1, 450. — D..., 1, 1, 35.)

2. Le mari est responsable du dommage porté à autrui par le fait de sa femme.

3. En matière de police, le mari ne peut être condamné solidairement avec sa femme à payer l'amende encourue par elle. (*Cassation*, 28 *brumaire an 9, 9 juillet 1807 et 6 juin 1811.*)

(*Voyez* Autorisation, Femme mariée.)

MEMBRES DU CONSEIL MUNICIPAL.

1. Dans le cas d'absence du maire et de l'adjoint, l'huissier doit remettre sa copie au premier membre du conseil municipal, et successivement aux autres, par ordre de rang, en cas d'absence des premiers. (Opinion de M. Carré, *Traité de procédure*, n.º 5210. — *Lois de la procédure*, t. 1, page 11. — *Décision de M. le ministre de la justice, du 6 juillet* 1810.)

2. Il faut remarquer que cette remise de copie aux membres du conseil municipal ne doit avoir lieu que quand il s'agit de citer un habitant de la commune où ils exercent leurs fonctions, et que l'huissier n'a trouvé personne au domicile de cette partie, ni le maire, ni l'adjoint, chez qui il doit d'abord se présenter. Mais quand il s'agit d'une demande contre la commune, et que le maire est absent, il faut s'adresser au juge de paix, et en l'absence de ce dernier au procureur du roi : ni l'adjoint ni les membres du conseil, dans ce dernier cas, n'ont capacité de viser l'original et de recevoir copie. (*Opinion de MM. Sirey et Daloz.* — *Cassation, 10 février* 1817.)

(*Voyez aux mots* Maire, Adjoint, Procureur du Roi, Membres du conseil municipal, Visa.)

MILITAIRE.

1. Sous cette dénomination sont compris les généraux, officiers et soldats servant dans les armées de terre et de mer. Les chirurgiens, les médecins, les apothicaires, les conducteurs de charrois, les vivandiers, et tous autres artistes et ouvriers attachés aux corps d'armée, sont aussi soumis aux lois qui concernent les militaires et qui régissent leur condition.

2. Quelques auteurs, notamment ceux du *Praticien français,* avaient pensé que les militaires avaient leur domicile au régiment où ils servent. Mais l'opinion qu'ils le conservent au lieu de leur origine, ou, s'ils l'ont quitté, au lieu où ils l'avaient avant leur départ, est partagée par le plus grand nombre; et la cour de cassation, par plusieurs arrêts, un entre autres du 11 vendémiaire an 13, l'a ainsi décidé. M. Carré, dans ses questions 249 et 250, partage aussi cette dernière opinion.

(*Voyez aux mots* Autorisation, Citation, Exploit, Domicile.)

MINEUR.

(*Voyez au mot* Autorisation, *section* 1.re)

MINISTÈRE PUBLIC.

C'est la magistrature particulière dont les fonc-
tions sont de veiller à l'intérêt général de la so-
ciété, et de défendre ceux qui sont trop faibles
pour le faire eux-mêmes. (Nouveau Ferrière.)

1. Les fonctions du ministère public, pour les
faits de police, seront remplies par le commissaire
du lieu où siégera le tribunal; en cas d'empêchement du commissaire de police, ou s'il n'y en a
point, elles seront remplies par le maire, qui
pourra se faire remplacer par son adjoint. S'il y
a plusieurs commissaires de police, le procureur
général près la cour royale nommera celui ou ceux
qui feront le service. (*Code d'instruction crimi-*
nelle, art. 144.)

2. A défaut de maire, adjoint, commissaire de
police, les fonctions du ministère public près les
tribunaux de simple police ne peuvent pas être
remplies par un membre du conseil municipal :
elles doivent l'être par un maire d'une commune
voisine nommé à cet effet par le procureur général près la cour royale du lieu. (Ainsi décidé par
la *Cour de cassation.*)

3. Les citations pour contravention de police
seront faites à la requête du ministère public ou
de la partie qui réclame. (*Code d'instruction cri-*
minelle, art. 145.)

(*Foy.* 2.ᵉ *partie, titre* 4, *chapitre* 1.ᵉʳ)

MORT CIVILE.

C'est parmi nous l'état d'une personne qui est privée de tous les droits civils.

1. L'individu mort civilement ne peut être témoin dans un acte solennel ou authentique, ni être admis à porter témoignage en justice.

2. Il ne peut procéder en justice, ni en demandant, ni en défendant, que sous le nom d'un curateur spécial qui lui est nommé par le tribunal où l'action est portée. (*Code civil*, art. 25.)

(*Voyez* Autorisation.)

NULLITÉ.

La nullité d'un acte est la non-existence de cet acte aux yeux de la loi.

1. L'article premier du Code de procédure civile, comme tous ceux que contient le livre relatif à la justice de paix, ne prononce pas la peine de nullité; de là il résulte que les omissions ne peuvent avoir d'autre effet que celui d'autoriser le juge de paix à ordonner un réassigné, suivant les circonstances. (*Analyse de M. Carré.*)

Nota. Aux divers mots où nous avons employé l'expression *nullité* pour indiquer les formes voulues dans les citations en jugement devant le juge de paix, nous n'avons employé ce mot que pour établir que l'acte ne peut produire aucun effet, suivant l'opinion de M. Carré, et qu'il n'y a lieu que de le recommencer, en en laissant toutefois les frais à la charge de l'huissier.

2. Les citations en police qui ne sont pas données à un délai de vingt-quatre heures au moins,

et les jugemens qui en sont la suite, sont enta-
chés de nullité. (*Code d'instruction criminelle,*
art. 146.)

3. On voit, d'après cet article, que le défaut de
formes dans les actes de la procédure en matière
de simple police, peut, dans certains cas, entraîner la peine de nullité, contrairement à ce qui a
lieu en matière civile.

4. Quant au défaut de formes dans les citations
en conciliation, nul doute qu'il peut entraîner
aussi dans certains cas la nullité; par exemple,
dans le cas d'inobservation de ce qui est prescrit
aux articles 50, 51 et 52 du Code de procédure
civile.

5. Les huissiers ont été garans, de tout temps,
des nullités de leurs actes; et le principe posé dans
l'art. 1383 du Code civil, qui établit que chacun
est responsable du dommage qu'il cause à autrui,
leur est applicable.

OPPOSITION.

1. De l'opposition en justice de paix.
2. De l'opposition en simple police.

1. De l'opposition en justice de paix.

1. La partie condamnée par défaut peut former
opposition dans les trois jours de la signification
du jugement. (*Code de procédure,* art. 20.)

2. L'opposition doit contenir sommairement les
moyens de la partie, et assignation au prochain

jour d'audience, en observant les délais prescrits pour les citations. Elle indiquera le jour et l'heure de la comparution, et sera notifiée ainsi qu'il est dit ci-dessus. (*Ibidem.*)

3. Les trois jours pour former opposition ne sont pas francs. C'est le quatrième de la date de la signification qu'elle doit être formée. (*Analyse de M. Carré*, question 58.)

4. Il est entendu que le délai de trois jours doit être augmenté d'un jour par trois myriamètres de distance entre le domicile du défaillant et celui de l'autre partie.

5. Si le délai de l'opposition était un jour de fête légale, l'opposition serait valablement formée le lendemain. (*Cour d'appel de Paris*, citée par *M. Carré*, question 60.)

6. L'opposition peut être formée avant la signification du jugement. (Induction d'un *Arrêt de la cour de cassation, du* 17 *mars* 1806. — *Bulletin officiel*, 4 mars 1812. — *Traité de M. Carré*, n.º 91.)

7. L'opposition au jugement par défaut d'un juge de paix, peut être faite sans commission spéciale par l'huissier du domicile du défendeur, au lieu de l'être par l'huissier de la justice de paix où a été rendu le jugement. (*Cassation*, 6 *juillet* 1814.)

8. Si le juge de paix sait par lui-même ou par les représentations qui lui seraient faites à l'audience par les proches voisins ou amis du défendeur, que celui-ci n'a pu être instruit de la procédure, il

pourra, en adjugeant le défaut, fixer, pour le
délai de l'opposition, le temps qui lui paraît convenable; et dans le cas où la prorogation n'aurait
été ni accordée d'office, ni demandée, le défaillant
pourra être relaxé de la rigueur du délai et admis
à opposition, en justifiant qu'à raison d'absence
ou de maladie grave, il n'a pu être instruit de la
procédure. (*Code de procédure*, art. 21.)

9. La partie opposante qui se laisserait juger
une seconde fois, ne sera plus reçue à former une
nouvelle opposition. (*Ibidem*, art. 22.)

10. Tous les auteurs sont de l'opinion que l'art.
443 du Code de procédure est applicable aux jugemens par défaut des juges de paix, en ce qu'il
établit que le délai de l'appel sera de trois mois à
partir du jour où l'opposition ne sera plus recevable; en conséquence, qu'un premier et qu'un second
jugement par défaut contre lesquels il n'y a pas
eu d'opposition, sont sujets à appel.

11. Le demandeur contre lequel son adversaire
aurait obtenu congé-défaut à une première audience, à raison d'absence, ne peut réintenter
son action que par voie d'opposition au jugement
de congé-défaut.

2. De l'opposition en matière de simple police.

1. La personne condamnée par défaut ne sera
plus recevable à s'opposer à l'exécution du jugement si elle ne se présente à l'audience indiquée par
l'article suivant, sauf ce qui sera ci-après réglé sur

l'appel et le recours en cassation. (*Code d'instruc-*
tion criminelle, art. 150.)

Nota. Il est essentiel de faire remarquer qu'on ne peut
employer contre un jugement par défaut ni la voie de
l'appel, ni celle de cassation, tant que la voie de l'opposition est ouverte; par la raison que, l'appel et le pourvoi en cassation étant des voies introduites pour faire réformer les erreurs des premiers juges, on ne peut les
employer que lorsque la partie lésée n'a plus les moyens
de les faire revenir eux-mêmes sur leurs jugemens, par
la voie de l'opposition, qui est la plus simple. (*Cassation,*
9 *frimaire an* 6 *et* 8 *fructidor an* 9.—*Avis du conseil*
d'état du 11 *février* 1806.—Argument des art. 174 du
Code d'instruction criminelle, et 455 du *Code de pro-*
cédure civile.)

2. L'opposition au jugement par défaut pourra être faite par déclaration en réponse au bas
de l'acte de signification, ou par acte notifié dans
les trois jours de la signification (1), outre un
jour pour trois myriamètres.

3. L'opposition emportera de droit citation à
la première audience après l'expiration des délais (2), et sera réputée non avenue si l'opposant
ne comparaît pas. (*Ibidem*, 151.)

4. Les délais de l'opposition à un jugement de

(1) Cette notification doit être faite au ministère public
en la personne du greffier. Elle doit être faite aussi à la
partie au domicile par elle élu, si le jugement par défaut
prononce des adjudications à son profit.

(2) C'est-à-dire de 24 heures, délai fixé par l'art. 146.
Il est bien entendu que les parties doivent comparaître à
la première audience qui suit la notification, quand même
elle ne contiendrait pas citation.

police ne courent pas tant qu'il n'y a pas eu signification valable.

Il n'est pas nécessaire que l'opposition au jugement par défaut du juge de paix comme juge de police, soit motivée, ni qu'elle contienne citation. (*Sirey*, 17, 11, 247.)

(*Voyez aux mots* Appel, Ministère public, Signification, *et* 2.me *partie.*)

ORIGINAL.

C'est la minute d'un acte. Il s'entend particulièrement de l'exploit qui reste en minute à l'huissier quand il en a délivré copie.

(*Voyez* Citation, Exploit, Visa.)

PARENS. PARENTÉ.

C'est le rapport qu'il y a entre des personnes unies par les liens du sang.

1. On distingue trois espèces de parens, savoir : les *ascendans,* les *descendans,* les *collatéraux.*

Les *ascendans* sont le père, la mère, l'aïeul, et les autres plus éloignés en remontant.

Les *descendans* sont ceux qui sont issus des mêmes ascendans.

Les *collatéraux* sont ceux qui descendent d'une souche commune, tels que les frères, les cousins, l'oncle et le neveu.

2. Il y a encore les parens paternels et les parens maternels.

Nota. Nous ne nous étendrons pas sur les conséquences

de ce dernier genre de parenté, dont la distinction est cependant très-importante en matière de succession, mais qui est étrangère au but de cet ouvrage.

3. L'huissier de justice de paix ne pourra instrumenter pour ses parens en ligne directe, ni pour ses frères, sœurs, et alliés au même degré. (*Code de procédure civile,* art. 4.)

Il suit, comme nous l'avons déjà dit, des dispositions de l'article précédent, qu'en justice de paix l'huissier a des attributions, en fait de parenté, beaucoup plus étendues qu'en toute autre matière étrangère à cette juridiction. Dans les autres cas c'est l'art. 66 qui détermine jusqu'à quel degré de parenté l'interdiction lui est imposée.

4. Le livre 2, chapitre 1.er, du Code d'instruction criminelle, et le titre 1.er du livre 3 du Code de procédure, ne réglant pas jusqu'à quel degré les huissiers peuvent instrumenter pour leurs parens en simple police et en conciliation, on doit se conformer à la règle générale posée en l'art. 66 du Code de procédure, toujours par la raison que l'exception n'est applicable que dans les cas pour lesquels elle a été spécialement conçue.

5. Il a été décidé par divers tribunaux, et plusieurs auteurs sont de cet avis, que les art. 4 et 66 ne doivent s'entendre qu'en ce sens, que l'huissier ne peut agir pour ses parens; mais que les raisons qui ont dicté ce principe ne s'opposent pas à ce qu'il agisse contre eux.

(*Voyez au mot* Citation, *section* 4, n.º 8.)

PARLANT A.

(*Voyez au mot* Citation.)

PATENTE.

C'est un acte qu'impose l'autorité publique à tous ceux qui veulent exercer certains emplois et certaines professions, et auquel est attaché un droit déterminé.

1. Les huissiers sont assujettis à la patente.

2. Nul n'est obligé à prendre plus d'une patente, quelles que soient les diverses branches de commerce, profession ou industrie qu'il exerce ou veuille exercer.

Dans ce cas la patente est due pour le commerce, la profession ou l'industrie qui donne lieu au plus fort droit. (*Loi du 22 octobre* 1798.)

3. Les huissiers sont tenus de faire mention de leur patente dans les exploits et autres actes de leur ministère. (*Ordonnance du 23 décembre* 1814.)

4. Nul ne peut former de demande, ni fournir aucune exception ou défense en justice, ni faire aucun acte ou signification par acte extrajudiciaire, pour tout ce qui est relatif à son commerce, sa profession ou son industrie, sans qu'il soit fait mention, en tête des actes, de la patente, avec désignation de la classe, de la date, du numéro, et de la commune où elle a été délivrée, à peine d'une amende de 500 fr. (réduite à 50), tant contre les particuliers sujets à la patente, que con-

tre les fonctionnaires publics, notaires, greffiers, avoués et *huissiers* qui auraient fait ou reçu lesdits actes sans mention de la patente. (*Loi du* 22 *octobre* 1798, art. 37, et *ordonnance du* 23 *décembre* 1814.)

5. La condamnation à cette amende est poursuivie au tribunal de première instance, à la requête du procureur du roi près ce tribunal.

Le rapport de la patente ne peut suppléer au défaut de l'énonciation, ni dispenser de l'amende prononcée ci-dessus.

6. Les huissiers sont assujettis à la patente de troisième classe.

PÉREMPTION.

C'est la prescription qui anéantit les procédures quand il y a discontinuation de poursuites pendant un certain laps de temps.

1. La péremption en justice de paix est acquise après quatre mois à dater du jour du jugement interlocutoire. (*Code de procédure*, art. 15.)

2. La péremption court contre l'état, les établissemens publics, et toutes personnes même mineures, sauf leur recours contre les administrateurs et tuteurs. (*Ibid.*, art. 398.)

3. La péremption n'aura pas lieu de droit : elle se couvrira par les actes valables faits par l'une ou l'autre des parties avant la demande en péremption. (*Ibid.*, art. 399.)

4. La péremption n'éteint pas l'action; elle em-

porte seulement extinction de la procédure, sans qu'on puisse, dans aucun cas, opposer aucun des actes de la procédure éteinte, ni s'en prévaloir. En cas de péremption le demandeur principal est condamné à tous les frais de la procédure périmée. (*Ibid.*, art. 401.)

5. Les jugemens par défaut de justice de paix ne se périment pas par six mois, conformément à l'art. 156 du Code de procédure civile, qui ne leur est pas applicable. (*Arrêt de la cour de cassation du 13 septembre* 1809.)

PIÈCES (COPIE DE).

(*Voyez aux mots* Amende, Tarif.)

POUVOIR.

1. Nous ne donnerons à ce mot, qui a plusieurs acceptions, que celle dans laquelle on le prend pour indiquer un mandat d'agir avec une procuration.

2. La remise de l'acte ou du jugement à l'huissier vaudra pouvoir pour toutes exécutions autres que les saisies immobilières et l'emprisonnement, pour lesquels il sera besoin d'un pouvoir spécial. (*Code de procédure civile*, art. 556.)

3. Les huissiers, pour exercer leur ministère à la requête d'une partie, doivent avoir soin de se mettre en garde contre les suites fâcheuses du désaveu. Pour cela il ne serait jamais superflu d'exiger soit une réquisition signée de la partie elle-

même ou de son mandataire, soit la remise d'un canevas s'il y en a, soit enfin toutes autres pièces qui seraient à l'appui de la demande à introduire.

Quand on connaît ses cliens, et que la confiance qu'on leur accorde ne laisse aucun doute à l'huissier, il peut se contenter de prendre note de la commission qu'on lui donne, sur un cahier qu'il doit tenir à cet effet, et qu'il fait bien de tenir par ordre de dates. Mais en cela il faut user de la plus grande circonspection, parce que souvent une note pareille pourrait bien ne pas paraître toujours aux yeux du juge un mandat suffisant en cas de désaveu.

PRÉNOMS.

(*Voyez* Citation.)

PRESCRIPTION.

C'est un moyen d'acquérir ou de se libérer par un certain laps de temps, et sous les conditions déterminées par la loi.

1. L'action des huissiers pour le salaire des actes qu'ils signifient, et des commissions qu'ils exécutent, se prescrit par un an. (*Code civil,* art. 2272.)

2. Le titre 20, chapitre 1.er et suivans, 5.e livre du Code civil, règle les divers genres de prescriptions en matière civile.

5. Les prescriptions en matière commerciale

sont réglées par les art. 64, 108, 189, 430 et
suivans du Code de commerce.

4. Celles en matière de contraventions de simple
police, l'art. 640 du Code d'instruction criminelle
fixe le temps nécessaire pour les acquérir à un
an, sauf ce qui est prescrit par les lois particulières ci-après.

1.º Les contraventions forestières poursuivies
au nom de l'administration se prescrivent par
trois mois à compter du jour où les délits et contraventions ont été constatés, lorsque les délits
sont désignés dans les procès-verbaux. Dans le cas
contraire le délai de prescription est de six mois
à compter du même jour, sans préjudice, à l'é-
gard des adjudicataires et entrepreneurs des
coupes, des dispositions contenues aux art. 45,
47, 50, 51 et 82 du Code forestier. (*Code forestier,* art. 185.)

2.º La prescription de trois mois établie par
l'art. 185 du Code forestier, est applicable aux
délits commis dans les bois et forêts des particuliers. (*Ibid.*, art. 189.)

3.º Les procès-verbaux dressés par les gardes
des bois des particuliers seront, dans le délai d'un
mois à dater de l'affirmation, remis au procureur du roi ou au juge de paix, suivant leur compétence. (*Ibid.*, art. 191.)

4.º Les délits ruraux se prescrivent par un
mois; et il faut, pour que la prescription soit interrompue, que le prévenu soit cité avant l'expiration d'un mois. (*Loi du* 18 *septembre* 1791,

titre 1.er, section 7, art. 8. — *Cassation*, 2 *messidor an* 13.)

Toutefois il faut remarquer que ce genre de prescription ne s'applique qu'aux délits ruraux qui ne sont pas prévus par le Code pénal. Quant à ceux-ci, c'est la prescription d'un an établie par le Code d'instruction criminelle, art. 640, qui fait la règle. (*Cassation*, 10 *septembre* 1813.)

5.º L'action en indemnité des propriétaires pour les terrains qui auront servi à la confection des chemins vicinaux, et pour extraction de matériaux, sera prescrite par le laps de deux ans. (*Loi du* 21 *mai* 1836, art. 18.)

PROCUREUR FONDÉ.

C'est celui qui gère les affaires d'un autre en vertu du mandat qu'il en a reçu. (Nouveau Ferrière.) *On l'appelle aussi mandataire.*

1. Nul en France ne plaide par procureur. Ce principe, dont l'application a été faite même sous l'empire des lois antérieures au rétablissement du gouvernement monarchique, la cour de cassation proposait de l'ériger en loi par une disposition du Code de procédure civile, en faisant toutefois exception pour le roi et la reine.

2. Le plus grand nombre de nos auteurs, en citant cet arrêt, sont d'avis qu'il doit recevoir son application sous l'empire du Code de procédure civile. M. Thomines, entre autres, dans son Traité

de procédure (tome 1.er, page 20), dit qu'on peut plaider par soi-même ou par un fondé de procuration, mais que c'est toujours au nom de la partie intéressée qu'on poursuit l'action.

C'est sur cette maxime, qui n'admet d'exception qu'à l'égard du roi, que M. Pigeau fonde la nullité d'un ajournement notifié à la requête du mandataire d'une partie nommée.

3. Tel est aussi le sens d'un arrêt de la cour royale de Nîmes, du 18 février 1808, et de deux arrêts de la cour de Rennes, l'un du 19 novembre 1810, et l'autre de 1811.

4. Il n'y a pas d'exception à la maxime *Nul en France ne plaide par procuration*, à l'égard du défendeur. En d'autres termes, le mandataire ne peut pas être cité en nom dans les qualités. C'est le défendeur lui-même qui doit l'être.

A cet égard M. Carré, dans son Analyse, question 290, est d'avis que les huissiers peuvent employer les expressions suivantes : *A la requête de tel, pour suites et diligences de tel, son mandataire,* pour désigner le demandeur; et qu'ils expriment l'ajournement du défendeur en le nommant, et en ajoutant qu'ils l'assignent *en la personne de tel, son procureur fondé.*

5. Pour rendre plus claire l'application des principes dont nous venons de parler, nous allons donner ici des formules qui serviront de guides dans les deux cas dont il est question, tels que M. Carré lui-même les a admises.

1.º *Action du demandeur ayant procureur fondé.*

L'an mil huit cent. . . ., le. . . ., à la requête du sieur Louis B. . . ., cultivateur, domicilié à. . . ., poursuites et diligences de Paul C. . . ., propriétaire, domicilié à. . . ., son procureur fondé, suivant procuration (énoncer ici le titre en vertu duquel le pouvoir est donné).

2.º *Action contre un défendeur ayant mandataire.*

L'an mil huit cent. . . ., le. . . ., à la requête du sieur Pierre P., vigneron, domicilié à. . . .

J'ai. . . ., huissier. . . ., soussigné,

Signifié au sieur François M. . . ., cultivateur, demeurant à. . . ., en la personne et au domicile du sieur Jean-Claude Q. . . ., rentier, demeurant à. . . ., son fondé de procuration, etc.

NOTA. Malgré la validité d'une signification au défendeur de la manière exprimée dans la dernière formule, quand le pouvoir est connu, qu'il peut être prouvé, et que le domicile du défendeur est le même à l'égard du tribunal qui doit connaître de l'action, que celui du mandataire lui-même, il est prudent de n'assigner que le défendeur à son domicile, et par plusieurs raisons, celle-ci entre autres, que le demandeur n'est pas toujours certain qu'il y a pouvoir donné au mandataire à qui il s'adresse, et, quand même il pourrait en justifier, parce que le pouvoir peut avoir été révoqué à son insu.

6. Dans les causes portées devant la justice de paix, aucun huissier ne pourra ni assister comme conseil, ni représenter les parties en qualité de procureur fondé, à peine d'une amende de 25 à

50 fr., qui sera prononcée sans appel par le juge de paix.

Ces dispositions ne seront pas applicables aux huissiers qui se trouveront dans l'un des cas prévus par l'art. 86 du Code de procédure civile. (*Loi du 25 mai* 1838, art. 18.)

7. Ainsi, par application de ce dernier paragraphe, les huissiers, malgré les défenses contenues au premier, pourront se présenter comme conseils ou comme fondés de pouvoirs dans toutes les affaires où seront parties ces huissiers eux-mêmes personnellement d'abord, et leurs femmes ou alliés en ligne directe, ou leurs pupilles. (*Code de procédure,* art. 86.)

(*Voyez au mot* Amende.)

8. Les motifs qui ont donné lieu aux dispositions de l'art. 18 de la loi du 25 mai 1838 ne permettent pas de l'interpréter en ce sens, que ces officiers ministériels ne peuvent représenter les parties devant une justice de paix d'un canton dans lequel ils n'exercent pas leur ministère, mais seulement devant la justice de paix du lieu de leur résidence.

PROCUREUR DU ROI.

C'est un magistrat institué dans chaque arrondissement pour défendre les intérêts du roi, ceux des incapables et des absens, près du tribunal de cet arrondissement, et pour veiller dans son ressort au maintien du bon ordre.

1. Les huissiers sont sous la surveillance du procureur du roi.

2. Toute action à intenter au roi pour ses domaines doit l'être en la personne du procureur du roi de l'arrondissement. (*Code de procédure civile,* art. 69.)

3. Dans tous les cas d'absence ou de refus des fonctionnaires et administrateurs désignés aux art. 4 et 69, de viser l'original de l'huissier et d'en recevoir copie, ce visa sera donné soit par le juge de paix, soit par le procureur du roi près le tribunal de première instance, auquel, en ce cas, la copie sera laissée. (*Ibid.*)

NOTA. Quoique la loi renvoie, d'après ce qui vient d'être dit, devant le juge de paix ou le procureur du roi indifféremment, on doit s'adresser d'abord au juge de paix; et ce n'est qu'en son absence ou à son refus qu'on doit recourir au procureur du roi.

4. Ceux qui n'ont point de domicile connu en France, s'ils n'ont point de résidence actuelle, doivent être cités par la remise d'une copie au procureur du roi de l'arrondissement du lieu où siége le tribunal qui doit connaître de la demande, lequel doit viser l'original ; et l'huissier doit en afficher une seconde à la principale porte de l'audience du tribunal près duquel siége le procureur du roi qui a visé cet original. (*Ibid.,* art. 69.)

5. Ceux qui habitent le territoire français hors du continent, et ceux qui sont établis chez l'étranger, doivent être assignés au domicile du procureur du roi près le tribunal où sera portée la de-

mande, lequel visera l'original, et enverra la copie, pour les premiers, au ministère de la marine, et pour les seconds, à celui des affaires étrangères. (*Ibid.*)

6. L'huissier chargé de citer une partie, qui ne trouverait personne à son domicile, et à qui le maire ou l'adjoint, ou un membre du conseil municipal, refuserait de viser son original et de recevoir copie, doit s'adresser, au premier refus, au procureur du roi.

7. Si l'huissier chargé de citer une commune dans la personne du maire, ne trouve pas ce fonctionnaire, c'est au juge de paix ou au procureur du roi qu'il doit s'adresser, et non à l'adjoint, ni aux membres du conseil. Dans ce dernier cas la citation sera mal donnée.

(*Voyez aux mots* Adjoint, Commune, Maire, Membres du conseil municipal, Visa.)

RATURE.

C'est l'effaçure d'un ou plusieurs mots écrits, par un trait de plume.

Il est indispensable que les huissiers constatent à la marge ou à la fin de l'acte les mots raturés, et qu'ils les approuvent.

RÉBELLION.

C'est l'action d'empêcher par violence et par voies de fait l'exercice du ministère des fonctionnaires qui agissent pour l'exécution des lois.

1. Toute attaque, toute résistance avec violence et voies de fait envers les officiers ministériels. . . . agissant pour l'exécution des lois, des ordres ou ordonnances de l'autorité publique, des mandats de justice ou jugemens, est qualifié, suivant les circonstances, crime ou délit. (*Code pénal*, art. 209.)

2. Les articles du Code pénal qui suivent le précédent, définissent les divers cas de rébellion, et les peines qui y sont attachées.

3. Les huissiers doivent être pénétrés, en exerçant leur ministère, de l'idée qu'ils l'exercent au nom de la loi, et que les paroles injurieuses, les voies de fait, les menaces, qui peuvent avoir lieu à leur égard, ne sont pas seulement une offense personnelle, mais une attaque à la justice et à l'ordre. Dans cette pensée, ils ne sauraient trop prendre de précautions pour inspirer aux personnes auxquelles ils s'adressent l'obéissance due aux ordres qui émanent de l'autorité publique.

Mais en faisant leur devoir de cette manière, s'ils rencontrent quelqu'un qui méconnaisse leur ministère, et qui résiste à l'exécution des ordres qu'ils exécutent, ils doivent à la justice autant qu'à eux-mêmes de rendre compte au procureur du roi, soit dans l'acte qu'ils signifiaient au moment de la résistance, soit dans un procès-verbal séparé, de l'empêchement qu'ils ont rencontré, quand même ils n'auraient aucun témoin.

RENVOIS.

C'est, dans un acte, une addition faite en marge ou en bas de cet acte, qu'on doit joindre au texte, et qui s'indique par un signe.

Les renvois doivent être approuvés par tous les signataires des actes.

RÉPERTOIRE.

C'est une espèce de journal sur lequel les huissiers sont tenus d'inscrire les actes de leur ministère. (Loi du 22 frimaire an 7, art. 49.)

Les huissiers tiendront des répertoires à colonnes sur lesquels ils inscriront jour par jour, sans blanc ni interligne, et par ordre de numéros, tous les actes et exploits de leur ministère. (*Ibid.*, 49.)

Nota. Pour ne pas répéter ce qui a été dit au mot *Amende*, en ce qui concerne la manière de tenir les répertoires, nous renvoyons à ce mot, section 2, n.os 7, 8, et suivans.

RESPONSABILITÉ.

C'est la garantie de ses actions, et l'obligation où l'on est d'en répondre.

1. Les officiers ministériels qui seront en contravention aux lois et règlemens, pourront, suivant la gravité des circonstances, être punis par des condamnations de dépens en leur nom personnel. (*Règlement du 30 mars* 1808, art. 102.)

2. Si un exploit est déclaré nul par le fait de l'huissier, il pourra être condamné aux frais de l'exploit et de la procédure annulée, sans préjudice des dommages et intérêts de la partie, suivant les circonstances.

3. L'huissier qui signifie un acte, en est toujours responsable en ce qui concerne les formalités à observer, bien qu'il lui en ait été donné par la partie un canevas qui renferme les irrégularités.

(*Voyez, au mot* Nullité, *ce qui a été dit à l'égard de la procédure devant les justices de paix, en ce qui concerne la responsabilité.*)

SIGNIFICATION DE JUGEMENT.

(*Voyez* 2.me partie, chapitre 8.)

TARIF.

C'est, en terme de procédure, ce qui marque le prix des actes et procès-verbaux des officiers ministériels.

DIVISION.

SECTION PREMIÈRE.

Taxe des huissiers de justice de paix.

Dispositions générales relatives aux huissiers.

SECTION DEUXIÈME.

Des huissiers audienciers.

1. Des huissiers audienciers en justice de paix.
2. De la liquidation des dépens.

SECTION TROISIÈME.

De la taxe des huissiers, en matière de simple police.

SECTION PREMIÈRE.

TAXE DES HUISSIERS DE JUSTICE DE PAIX.

1. Pour l'original, 1.º de chaque citation contenant demande, à Paris : 1 fr. 50 c.; dans les villes où il y a tribunal de première instance, 1 fr. 25 c.; et dans les autres villes et cantons ruraux, 1 fr. 25 c.;

2.º De signification de jugement, 1 fr. 25 c. (*Code de procédure civile,* art. 16 et 19);

3.º De sommation de fournir caution ou d'être présent à la réception et soumission de la caution ordonnée, 1 fr. 25 c. (*ibidem,* art. 17);

4.º D'opposition au jugement par défaut contenant assignation à la prochaine audience, 1 fr. 50 c. (art. 20);

5.º De demande en garantie, 1 f. 50 c. (art. 32);

6.º De citation aux témoins, 1 f. 50 c. (art. 34);

7.º De citation aux gens de l'art et experts, 1 f. 50 c. (art. 42);

8.º De citation en conciliation, 1 f. 50 c. (art. 52);

9.º De citation aux membres qui doivent composer le conseil de famille, 1 fr. 50 c. (*Code civil,* art. 406);

10.º De notification de l'avis du conseil de famille, 1 f. 50 c. (*ibidem*);

11.º D'opposition aux scellés, 1 f. 50 c. (art. 926);

12.º De sommation à la levée des scellés, 1 f. 50 c. (*ibidem*);

Et pour chaque copie des actes ci-dessus énoncés, le quart de l'original (*Décret du 16 février* 1807, art. 21);

2. Pour les copies des pièces qui pourront être données avec les actes, par chaque rôle d'expédition de vingt lignes à la page et de dix syllabes à la ligne : à Paris, 25 c.; dans les villes où il y a un tribunal de première instance, 20 c.; dans les autres villes et cantons ruraux, 20 c. (*ibidem*, art. 22);

3. Pour transport, qui ne pourra être alloué qu'autant qu'il y aura plus d'un demi-myriamètre (une lieue ancienne) de distance entre la demeure de l'huissier et le lieu où l'exploit devra être posé, aller et retour par myriamètre, 2 fr.

Il ne sera rien alloué aux huissiers des justices de paix pour visa par le greffier de la justice de paix ou par les maires et adjoints des communes du canton, dans les différens cas prévus par le Code de procédure. (*Ibidem*, art. 23.)

Nota. Certains huissiers, après s'être transportés au-delà d'un myriamètre, se font payer le demi-myriamètre dès qu'il est commencé, ne fût-ce que d'un kilomètre. C'est un abus. On ne doit se faire payer pour chaque demi-myriamètre qu'autant qu'il y en a au moins trois de parcourus au-delà d'un ou de plusieurs myriamètres. C'est ce qui s'observe en matière criminelle, d'après l'art. 92 du décret du 18 juin 1811.

Ainsi, pour un myriamètre. . . . . 2 fr.
        pour un myriamètre 2 kilomètres. . . 2
        pour un myriamètre 3 kilomètres. . . 3.
        pour un myriamètre 5 kilomètres. . . 3.

(Extrait de *l'Instruction sur l'organisation des huissiers.*)

Dispositions générales relatives aux huissiers.

1. Les huissiers qui seront commis pour faire des ajournemens, faire des significations de jugemens, et tous autres actes, ou procéder à des opérations, ne pourront prendre de plus forts droits que ceux énoncés au présent tarif, à peine de restitution et d'interdiction, quels que soient la cour et le tribunal auxquels ils sont attachés.

2. Les huissiers qui auront omis de mettre au bas de l'original et de chaque copie des actes de leur ministère la mention du coût d'icelui, pourront, indépendamment de l'amende portée par l'article 67 du Code de procédure, être interdits de leurs fonctions sur la réquisition d'office des procureurs généraux et des procureurs du roi. (Art. 66.)

SECTION DEUXIÈME.

DES HUISSIERS AUDIENCIERS.

1. Des huissiers audienciers des justices de paix.

(*Voyez aux mots* Audiencier, Citation, Concurrence.)

2. De la liquidation des dépens.

La liquidation des dépens en affaire de justice de paix sera faite par le jugement qui les adjuge. (Induction de l'art. 1.er du *Décret du* 16 *février* 1807.)

(*Voyez* Frais *et* Salaire.)

SECTION TROISIÈME.

DE LA TAXE DES HUISSIERS EN MATIÈRE CRIMINELLE, CORRECTIONNELLE, ET DE SIMPLE POLICE.

Les salaires des huissiers, pour tous les actes de leur ministère résultant du Code d'instruction criminelle et du Code pénal, sont réglés et fixés comme il suit :

1. Pour toutes citations, significations et notifications dans les cas prévus par les articles 145, 146, 149, 151, 153, 157, 158, 160, 172, 174 et 177 du Code d'instruction criminelle, pour l'original seulement : à Paris, 1 franc; dans les villes de quarante mille habitans et au-dessus, 75 c., et dans les autres villes et communes, 50 c. (*Décret du 18 juin 1811, art. 71*);

2. Pour chaque copie des actes ci-dessus désignés : à Paris, 75 c.; dans les villes de quarante mille habitans et au-dessus, 50 c. (*Ibidem.*)

3. Le salaire des huissiers ou des scribes employés pour les copies de tous les actes dont il est fait mention ci-dessus, et de toutes les autres pièces dont il doit être donné copie, et ce pour chaque rôle d'écriture de trente lignes à la page et de dix-huit à vingt syllabes à la ligne, non compris le premier rôle : à Paris, 50 c.; dans les villes de quarante mille habitans et au-dessus, 40 c.; et dans les autres villes et communes, 30 c. (*Ibidem.*)

4. Les frais de voyage et de séjour des huissiers seront alloués ainsi qu'il va être dit nombre 6.

5. Le ministre de la justice fera dresser et par-

venir aux procureurs du roi des modèles des mémoires que les huissiers auront à fournir pour
la répétition de leurs salaires, et les huissiers seront tenus de s'y conformer exactement sous peine
de rejet de leurs mémoires. (*Ibidem*, art. 82.)

6. Il est accordé des indemnités aux huissiers.....
lorsqu'à raison de leurs fonctions ils sont obligés
de se transporter à plus de deux kilomètres de
leur résidence, soit dans le canton, soit au-delà.
(*Ibidem*, art. 90.)

7. Cette indemnité est fixée pour chaque myriamètre parcouru en allant et en revenant, à 1 fr.
50 c. (*Ibidem*, art. 91.)

8. L'indemnité est réglée par myriamètre et
demi-myriamètre. Les fractions de huit à neuf kilomètres seront comptées pour un myriamètre, et
celles de trois à sept kilomètres, pour un demi-
myriamètre. (*Ibidem*, art. 92.)

9. Lorsque les huissiers seront arrêtés dans le
cours de leur voyage par force majeure, ils rece-
vront en indemnité, pour chaque jour de séjour
forcé, 1 fr. 50 c.

Ils seront tenus de faire constater par le juge
de paix ou ses suppléans, ou par le maire, ou à
son défaut par ses adjoints, la cause du séjour forcé
en route, et d'en représenter le certificat à l'appui
de leur demande en taxe. (*Ibidem*, art. 95.)

(*Voyez, pour le mode de paiement, la liquidation
et le recouvrement des frais, et les mémoires de frais
de justice criminelle, depuis l'art.* 139 *jusque et y compris l'art.* 176 *du* Décret du 18 juin 1811.)

TIMBRE.

Le droit de timbre est un impôt qui se lève sur tous les papiers destinés aux actes civils et judiciaires et aux écritures qui peuvent être produites en justice.

1. Tous les papiers destinés aux actes civils et judiciaires et aux écritures qui peuvent être produites en justice et y faire foi, sont assujettis au timbre. (*Loi du* 13 *brumaire an* 7, art. 1.er)

Dans le cas de quelques exceptions à cette règle, elles sont prévues par la loi.

2. La contribution imposée sur le timbre est de deux sortes : la première est le droit de timbre imposé et tarifé en raison de la dimension du papier dont il est fait usage.

3. La seconde est le droit de timbre créé pour les effets de commerce, et gradué en raison des sommes à y exprimer, sans égard à la dimension du papier. (*Ibid.*, art. 2.)

4. Le prix des papiers timbrés fournis par la régie, et les droits de timbre des papiers qu'on voudra faire timbrer, seront fixés ainsi qu'il suit, savoir :

Demi-feuille de petit papier....... » f. 35 c.
Feuille idem.................. » . 70
Feuille de moyen papier........ 1 25
Feuille de grand papier......... 1 50
Feuille de dimensions supérieures. . 2 »

(Extrait de la *Loi du* 28 *avril* 1816, art. 62.)

5. Les officiers ministériels qui auront reçu ou rédigé des actes énonçant des actes ou livres non

10

timbrés, seront solidaires pour le paiement des droits de timbre et des amendes. (*Loi du* 28 *avril* 1816, art. 75.)

(*Voyez* Amende, Enregistrement, Exploit.)

TRIBUNAL DE PAIX.

1. Le tribunal de paix est composé du juge de paix et de son greffier.

2. En cas d'empêchement du juge ses fonctions sont remplies par un suppléant. Et en pareil cas il peut être nommé un commis-greffier pour remplacer le titulaire.

(*Voyez* Audiencier, Concurrence, Compétence, *et* 2.e *partie, titre* 1.er, *chapitre* 1.er *et suivans.*)

TRIBUNAL DE POLICE.

1. Le tribunal de police est composé du même personnel que le tribunal de paix, c'est-à-dire du juge de paix et de son greffier, et en outre du fonctionnaire remplissant les fonctions du ministère public.

2. Dans les communes divisées en deux justices de paix ou plus, le service au tribunal de police sera fait successivement par chaque juge de paix, en commençant par le plus ancien. Il y aura dans ce cas un greffier particulier pour le tribunal de police.

3. Il pourra aussi, dans le cas de l'article précédent, y avoir deux sections, en vertu d'un règlement de l'autorité publique pour la police. Chaque section sera tenue par un juge de paix, et le gref-

fier aura un commis assermenté pour le suppléer. (*Ibid.*, art. 143.)

4. Les fonctions du ministère public, pour les faits de police, seront remplies par le commissaire du lieu où siégera le tribunal. En cas d'empêchement du commissaire de police, ou s'il n'y en a point, elles seront remplies par le maire, qui pourra se faire remplacer par son adjoint.

(*Voyez aux mots* Audiencier, Concurrence, Compétence, Juge de paix, Ministère public, *et* 2.ᵉ *partie, titre 3, chapitre* 1.ᵉʳ *et suivans.*)

VISA.

C'est un mot latin qui s'emploie pour signifier une formalité prescrite à l'égard de certains actes. (Nouveau Ferrière.)

1. Si l'huissier qui se présente pour citer en justice de paix ne trouve au domicile de la partie ni cette partie elle-même ni aucune autre personne à qui il puisse remettre sa copie, c'est au maire ou adjoint de la commune qu'il doit la laisser, en faisant viser son original par celui qui la reçoit. (*Code de procédure,* art. 4.)

2. Il n'est dû aucun salaire à l'huissier à raison du visa dont il est question en l'article précédent.

3. L'huissier citant l'état, le trésor royal, les administrations ou établissemens publics, le roi, et les communes, fera viser son original par les personnes préposées, dans ces divers cas, pour répondre en justice, en leur en remettant copie.

En cas d'absence ou de refus de leur part, le visa sera donné soit par le juge de paix, soit par le procureur du roi près le tribunal de première instance, auquel en ce cas la copie sera laissée.

4. Toutes significations faites à des personnes publiques préposées pour les recevoir, seront visées par elles sans frais sur l'original.

En cas de refus l'original sera visé par le procureur du roi, comme il est déjà dit, et les refusans pourront être condamnés, sur les conclusions du ministère public, à une amende qui ne pourra être moindre de cinq francs. (*Code de procédure civile*, art. 1039.)

Les circonstances dans lesquelles la formalité du visa est exigée, sont prévues, en matières étrangères aux affaires de justice de paix, par les art. 68, 69, 549, 561, 628, 673, 681, 687, 961 et 1039 du Code de procédure civile.

5. Il sera taxé pour visa de chacun des actes qui y sont assujettis :

A Paris, 1 fr.; dans les villes où il y a tribunal de première instance, 75 c.; dans les autres villes et cantons ruraux, 75 c.

En cas de refus de la part du fonctionnaire public qui doit donner le *visa*, et dans le cas où l'huissier sera obligé, à raison de ce refus, de requérir le visa du procureur du roi, le droit sera double. (*Décret du* 16 *février* 1807.)

(*Voyez aux mots* Fabriques, Etablissemens publics, Maire, Adjoint, Membres du conseil municipal, Procureur du Roi, Citation, Exploit.)

VISA POUR TIMBRE.

(*Voyez* Enregistrement *et* Timbre.)

DEUXIÈME PARTIE.

—

FORMULAIRE ANALYTIQUE

contenant

LE TEXTE DES LOIS DE LA COMPÉTENCE DES JUGES DE PAIX, LEURS MOTIFS, LES PRINCIPAUX ARRÊTS ET OPINIONS D'AUTEURS QUI S'Y RATTACHENT, ET DES FORMULES D'ACTES APPLICABLES DANS DES CAS NOMBREUX ET VARIÉS.

CHAPITRE PREMIER.

LOI DU 25 MAI 1838.

—

ARTICLE PREMIER.

« Les juges de paix connaissent de toutes actions personnelles ou mobilières en dernier ressort jusqu'à la valeur de 100 fr., et à charge d'appel jusqu'à la valeur de 200 fr. »

Extrait du rapport de M. Amilhau à la Chambre des Députés sur l'ensemble de la loi, et particulièrement sur l'article 1.er (Séance du 6 avril 1838.)

« En abordant la loi déjà admise par la chambre des pairs, nous devons être frappés de la différence qui existe entre le projet de 1835 et celui de 1838. Par le premier le juge de paix avait une juridiction complète et ordinaire. C'était peu que l'extension de sa compétence pour les actions personnelles et mobilières : il était juge du fait et du droit, et juge encore de l'exécution ; il prononçait en premier degré sur sa propre compétence. Il empruntait aux tribunaux de première instance ses législations, les reconnaissances d'écritures, et les permissions de saisie dans certains cas. Par le projet qui vous est soumis, il demeure juge d'exception, aucune des formes compliquées n'approche de son siége. Extension de la compétence actuelle, attributions nouvelles pour les loyers et les fermages, et quelques cas d'urgence où tout le litige est presque en fait : voilà ce que les articles vont vous démontrer.

» La compétence des justices de paix, dans le projet de loi, se compose de deux élémens parfaitement distincts : le premier est pris dans l'importance des sommes ; le second est puisé soit dans la nature des contestations, soit dans la qualité des individus, soit dans la spécialité même des actions qu'il s'agit de former.

» Le premier de ces élémens constitue le plus grand nombre des contestations : il embrasse les actions personnelles et mobilières. L'attribution ne saurait être contestée : elle est écrite dans la loi de 1790. L'extension du chiffre est seule en question. La commission de 1835 avait triplé la compétence. Prenant en sérieuse considération l'opinion des cours et les forces de l'institution, nous avons cru faire suffisamment en élevant le

chiffre à 100 fr. pour le dernier ressort, et à
200 fr. pour le premier. Cette proposition est celle
qui fut faite par la cour de cassation en 1806, et
qu'elle a reproduite trente ans après.

» Le dernier ressort est déjà accepté par le
pays : il n'y a point d'appel des décisions des
juges de paix jusqu'à la somme de 100 fr. L'intérêt même des plaideurs leur commande cette réserve : car les frais seraient supérieurs à la valeur
du litige.

» Quant au premier ressort, il existe un recours. Il soumet, il est vrai, aux deux degrés de
juridiction; mais si l'appel est possible, il n'est pas
inévitable. L'autorité du juge l'emporte souvent
sur le caprice du plaideur, et dissipe ses illusions.
C'est d'ailleurs la règle dans les résultats généraux que le législateur a dû seulement consulter.
Or le chiffre admis est en rapport avec l'augmentation du numéraire, la meilleure distribution
des fortunes, l'élévation des salaires, et les habitudes de bien-être répandues dans toutes les
classes. Ces sortes d'actions offrent des questions
simples et d'une solution facile. Tels sont les motifs qui nous ont déterminés à adopter l'art. 1.er du
projet.

» Faut-il étendre le bienfait de cette juridiction
aux causes commerciales qui seraient dans les limites de la compétence? Cette pensée s'est présentée un moment à la chambre des pairs, et n'a
pas été accueillie; elle a été reproduite dans des
pétitions nombreuses : il importe de l'examiner. On

veut mettre un frein à la cupidité ou à l'exigence
des hommes qui exploitent les petites fortunes :
en modifiant le titre, ils font choix de la juridiction. Et depuis que la contrainte par corps n'existe
plus au-dessous de 200 fr., il n'y a point de motif
pour s'opposer à cette proposition. Voilà le système : votre commission le repousse. Pour obvier à
quelques cas exceptionnels, il tend à dénaturer
complètement les deux institutions : celle des justices de paix, en obligeant le juge à recourir à
des connaissances pratiques et usuelles, et à suivre
l'esprit et les opérations du négoce ; et la juridiction commerciale, en la constituant tribunal de
deuxième degré, chargé de prononcer sur des jugemens, des nullités, des appels, et des questions
d'évocation, qui doivent lui demeurer étrangers. En
un mot, de deux justices spéciales et d'exception,
on fait deux tribunaux ordinaires. Dans l'application, combien d'obstacles doivent se présenter ? Res-
pectons l'ordre des juridictions, et rejetons une
innovation imprudente qui, à travers quelques
avantages douteux, offre d'immenses inconvéniens.

» On avait proposé d'ajouter à cette compétence
les affaires immobilières d'une minime importance, et dont la valeur serait déterminée par le
chiffre de l'impôt ; mais votre résolution sur la loi
relative aux tribunaux de première instance a
rendu notre tâche facile sur ce point. Il ne faut
pas vouloir régler par approximation ce qui est
indéfini de sa nature, et limiter des intérêts qui

sont variables dans leur étendue, dans leurs rapports, et dans les diverses circonstances qui modifient la propriété. La difficulté de la solution pourrait d'ailleurs être ajoutée aux inconvéniens de cette mesure, et c'était, dans toutes les discussions, présenter à la fois deux litiges : procès sur la compétence, procès sur le fond.

» On a proposé en outre de donner au juge de paix le droit de prononcer sur les partages des petites successions purement mobilières, ou des successions immobilières dont le chiffre est tellement minime, qu'il serait absorbé par les premiers actes de la procédure ordinaire. Les juges de paix ont, dans la prérogative de la conciliation, dans la faculté que le législateur a laissée aux parties d'étendre indéfiniment leur compétence, ou de compromettre, en nommant des arbitres volontaires, tous les moyens propres à terminer ces déplorables contestations. Ils manqueraient à leurs premiers devoirs si, dans ces circonstances spéciales, ils n'usaient de tous les moyens pour arrêter les plaideurs qui courent à une ruine certaine. Mais si leurs efforts sont impuissans, on ne peut, sans renverser tous les principes, leur donner compétence pour suivre les actions les plus compliquées, avec les incidens et les difficultés qui en sont la conséquence. Lorsque la succession s'ouvre, sa valeur est indéterminée, et il faudrait commencer par en faire l'appréciation. Le juge de paix devra prononcer sur les actes de dernière volonté, et juger les questions de préciput et réserve, de legs et de

substitutions, qui ont divisé les cours, et reçu
dans la cour de cassation elle-même des décisions
contraires. En réduisant la question aux successions mobilières, on ne change pas les difficultés.
On ne peut donc admettre ce système sans dénaturer complètement l'institution.

» Devra-t-on soumettre à la compétence des
juges de paix les reconnaissances d'écritures lorsqu'il ne s'élèvera aucune contestation? S'il n'est
question que de l'incident qui se présente devant
le juge au moment où l'action est portée devant
lui, l'art. 14 du Code de procédure y a pourvu.
S'il s'agit, au contraire, de faire du juge de paix
un tribunal de première instance, chargé d'au-
thentiquer les actes et de conférer hypothèque,
lorsque les parties sont d'accord, elles peuvent se
présenter devant un officier public chargé de retenir
leurs conventions; et dans le cas où le défendeur
est absent, ou refuse de reconnaître, il serait également dangereux d'autoriser à rendre un jugement qui suppléerait à son silence. Sans nous
étendre davantage sur ces motifs, puisque la loi y
a pourvu, votre commission a rejeté cette proposition.

» Dans le cours des actions intentées en justice,
des femmes, des mineurs, ne peuvent procéder
sans une autorisation dévolue en ce moment aux
tribunaux de première instance. Doit-on changer
cette règle, qui tient à des principes d'ordre public,
et déférer au juge de paix, dans des cas spéciaux,
le pouvoir d'autoriser? Nous ne l'avons pas pensé. Si

les époux vivent en bonne intelligence, l'autorisation est de droit; mais lorsque les époux sont divisés, le refus du mari est souvent le précurseur de
débats domestiques et de séparations légales. Ce
n'est plus le mince intérêt du litige qui est en
question, c'est l'harmonie des familles, la conservation de la fortune des femmes et des mineurs,
et dès-lors le débat est trop grand pour cette juridiction.

» C'est la demande qui doit être la véritable
règle de la compétence. Mais lorsqu'elle porte sur
une valeur indéterminée, faut-il suivre la jurisprudence jusqu'à ce moment consacrée, et renvoyer à des tribunaux d'un ordre supérieur,
quoique l'intérêt appréciable soit d'une valeur
minime? Les cours ont été divisées sur cette question. Selon les unes c'est l'importance de la demande et la valeur de l'objet en litige qui doit
fixer la compétence du juge. Cette valeur est toujours connue quand il s'agit d'une somme d'argent. Si c'est une chose indéterminée qui soit en
discussion, personne mieux que le demandeur
n'est à même de l'évaluer; et, pour prévenir tout
abus, on ajoute l'option donnée au défendeur de
livrer la chose réclamée, ou de payer le montant
de l'évaluation. Selon les autres cours, et votre
commission partage cet avis, on laisse par ce système le demandeur maître de la compétence. En
cas de défaut d'évaluation, aucune sanction pénale
n'est possible. Cette facilité ne tendrait qu'à mul-
tiplier les incidens. Il faut que les droits du défen-

deur soient garantis comme ceux du demandeur.
On sait que les questions de compétence sont susceptibles d'appel, et dès-lors on établirait dans
tous les procès deux degrés de juridiction. Ces motifs ont déterminé à conserver la règle adoptée
jusqu'à ce moment. »

Notices.

1. La connaissance des actions personnelles ou
mobilières, attribuée à la compétence des juges de
paix par l'art. 1.er de la loi du 25 mai 1838, a fait
cesser le doute qui a long-temps existé sur la question de savoir si les juges de paix pouvaient connaître des actions personnelles, réelles et mixtes,
ou bien seulement des actions personnelles et mobilières, c'est-à-dire personnelles et mobilières tout
à la fois. Les termes de la nouvelle loi, *personnelles
ou mobilières,* indiquent clairement que le juge de
paix peut connaître, par exemple, aussi bien de la
revendication d'un meuble perdu ou volé, autorisée par les art. 2279 et 2280 du Code civil, contre
le tiers acheteur, que de la simple réclamation
d'une somme d'argent contre le débiteur. D'où il
suit que la compétence s'étend à la connaissance
d'une action mobilière, qu'elle soit personnelle,
réelle, ou mixte, sans distinction.

2. Les affaires commerciales, même dans les
limites de la compétence du juge de paix, ne
rentrent point dans sa juridiction. (*Rapport
de M. Amilhau. — Discours de MM. Voisin de*

Gartempe, Séguier et de Bastard à la chambre des pairs.)

3. Les juges de paix ne sont point compétens, même dans les limites de leur compétence, pour connaître des demandes en reconnaissance d'écritures, pas plus si le défendeur est absent, cas où le jugement ne peut suppléer à son silence, que s'il refuse de les reconnaître. (Voyez suprà, *Rapport de M. Amilhau. — Discours de M. le garde des sceaux, séance du 15 avril 1837 à la chambre des députés.*)

4. Les actions personnelles s'entendent de celles par lesquelles on agit en justice contre celui qui nous est *obligé* en vertu d'une obligation conventionnelle ou d'un engagement résultant de l'autorité seule de la loi.

5. Les actions mobilières sont celles qui ont pour objet un meuble ou un objet mobilier.

6. La jurisprudence a compris sous la dénomination d'actions personnelles et mobilières, et qui doivent être portées devant le juge de paix d'après l'art. 1.er de la loi du 25 mai 1838,

1.º L'action qui est exercée par un percepteur contre un de ses contribuables, afin d'obtenir le remboursement d'avances qu'il a faites pour lui (*Arrêt du conseil d'état du 16 février* 1826 ; — *Carré, Justice de paix*, tome 2, page 150) ;

2.º L'action qui est intentée par des maîtres de poste contre un entrepreneur de voitures, pour avoir paiement de l'indemnité résultant de ce que celui-ci aurait conduit un voyageur à grandes journées sur une grande route sans prendre les relais de poste (argument de la *Loi du* 19 *frimaire an* 7; — *Cassation ,* 29 *juin* 1819);

3.º Pour casuel d'un curé, résultant de droits de mariage , enterrement , etc. (*Répertoire de la science des juges de paix,* v.º Action);

4.º Celle qui est intentée pour fermage d'un banc dans une église (*Cassation ,* 4 *février* 1824);

5.º L'action en paiement d'honoraires et frais réglés et taxés par le président du tribunal civil au profit d'un notaire, les art. 60 du Code de procédure , et 173 du Décret du 16 février 1807, qui attribuent aux tribunaux de première instance les demandes faites pour frais par les officiers ministériels, ne s'appliquant pas aux notaires (*Décisions du ministre de la justice des* 4 *décembre* 1826, 8 *novembre* 1827, 28 *mai* 1828; — *Journal des notaires,* art. 6834 et 7034);

6.º Celle en paiement des honoraires dus à un avocat (*Cassation,* 6 *avril* 1830);

7.º L'action en dommages résultant de l'inexécution d'un marché pour construction dans un bâtiment. (*Cassation ,* 28 *novembre* 1821. — *Carré , Justice de paix,* tome 2, page 155.)

7. La demande en paiement d'arrérages d'une rente foncière dont le titre n'est pas contesté, est purement personnelle et mobilière, et peut conséquemment être appréciée par le juge de paix jusqu'à concurrence du taux de sa compétence. (*Cassation ,* 18 *octobre* 1813.)

8. L'action dirigée contre plusieurs cohéritiers en

paiement d'une somme excédant 100 fr. (aujour-
d'hui 200), sans expliquer qu'ils sont tenus personnellement chacun pour la part dont il profite dans la succession, doit être portée devant le
tribunal civil, et non devant le juge de paix, bien
qu'en réalité la part due par chacun des cohéritiers dans la somme réclamée soit inférieure à
100 fr. (*Pau*, 17 *juin* 1828. Voyez *infrà*, art. 9.)

9. La demande de 27 fr. pour partie échue d'une
obligation excédant 50 fr. peut être jugée en dernier ressort, bien que le défendeur excipe de la
nullité du titre contenant l'obligation. (*Cassation*,
21 *février* 1814.)

10. Les juges de paix peuvent connaître, dans
les limites de leur compétence, des vices rédhibi-
toires énumérés dans la loi du 20 mai 1838,
pourvu que les parties soient étrangères au commerce. (*Code de commerce*, art. 632. — *Annales
de la science des juges de paix*, tome 2, page 53.)

11. Toutes actions personnelles ou mobilières
sont prescrites par trente ans, sans que celui qui
allègue cette prescription soit obligé d'en rapporter
un titre, ou qu'on puisse lui opposer l'exception
déduite de la mauvaise foi. (*Code civil*, art.
2262.)

Formules diverses.

1. Demande en paiement d'une somme d'argent.
2. Demande en réclamation d'objets mobiliers.

1. DEMANDE EN PAIEMENT D'UNE SOMME D'ARGENT.

L'an mil huit cent...., le...., à la requête du sieur Victor C...., cultivateur, demeurant à....

J'ai, Charles G...., huissier près le tribunal civil séant à...., et la justice de paix du canton de..., demeurant à...., y patenté de troisième classe, n.°...., le...., soussigné,

Cité Louis T...., vigneron, domicilié à...., où étant, en son domicile, parlant à...., qui a reçu copie du présent acte,

A comparaître à...., par-devant M. le juge de paix du canton de...., en la salle ordinaire des audiences, rue...., n.°...., à... heures du matin du... pour,

Attendu que le citant a prêté verbalement au cité, il y a deux ans (*énoncer le titre s'il y en a*), la somme de...., que ce dernier avait promis, aussi verbalement, de lui rendre un an après; que, malgré plusieurs réclamations depuis cette échéance, il ne s'est pas libéré, s'entendre condamner, ledit cité, à payer au requérant ladite somme de...., due, ainsi qu'il vient d'être dit, et comme ce dernier offre de le prouver en cas de désaveu; s'entendre en outre condamner aux intérêts sur cette somme, à dater d'aujourd'hui, et aux dépens, sous toutes réserves;

Ouïr ordonner enfin que le jugement à intervenir sera exécutoire nonobstant appel et sans caution, attendu qu'il y a péril en la demeure (*ou*

autres causes s'il y a lieu; v. art. **11** *et* **12.**) **Dont
acte. Le coût est de....** (*Signature de l'huissier.*)

NOTA. Quand on forme une demande de 200 fr., on ne
peut demander les intérêts que du jour du jugement,
parce que, ne les demanderait-on que du jour de la demande, pour peu qu'il fût éloigné de celui du jugement,
il y aurait quelque chose à ajouter à 200 fr., et le juge
pourrait se déclarer incompétent.

2. DEMANDE EN RÉCLAMATION D'OBJETS MOBILIERS.

L'an mil huit cent...., le...., à la requête
de Pierre G...., propriétaire sans profession,
demeurant à....,

J'ai...., huissier.... soussigné,

Cité François M...., cultivateur, demeurant
à...., où étant, en son domicile, parlant à....,
qui a reçu copie du présent original,

A comparaître à...., etc., pour,

Attendu que le requérant, il y a un an, a
déposé dans les caves du cité deux futailles cer-
clées en fer, de la capacité de dix hectolitres chacune, et que, pour rétribution de cet embarras,
il lui a payé d'avance une somme de...., ainsi
que du tout il peut faire la preuve en cas de désaveu; attendu que ce dépôt avait été fait à charge par
le cité de rendre lesdites futailles six mois après,
d'après sa promesse verbale, et qu'il refuse aujourd'hui de le faire;

Ouïr ordonner, ledit cité, qu'il sera tenu de livrer au citant, dans les vingt-quatre heures de la signification du jugement à intervenir, les deux fu-

11

tailles en question, sans aucune dégradation que celle de l'usage; passé lequel délai, voir dire qu'il restera condamné à payer audit citant la somme de 150 fr. en représentation du prix desdites futailles, somme à laquelle elles sont ici estimées; en outre aux intérêts et aux dépens, sous toutes réserves, dont acte. Le coût est de. . . . (*Signature de l'huissier.*)

ARTICLE DEUX.

« Les juges de paix prononcent sans appel
» jusqu'à la valeur de 100 fr., et à charge d'appel
» jusqu'au taux de la compétence en dernier
» ressort des tribunaux de première instance,

» Sur les contestations entre les hôteliers, au-
» bergistes ou logeurs, et les voyageurs ou loca-
» taires en garni, pour dépenses d'hôtellerie, et
» perte ou avarie d'effets déposés dans l'auberge
» ou dans l'hôtel;

» Entre les voyageurs et les voituriers et bate-
» liers, pour retards, frais de route, et perte ou
» avarie d'effets accompagnant les voyageurs;

» Entre les voyageurs et les carrossiers ou autres
» ouvriers, pour fournitures, salaires, et répara-
» tions faites aux voitures de voyage. »

Extrait du rapport de M. Amilhau à la Chambre des Députés.

« Nous arrivons à une compétence qui fixe la juridiction par la nature même des contestations ou

par la qualité des individus. Les juges de paix prononcent sans appel jusqu'à 100 fr. . . . , et à charge
d'appel jusqu'au taux de la compétence en dernier
ressort des tribunaux civils, sur des actions diverses, dans le cas où la solution doit être prompte,
et où le plus léger retard peut causer un préjudice
irréparable. De ce nombre sont les contestations entre les hôteliers, aubergistes et logeurs, et les voyageurs ou locataires en garni. L'amélioration du système de nos routes et leur multiplicité, l'économie
de temps et de prix dans les moyens de transport,
et les besoins sans cesse renaissans de l'industrie
et de la civilisation, ont rendu la fréquence des
voyages un besoin impérieux de notre époque.
C'est dans ces causes surtout qu'il importe d'avoir
une solution prompte et peu dispendieuse. La nécessité s'en fait sentir tellement de nos jours, que
c'est presque par mesure de la police que l'on
résout certaines questions. Ces contestations, toutes
de fait, sont jugées sur les lieux et à l'instant
même. On se pourvoira rarement contre les décisions qui seront ainsi rendues avec tous les
moyens d'appréciation. Si, d'ailleurs, la solution
pouvait compromettre quelques intérêts au-dessus
de 100 fr., tout est réparable.

» Aucune difficulté pour ce qui est relatif aux dépenses d'hôtellerie. L'attribution quant à la perte
d'effets avait d'abord excité quelques réclamations; mais on a fait remarquer qu'il ne s'agissait
que des effets déposés dans l'auberge ou dans l'hôtel, qui accompagnent ordinairement le voyageur.

Dans l'état de la jurisprudence, la responsabilité
légale des aubergistes est consacrée; c'est sur la
foi de leur surveillance et de la moralité de ceux
qui les entourent que le dépôt a lieu. Il y a urgence; le retard dans la solution modifierait toutes les dispositions du voyageur, et pourrait porter
à ses intérêts un immense préjudice.

» Ces questions se reproduisent lorsqu'il s'agit
des contestations entre les voyageurs et les voituriers pour retard, frais de route et perte d'effets accompagnant le voyageur, toujours dans les
mêmes limites de compétence. L'utilité d'une décision prompte, la connaissance des usages locaux, l'obligation de seconder ce mouvement qui
porte tous les hommes à avoir entre eux des com-
munications fréquentes et rapides, tout nous a déterminé à accepter cette proposition.

» Les avaries sont sans doute comprises dans la
perte d'effets; mais il était besoin de l'expliquer,
de peur que l'interprétation littérale de l'article
ne portât à renvoyer, sur ce point, devant les tribunaux ordinaires.

» Devant quel juge seront portées ces demandes,
aussi bien que celles de la disposition relative aux
ouvriers employés momentanément par les voyageurs? On avait d'abord pensé qu'il fallait que,
dans tous les cas, le juge de paix du lieu fût déclaré compétent. Il y avait intérêt à ce que la demande reçût solution à l'instant même. Mais votre
commission n'a pas cru devoir déroger à l'ordre
ordinaire des juridictions : elle a compris que les

droits de l'hôtelier étaient garantis, puisque en
faisant une saisie-gagerie, il pouvait obliger le
voyageur à intenter à l'instant son action; mais
les droits du voyageur ne le sont pas si à chaque
pas de sa course il peut être distrait de son juge
naturel. Ces actions peuvent être intentées après
le départ du voyageur, pour le faire condamner sans être entendu, lorsqu'il sera livré à un
voyage de long cours, ou pour le faire retourner
d'une extrémité de la France à l'autre. Enfin,
votre commission a été déterminée par ce grave
motif, qu'il ne faut pas briser ainsi la législation,
attribuer une compétence spéciale à chaque cas
particulier, et mettre les hommes et les choses dans
une incertitude qui n'offre que des embarras. »

Notices.

1. Le taux de la compétence des tribunaux de
première instance, dans les matières qui sont l'objet de l'art. 2, est fixé à 1,500 f. (*Loi des* 11—
13 *avril* 1838.)

2. L'art. 2 de la loi du 25 mai 1838 est une
innovation dans la compétence des juges de paix.
Les contestations dont il y est parlé étaient, sous
l'ancienne législation, terminées souvent par des
mesures de police; mais il y avait là une violation
des principes concernant la distinction des pouvoirs administratif et judiciaire, que le législateur a voulu faire cesser.

3. Le mot *effets,* dont se sert le § 2 de cet article,
doit être entendu dans le sens le plus étendu, dans

le sens usuel et grammatical. (*Commentaire de M. Giraudeau,* page 67.)

4. Pour que le juge de paix puisse statuer sur la perte d'un objet appartenant à un voyageur, il faut non-seulement que le dépositaire responsable ait *loué* la chambre, l'appartement meublé dans lequel la perte a eu lieu, mais encore que ce dépositaire soit *logeur, aubergiste* ou *hôtelier* soumis à la patente. (*Nîmes,* 18 *mai* 1825. — *Dalloz,* tome 25, deuxième partie, page 238.)

5. La responsabilité des aubergistes, hôteliers, ou logeurs, commence *au moment de l'arrivée des voyageurs ou voituriers* dans les auberges et hôtels, et ne cesse qu'après leur sortie. (*Rouen,* 14 *août* 1824. — *Dalloz,* tome 10, page 793; et elle s'étend à tout ce que contient la voiture, argent, effets, ou marchandises. (*Rouen,* 13 *germinal* an 10), ainsi qu'à la voiture elle-même, et aux animaux qui la traînent ou suivent les voyageurs.

6. Les aubergistes, logeurs, hôteliers, etc., sont responsables des accidens qui arrivent par leur *négligence* aux animaux confiés à leur garde moyennant un salaire. (*Lyon,* 26 *juillet* 1825.— *Dalloz,* tome 25, deuxième partie, page 123.)

7. Ils sont responsables de la perte accidentelle et fortuite des objets qui leur sont confiés, lorsque cette perte n'est pas le résultat d'une force majeure ou d'un évènement impossible à prévoir ou à prévenir. (*Cassation,* 2 *thermidor* an 8.)

8. Les entrepreneurs de voitures publiques, les voituriers par terre et par mer, sont soumis à

la même responsabilité que les aubergistes quant aux choses confiées à leur garde, sous la condition toutefois pour les voyageurs de faire une déclaration spéciale pour l'argent qu'ils confient dans leurs malles ou ballots auxdits entrepreneurs ou voituriers. (*Ibidem.*)

9. Les juges peuvent admettre au serment le propriétaire des objets perdus. (*Toullier*, tome 10, n.º 447. — *Dalloz*, tome 10, page 794.)

10. Pour connaître du caractère, de la nature et des conséquences de la responsabilité, voir *Toullier*, tome 11, n.ᵒˢ 118 et suivans; —*Duranton*, tome 13, n.ᵒˢ 698 et suivans; —*Proudhon*, n.º 1481; — *Code civil*, art. 1382.)

11. Les actions prévues par l'art. 2 dont il s'agit, doivent être portées, aux termes de l'art. 59 du Code civil, devant le juge du domicile du défendeur; et dans tous ces cas on doit suivre les règles du droit commun.

(*Voir* Extrait du rapport de M. Amilhau sur l'art. 1.ᵉʳ, *et première partie, au mot* Citation.)

Formule.

DEMANDE PAR UN VOYAGEUR CONTRE UN MAÎTRE D'HÔTEL POUR PERTE D'EFFETS.

L'an mil huit cent. . . . , le. . . . , à la requête du sieur Denis F. . . . , voiturier, demeurant à. . . . ,

J'ai. . . . , huissier. . . . . soussigné,

Cité Louis R. . . . , aubergiste, demeurant à. . . , etc., pour ouïr exposer

Que, dans le cours du mois de février de la présente année, le requérant passant à.... (*lieu du domicile du cité*), et sa voiture se trouvant trop chargée, il déchargea un des ballots de drap qu'il conduisait plus loin, à l'auberge du cité, qui le reçut à titre de dépôt, et le fit vérifier, avec promesse de le rendre au premier voyage du citant, moyennant indemnité à régler en ce moment; que déjà plusieurs fois il s'est présenté pour le reprendre, et qu'après de vaines promesses, le cité a fini par lui dire que le ballot en question était égaré, et qu'il ne pouvait le lui rendre.

C'est pourquoi le citant est obligé de recourir à la justice, et de conclure à ce qu'il plaise à M. le juge de paix ordonner que, dans les deux jours de la signification du jugement à intervenir, le cité sera tenu de rendre au citant le ballot de drap qu'il a reçu chez lui à titre de dépôt et moyennant salaire, lequel ballot contient trente-cinq mètres de drap d'Elbeuf, estimés six cents francs; et, faute de rendre ce ballot dans ledit délai, condamner le cité, pour réparation de la perte qu'il fait éprouver à celui-ci, à lui payer la somme de six cents francs, avec intérêts à dater de ce jour et les dépens, sous toutes réserves. Dont acte. Le coût est de.... (*Signature de l'huissier.*)

ARTICLE TROIS.

« Les juges de paix connaissent sans appel jus-
» qu'à la valeur de 100 fr., et à charge d'appel à
» quelque valeur que la demande puisse s'élever,

» Des actions en paiement de loyers ou ferma-
» ges, des congés, des demandes en résiliation de
» baux fondées sur le seul défaut de paiement
» des loyers ou fermages, des expulsions de lieux,
» et des demandes en validité de saisie-gagerie :
» le tout lorsque les locations verbales ou par écrit
» n'excèdent pas annuellement, à Paris, 400 fr.,
» et 200 fr. partout ailleurs.

» Si le prix principal du bail consiste en den-
» rées ou prestations en nature appréciables d'a-
» près les mercuriales, l'évaluation sera faite sur
» celles du jour de l'échéance, lorsqu'il s'agira
» du paiement des fermages. Dans tous les autres
» cas elle aura lieu suivant les mercuriales du
» mois qui aura précédé la demande. Si le prix
» principal du bail consiste en prestations non ap-
» préciables d'après les mercuriales, ou s'il s'agit
» de baux à colons partiaires ; le juge de paix dé-
» terminera la compétence en prenant pour base
» du revenu de la propriété le principal de la con-
» tribution foncière de l'année courante, multiplié
» par cinq. »

Extrait du rapport de M. Amilhau.

« Une heureuse innovation est destinée à mettre
un terme à des abus depuis long-temps signalés.
Les formes nécessaires pour procurer le paiement
des loyers étaient une cause de ruine pour les
propriétaires, réduits à abandonner leur créance
pour obtenir la retraite immédiate du locataire, etc.
Aussi cette disposition, vivement réclamée, a été

accueillie comme un incontestable bienfait, et
les limites de la compétence ont été adoptées sans
contestation.

» En effet, pour Paris, aucune difficulté sérieuse :
l'influence des lumières et de la civilisation exerce
son action sur tous les pouvoirs et sur toutes les
classes de citoyens ; mais dans les départemens on
ne retrouve pas les mêmes garanties : aussi, en
fixant à 400 fr. la compétence des loyers pour
Paris, nous avons réduit cette somme à 200 fr.
pour le reste de la France. Ici se présente l'intérêt
de l'agriculture pour les fermages, celui du commerce pour les loyers, l'intérêt immense de l'industrie pour les usines ; des motifs de célérité,
d'économie de frais, se lient à ces grandes consi-
dérations.

» Le juge de paix ne prononce sans appel que
jusqu'à 100 fr., et c'est là une barrière qui permet
un recours utile. . . . .

» Il ne faut pas se préoccuper de l'idée que le
paiement de plusieurs termes de loyers accumulés
pourra trop élever la compétence, et faire dévier
des habitudes de cette juridiction. Ce ne sont que
des cas d'exception, dans lesquels même la barrière
fixée pour le dernier ressort offre toutes les garanties, et le défendeur ne devra imputer qu'à
lui-même une extension qu'il aura rendue nécessaire : autrement, plus le débiteur serait en demeure, et plus il obtiendrait de priviléges et de
délais, plus il exposerait le demandeur à des frais
considérables, presque toujours sans répétition.

» Les questions de résiliation de baux ne sont que des questions de fait lorsqu'on les fonde uniquement sur le défaut de paiement de loyers, et la solution en appartient naturellement au juge le mieux placé pour les apprécier ; mais elles deviennent des questions de droit qui offrent de grandes difficultés, lorsqu'il s'agit de prononcer sur l'interprétation ou la validité des conventions. Une solution imprudente peut compromettre des intérêts engagés, tels, par exemple, que la position d'un commerce et le sort d'une industrie : dès-lors il convient de ne pas les laisser dans les attributions du juge de paix. Aussi nous avons restreint sa compétence au cas où la contestation ne porte que sur le fait du paiement, et n'offre par conséquent dans sa solution aucune difficulté. Nous demeurons d'ailleurs dans les termes du droit commun : notre disposition n'impose au juge de paix aucune obligation de prononcer la résiliation dans le cas où il croirait devoir adopter un autre tempérament.

» La validité des saisies-gageries étant une conséquence de l'action en paiement des loyers, elles seront presque toujours portées simultanément devant le juge, et il y sera prononcé par une seule et même décision. Cette mesure a pour but d'empêcher la soustraction du mobilier, qui est le gage du propriétaire ; elle évite les luttes et les voies de fait. Nous avons écarté tout ce qui pouvait la compliquer, en éloignant les demandes en revendication et les oppositions qui seraient formées par des tiers.

» On s'est préoccupé de ce que des valeurs considérables pouvaient être saisies. Il faut remarquer que cette saisie-gagerie n'est autorisée que dans les limites de la compétence, qu'elle ne s'applique qu'aux petits locataires, qui n'ont pas à leur usage un mobilier d'une grande valeur, et qu'elle n'offre pas pour sujet de litige une somme d'une grande importance.

» Nous avons compris dans nos dispositions les baux à colon partiaire, usités dans une grande partie de la France.

» La série de dispositions qui leur sont relatives, et celles qui s'appliquent aux prestations en nature appréciables ou non appréciables, est due à la première commission de 1835, et n'a donné lieu à aucune observation. On a adopté le principal de la contribution multiplié par cinq, comme base moyenne. Et ici la disposition, n'ayant pas pour objet de porter devant le juge de paix une question de propriété immobilière, mais seulement une appréciation de droits sur les revenus, n'a offert aucun inconvénient.

» Les baux à cheptel ne sont pas compris dans nos dispositions: leurs conditions sont trop variables, et l'introduction de races d'un grand prix pourrait donner lieu à de sérieuses difficultés, soit par la valeur, soit pour l'interprétation. »

Notices.

1. Sous l'ancienne législation l'action pour ar-

river au paiement des loyers et à l'expulsion des
locataires qui refusaient de les payer, devait être
portée au tribunal de première instance, et il
s'ensuivait des frais considérables. Des locataires
de mauvaise foi, spéculant souvent sur leur insol-
vabilité et l'énormité des frais qu'il fallait faire
pour leur exclusion, faisaient un tort considérable
aux petits propriétaires, en restant dans leurs
maisons contre leur gré et sans payer de loyer.
L'augmentation de compétence à cet égard, con-
tenue dans l'art. 3, est une amélioration des plus
sensibles.

2. Le juge de paix est compétent pour connaître
des actions énoncées en l'art. 3, quand même l'objet
de la demande serait une somme bien supérieure
à 400 fr. pour Paris et à 200 fr. pour les autres
pays, si cette demande est formée de plusieurs
termes d'un bail n'excédant pas ces sommes, mais
dont la réunion les dépasse.

3. La loi du 25 mai n'a attribué à la compétence des juges de paix la connaissance d'aucune
autre cause de résiliation que celles résultant du
défaut de paiement lorsque les baux n'excèdent
pas à Paris 400 fr., et 200 fr. ailleurs. Dans tous
les autres cas c'est aux tribunaux ordinaires à connaître de ces sortes de demandes.

4. Cependant il ne suffirait pas à un locataire,
pour décliner la juridiction de paix, d'alléguer
purement et simplement qu'il existe telles ou telles
conventions sur lesquelles il s'appuierait pour refuser le paiement de ses loyers ou fermages : car

avec un pareil système l'esprit de la loi serait continuellement éludé, et l'on en verrait tous les jours les avantages détournés.

5. On peut louer par écrit ou verbalement. (*Code civil,* art. 1714.)

6. Le bail cesse de plein droit à l'expiration du terme fixé, lorsqu'il a été fait par écrit, sans qu'il soit besoin de donner congé. (*Ibid.,* art. 1737.)

7. Si le preneur, à l'expiration, reste et est laissé en possession, il s'opère, par suite de la tacite réconduction, un nouveau bail dont l'effet doit être réglé conformément à ce qui est prescrit pour les locations faites sans écrit. (*Code civil,* art. 1738.)

8. On distingue, pour la durée d'un bail, entre le cas où il s'agit des loyers de maison, et celui où il est question de biens ruraux. Les art. 1757, 1758 et 1759 traitent des premiers, et ce sont les art. 1774, 1775 et 1776 qui établissent les règles concernant les seconds.

9. Le juge de paix est compétent pour juger même au-delà de 1,500 f., lorsqu'il y a réunion de plusieurs années d'arrérages, pourvu que le loyer annuel ne soit pas au-dessus de 400 f. à Paris, et 200 f. ailleurs. (*Observation de M. Dupin aîné à la chambre des députés, en réponse à M. Martin de l'Isère.*)

10. Le § 3 de l'art. 3 se servant de ces mots, *prix principal,* il en résulte que, pour la fixation de compétence, il ne faut jamais avoir égard aux conditions et clauses accessoires, qu'elles soient ou

non appréciables en argent. *Le sou pour livre*, par exemple, qui, dans beaucoup de localités, se paie en sus du prix, pour les frais d'éclairage, de portier, etc., ne fait point partie de ce prix principal.

11. Quand il y aura lieu, pour fixer le prix du bail, de recourir aux mercuriales du mois qui aura précédé la demande, on doit prendre la moyenne de ces mercuriales pour régulateur. Il est bien entendu aussi que les mercuriales dont parle notre article sont, quand il n'y a pas de marché dans la localité, celles du marché le plus voisin. (V. *Code de procédure*, art. 129 ; — *Commentaire de M. Giraudeau*, page 77.)

12. Les actions dont parle l'art. 3 doivent toujours être portées devant le juge de la situation de l'immeuble. Et cet article ne s'applique nullement aux baux à cheptel. (*Rapport de M. Amilhau.*)

13. Les demandes en expulsion de lieux diffèrent suivant la nature des biens affermés. Si ce sont des biens ruraux, la contrainte par corps peut être demandée, et c'est l'art. 2061 du Code civil qui règle les moyens de l'obtenir. S'il s'agit d'une maison, on doit conclure à l'éjection des meubles sur la voie publique, et à l'expulsion forcée de la personne. Aucune disposition du Code de procédure, il est vrai, n'indique cette marche; mais la contrainte ne peut s'exercer que par cette voie; elle est fondée sur la nature des choses; elle est d'ailleurs empruntée à une ancienne ordonnance qui n'a subi à cet égard aucune modification, de l'avis de plusieurs auteurs et de la cour suprême

elle-même. Enfin, cette doctrine est appuyée par la jurisprudence.

14. La demande en validité de saisie-gagerie doit être portée devant le tribunal du lieu où la saisie a été faite, encore bien que le saisi n'y ait pas son domicile. (*Traité de M. Carré*, n.º 3943.)

15. On doit faire déclarer la saisie-gagerie valable lors même qu'elle est faite en vertu d'un titre exécutoire (*ibid.*, n.º 3949). Il y a contre cette opinion un arrêt de la cour de Rennes, du 17 mars 1816, mais elle n'en a pas moins été partagée par plusieurs auteurs et appuyée par les tribunaux.

16. On peut saisir-gager pour loyers à échoir, suivant M. Carré; mais il y a quelques opinions contraires, notamment M. Giraudeau, *Commentaire*, page 96.)

17. Pour pouvoir opérer une saisie-gagerie, il faut être propriétaire actuel ou principal locataire. Celui qui a cessé de l'être ne peut plus, à moins qu'il n'ait fait des réserves expresses, saisir-gager pour loyers échus lorsqu'il avait cette qualité. (*Nîmes*, 31 *janvier* 1820. — *Orléans*, 21 mai 1838. — *Dalloz*, tome II, page 664.)

18. La saisie-gagerie peut être exercée non-seulement sur les meubles qui se trouvent dans les lieux loués, mais encore sur tous les objets mobiliers généralement quelconques qui y sont déposés. (*Orléans*, 20 *mai* 1825.)

19. Si les meubles ont été déplacés de la maison louée, pour être transportés aux mains d'un tiers, le propriétaire ne peut plus saisir-gager, et il doit

pour cela obtenir la permission du juge. Il en est de même si les meubles ont été transportés dans un autre appartement. (*Cour de Rennes*, 17 *mars* 1816. — *Opinions de MM. Carré et Pigeau.*)

20. [Quand la saisie-gagerie est faite en vertu d'une ordonnance de justice, il n'est pas nécessaire qu'elle soit précédée d'un commandement. (*Bordeaux*, 2 *décembre* 1831. — *Dalloz, Carré, Pigeau, Rioche.*)

21. Le saisissant ne peut pas être établi gardien (*Cour de Paris*, 19 *mars* 1825; — *Dalloz*). Mais rien n'empêche de constituer pour gardien le garde champêtre de la commune, ou l'un des témoins de la saisie. (*Bordeaux*, 3 *avril* 1830.— *Dalloz*, tome 30, deuxième partie, page 179.)

22. Il n'est pas nécessaire non plus, lorsque la saisie porte sur des fruits, qu'elle ne soit faite que dans les six semaines de la maturité des fruits. (*Bordeaux*, arrêt cité). Le procès-verbal doit annoncer le jour de la vente, mais non sous peine de nullité. (*Ibid.* Voir *Nota* à la fin de l'art. 10.)

23. La saisie-gagerie doit, au reste, être faite dans les mêmes formes que la saisie-exécution. (Argument des art. 584 et 821 du *Code de procédure civile*.)

24. Il est bon, si le prix du bail consiste en denrées ou prestations en nature appréciables d'après les mercuriales, ou qui doivent être évaluées par la multiplication de cinq fois l'impôt, de donner avec la citation l'état des mercuriales ou

l'extrait de la matrice fixant le revenu, signé
du maire de la commune ou autre.

Formules diverses.

1. Demande en paiement de loyers par le propriétaire au
   locataire.
2. Demande en validité de congé.
3. Demande en résiliation de bail fondée sur le défaut de
   paiement.
4. Demande d'expulsion de lieux.
5. Demande en validité de saisie-gagerie.

1. DEMANDE EN PAIEMENT DE LOYERS PAR LE PRO-PRIÉTAIRE AU LOCATAIRE.

L'an mil huit cent...., le...., à la requête
du sieur Gérard N...., propriétaire, demeurant
à....,

J'ai...., huissier.... soussigné,

Cité le sieur Pierre L...., fabricant de soie,
demeurant à...., etc., à comparaître à...., etc.,
pour ouïr exposer

Que le cinq du mois de janvier de l'an dernier,
le requérant a amodié verbalement audit L....,
et pour trois années consécutives dont la première
vient d'expirer, une maison dans sa totalité, sise
à..., confinée par le sieur Thomas G.... au
nord, le sieur D.... au midi, et à l'est donnant
sur la rue....; que le loyer annuel de cette maison, fixé entre eux à la somme de 200 francs,
devait être payé le dernier jour de chaque année,
et que, malgré l'expiration de ce terme arrivée

depuis. . . ., ledit locataire ne s'est pas encore libéré : ce qui force ledit requérant à le traduire en
justice, et de conclure

A ce que ledit Pierre L. . . . soit condamné à
lui payer ladite somme de 200 francs, montant
du premier terme de loyer de ladite maison, échu
le. . . . avec les intérêts sur cette somme à dater
du jour du jugement à intervenir, et aux dépens,
sous toutes réserves.

Auquel effet j'ai audit cité, étant et parlant
comme est dit, laissé la copie de mon exploit,
dont le coût est de. . . . (*Signature de l'huissier.*)

2. DEMANDE EN VALIDITÉ DE CONGÉ.

L'an mil huit cent. . . ., le. . . ., à la requête
du sieur Georges N. . . ., propriétaire, demeurant
à. . . ., lequel élit domicile en la demeure de
l'huissier soussigné,

J'ai. . . ., huissier. . . . soussigné,

Cité le sieur Nicolas Q. . . ., menuisier, demeurant à. . . ., etc., à comparaître à. . . ., etc., pour
ouïr exposer

Que, par bail verbal (notarié, *ou* sous seing privé), le requérant a amodié audit Q. . . . trois pièces
au rez-de-chaussée de sa maison située à. . . ., rue. . . .,
n.º. . . ., confinée d'un côté par le sieur P. . . ., d'autre
par le sieur C. . . ., moyennant le loyer annuel de
100 francs, lequel bail a commencé il y a trois
ans ; que, voulant empêcher que ce bail se renou-
velât par suite de tacite réconduction, ledit bailleur, par exploit de M. . . ., huissier à. . . ., enre-

gistré, fit notifier congé audit preneur, lui faisant
défense d'occuper sa maison au-delà des trois années de sondit bail; que, ce locataire persistant à
commencer une quatrième année, le requérant
est obligé de se pourvoir en justice pour faire déclarer valable ledit congé, et à cet effet il conclut
à ce qu'il plaise à M. le juge de paix,

1.º Déclarer bon et valable le congé donné audit Q.... par l'exploit relaté; 2.º le condamner
à évacuer ladite maison, et à la rendre en bon
état de réparations locatives; 3.º ordonner que le
requérant pourra l'expulser avec sa famille, et faire
mettre ses meubles sur le carreau; 4.º enfin, le
condamner à payer audit requérant 100 fr. qu'il
redoit pour loyer de la troisième année qu'il a
habité ladite maison, avec dépens, sous toutes réserves.

Auquel effet j'ai audit Q...., étant et parlant
comme est dit, laissé copie de mon présent exploit,
dont le coût est de.... (*Signature de l'huissier.*)

Nota. Les lois sur la contribution personnelle obligent
les propriétaires et principaux locataires à payer cette
contribution pour leurs locataires qui sont sortis sans la
payer. Ainsi ils peuvent exiger la représentation de la
quittance, ou que le locataire en remette le montant.

Mais les propriétaires, etc., peuvent éviter cette garantie en avertissant les percepteurs un mois avant la sortie
des locataires, et les percepteurs doivent leur donner une
reconnaissance par écrit de cet avertissement. (*Annota-
tion de M. Pigeau.*)

3. DEMANDE EN RÉSILIATION DE BAIL FONDÉE SUR LE SEUL DÉFAUT DE PAIEMENT DES LOYERS OU FERMAGES.

L'an mil huit cent...., le...., à la requête du sieur Philippe S...., propriétaire, demeurant à....,

J'ai...., huissier.... soussigné,

Cité Paul R...., cordonnier, demeurant à...., etc., à comparaître à...., le...., pour ouïr exposer

Que, par bail notarié reçu M.ᵉ N...., notaire à...., le...., enregistré, le requérant a amodié au cité une maison sise à...., rue...., n.º...., joignant...., ce pour trois années qui ont commencé le...., et moyennant le loyer annuel de 100 fr.; que, bien qu'il y ait déjà six mois depuis l'échéance de la première année, ledit locataire en redoit tout le loyer; que le bailleur ne peut obtenir, quoique, par exploit de N...., huissier à...., enregistré, il lui ait fait faire commandement de payer ce qui était dû. C'est pourquoi ce dernier recourt à la justice, et conclut à ce qu'il plaise à M. le juge de paix

Déclarer le bail du.... ci-dessus relaté, résilié purement et simplement faute par le locataire d'avoir payé le loyer de la première année de son occupation, échue le....; condamner ce dernier à payer audit requérant, 1.º 100 fr., montant du loyer de ladite première année; 2.º 50 fr. pour six mois de la deuxième qui viennent d'expirer; 3.º à évacuer ladite maison louée, en rendre les

clefs, et la laisser en bon état de réparations locatives.

(Voir, pour le surplus, la formule précédente.)

4. DEMANDE D'EXPULSION DE LIEUX.

L'an mil huit cent...., le...., à la requête
(*comme ci-dessus*),

J'ai...., huissier.... soussigné,

Cité le sieur Louis T...., etc., etc.,

A comparaître à...., le...., pour (*exposer
les faits, et conclure ainsi*),

Ouïr ordonner que le requérant sera autorisé
à expulser ledit cité et sa famille des lieux qu'il
peut occuper dans sa maison, dont il est parlé ci-
dessus; faire mettre ses meubles et effets sur le
carreau: le tout avec dépens, sous toutes réserves.

Auquel effet j'ai audit T...., étant et parlant
comme est dit, laissé la copie de mon présent exploit, dont le coût est de....

(*Signature de l'huissier.*)

5. DEMANDE EN VALIDITÉ DE SAISIE-GAGERIE.

L'an mil huit cent...., le...., à la requête du
sieur Théodore R...., propriétaire - cultivateur
demeurant à....,

J'ai...., huissier.... soussigné,

Cité le sieur François F...., cultivateur-fermier, demeurant à...., etc.,

A comparaître à...., etc.,

Pour s'entendre condamner à payer au requé-

rant la somme de 200 fr. qu'il lui doit pour prix
du fermage d'un petit domaine composé de...,
situé sur le territoire de..., qui lui a été amodié
par bail (*énoncer ici la nature du bail*); lequel
fermage lui est dû pour l'année dernière, sans préjudice des termes à échoir....; ouïr déclarer bonne
et valable la saisie-gagerie faite au préjudice
dudit cité, sur les poursuites du requérant, par
procès-verbal de mon ministère, en date du....,
enregistré; voir en conséquence ordonner que,
faute de paiement de ladite somme de 200 fr.,
cause de ladite saisie-gagerie, en principal et accessoires, le requérant restera autorisé à vendre
les objets gagés, suivant les formes établies au
titre des saisies-exécutions, et que le sieur J....,
manouvrier, demeurant à...., gardien de ces
objets, sera tenu de les représenter à première
réquisition, aux peines de droit, avec dépens,
sous toutes réserves.

Auquel effet j'ai audit François F...., étant
et parlant comme est dit, laissé la copie de mon
présent exploit, dont le coût est de....

(*Signature de l'huissier.*)

ARTICLE QUATRE.

« Les juges de paix connaissent sans appel
» jusqu'à la valeur de 100 fr., et à charge d'appel
» jusqu'au taux de la compétence en dernier res-
» sort des tribunaux de première instance,

» 1.º Des indemnités réclamées par le locataire

» ou fermier pour non-jouissance provenant du
» fait du propriétaire, lorsque le droit à une in-
» demnité n'est pas contesté;

» 2.º Des dégradations et pertes, dans les cas
» prévus par les articles 1732 et 1735 du Code
» civil (1).

» Néanmoins le juge de paix ne connaît des
» pertes causées par incendie ou inondation que
» dans les limites posées par l'art. 1.er de la pré-
» sente loi. »

Extrait du rapport de M. Amilhau.

« L'art. 4 a été admis sans opposition : les indemnités pour non-jouissance étaient déjà dans la loi
de 1790, et les dégradations et les pertes occasionées par la négligence du preneur et des sous-lo-
cataires n'offraient pas de graves objections; la
compétence est d'ailleurs suffisamment restreinte.»

Notices.

1. Il ne suffit pas que le propriétaire auquel
son locataire ou fermier demande une indemnité
pour non-jouissance, réponde purement et simplement qu'il nie le trouble, ou bien qu'il ne doit

---

(1) Le preneur répond des dégradations ou des pertes
qui arrivent pendant la jouissance, à moins qu'il ne prouve
qu'elles ont eu lieu sans sa faute. (*Code civil*, art. 1732.)

Il est tenu des dégradations et des pertes qui arrivent
par le fait des personnes de la maison ou de ses sous-
locataires. (*Ibid.*, art. 1735.)

pas d'indemnité, pour que le droit à l'indemnité soit contesté. Le juge de paix ne devient incompétent qu'alors que s'élève la question d'interprétation d'acte, la seule que la loi ait voulu ne pas soumettre à la compétence des juges de paix. (M. *Giraudeau, Commentaire,* page 74.)

2. Le juge de paix est incompétent pour statuer sur la demande d'indemnité d'un fermier contre le propriétaire, lorsque ce dernier, tiers acquéreur de l'immeuble, soutient que son contrat doit être préféré au bail. (*Cassation,* 5 *pluviôse* an 11. — D., A., 3, 292.)

3. Le juge de paix est incompétent pour connaître de l'action intentée contre le fermier pour divertissement de foins, pailles et engrais, et ensemencement de terre sans fumier. (*Cassation,* 29 *mars* 1820. — D., A., 3, 292.)

4. Le juge de paix est aussi incompétent pour connaître d'une demande en réparation de dégradations alléguées par un propriétaire contre un usufruitier ou ses héritiers. (*Cassation,* 10 *janvier* 1810. — D., A., 3, 293.)

5. Le principal locataire ne peut attaquer le sous-locataire pour cause de dégradation, tant que le propriétaire ne se plaint pas lui-même, et qu'il n'a pas ouvert son action. (*M. Carré,* tome 2, page 384.)

6. La compétence du juge de paix, limitée au cas où le fond du droit n'est pas contesté lorsqu'il s'agit de l'indemnité réclamée par le fermier pour non-jouissance, est illimitée pour l'indemnité que

réclame le propriétaire contre ce dernier pour dégradations. (*Cassation*, 1.er *ventôse an* 6.)

7. Quand il s'agit de pertes causées par inondation ou par incendie, le juge de paix n'est compétent en dernier ressort que jusqu'à 100 fr., et à
charge d'appel jusqu'à 200 fr. Les demandes de
sommes plus fortes sont hors de sa compétence.
(Voir le dernier paragraphe de l'art. 4.)

Formules diverses.

1. Demande contre le fermier ou locataire pour dégradations et pertes.
2. Demande d'indemnité pour non-jouissance contre le
   propriétaire.

1. DEMANDE CONTRE LE FERMIER OU LOCATAIRE POUR DÉGRADATIONS ET PERTES.

L'an mil huit cent...., le...., à la requête du
sieur Léon V...., propriétaire rentier, demeurant à...,

J'ai...., huissier.... soussigné,

Cité Théodore T...., cultivateur-fermier, demeurant à...., etc.,

A comparaître à...., le...., etc., pour ouïr
exposer

Que, suivant acte reçu M.e N...., notaire à...,
en date du...., enregistré, le requérant a relaissé
à ferme au sieur T...., cité, un corps de ferme
composé de maison et dépendances, terres labou-
rables, prés, et vignes, situés sur le territoire
de...., joignant au nord la forêt de...., à charge

par ce fermier de rendre, à la fin dudit bail, les objets affermés en bon état de réparations, et conformément à l'état de lieux qui a été fait lors du commencement dudit bail entre les parties;

Que le cité, qui vient de terminer son bail, loin de s'être conformé aux conditions de ce bail, vient de quitter la maison de ferme, laissant des réparations à faire, des pertes et des dégradations à réparer. Ces objets se composent,

1.º De la perte d'une crèche et d'un râtelier qui existaient dans l'écurie de ladite ferme lors de l'entrée en jouissance dudit fermier, et qui y manquent aujourd'hui : le tout évalué 150 fr.

2.º Il manque une porte à la grange, et une fenêtre à la cuisine, estimées ensemble à 100 fr.

C'est pour obtenir réparation de ces pertes et dégradations, que ledit fermier a été mis en demeure de réparer, que le requérant est obligé d'ouvrir contre lui action en justice, et de conclure

A ce qu'il plaise à M. le juge de paix

Ordonner que, dans huit jours de la signification du jugement à intervenir, le cité sera tenu de réparer les pertes et dégradations occasionées par son fait au préjudice dudit citant, comme le tout existait, et à dire d'experts; sinon, et passé ce délai, condamner ledit cité, pour tenir lieu de ces objets, à lui payer une somme de 250 fr., avec dépens, sous toutes réserves.

Auquel effet j'ai audit cité, étant et parlant

comme est dit, délivré copie de mon exploit, dont le coût est de.... *(Signature de l'huissier.)*

2. DEMANDE D'INDEMNITÉ POUR NON-JOUISSANCE.

L'an mil huit cent...., le...., à la requête du sieur Ferdinand L...., peintre en bâtimens, demeurant à...., non sujet à patente pour ce qui suit,

J'ai...., huissier.... soussigné,

Cité François R...., propriétaire rentier, demeurant à...., etc.,

A comparaître à...., le...., pour ouïr exposer

Que, par bail verbal intervenu entre les parties, le requérant a amodié du cité une maison sise à...., rue...., joignant...., composée de trois pièces au rez-de-chaussée, moyennant 240 fr. par an; que, pendant la première année de ce bail, qui vient de s'écouler, le cité n'a procuré au citant que deux des pièces relaissées, malgré sommation qui lui a été faite le.... de remplir les conditions de son bail, ainsi que du tout il sera fait preuve au besoin; que, par suite de cette inexécution de ses conventions, le cité ayant considérablement diminué les avantages de l'établissement du citant, quoiqu'il était payé d'avance, ce dernier est obligé de recourir à la justice pour obtenir une indemnité à raison de la non-jouissance des objets loués.

A cet effet il conclut à ce qu'il plaise à **M.** le juge de paix condamner le cité à payer au citant,

pour l'indemniser de la non-jouissance du tiers
de l'habitation qu'il lui avait louée, et des pertes
qu'il a éprouvées, la somme de 300 fr., avec dépens, sous toutes réserves.

Auquel effet j'ai audit R...., étant et parlant...., etc.   (*Signature de l'huissier.*)

ARTICLE CINQ.

« Les juges de paix connaissent sans appel jus-
» qu'à la valeur de 100 fr., et également à charge
» d'appel, à quelque valeur que la demande
» puisse s'élever,

» 1.º Des actions pour dommages faits aux
» champs, fruits et récoltes, soit par l'homme, soit
» par les animaux, et de celles relatives à l'éla-
» gage des arbres ou haies, et au curage soit des
» fossés, soit des canaux servant à l'irrigation des
» propriétés, ou au mouvement des usines, lorsque
» les droits de propriété ou de servitude ne sont
» pas contestés;

» 2.º Des réparations locatives des maisons ou
» fermes, mises par la loi à la charge du loca-
» taire;

» 3.º Des contestations relatives aux engage-
» mens respectifs des gens de travail au jour, au
» mois, et à l'année, et de ceux qui les emploient;
» des maîtres et des domestiques ou gens de service
» à gages; des maîtres et de leurs ouvriers ou ap-
» prentis, sans néanmoins qu'il soit dérogé aux
» lois et règlemens relatifs à la juridiction des
» prud'hommes;

» 4.º Des contestations relatives au paiement des
» nourrices, sauf ce qui est prescrit par les lois et
» règlemens d'administration publique à l'égard
» des bureaux de nourrices de la ville de Paris et
» de toutes les autres villes;

» 5.º Des actions civiles pour diffamation ver-
» bale, et pour injures publiques et non publi-
» ques, verbales ou par écrit, autrement que par
» la voie de la presse; des mêmes actions pour
» rixes ou voies de fait : le tout lorsque les parties
» ne se sont pas pourvues par la voie criminelle. »

Extrait du rapport de M. Amilhau.

« L'art. 5 reproduit plusieurs des dispositions
de l'art. 9, titre 3, de la loi du 24 août 1790, auxquelles on a ajouté les demandes relatives au paiement des nourrices. Deux de ces attributions ont
seules été l'objet de quelques observations. On s'est
demandé si les contestations entre les commis et
ceux qui les emploient devaient être déférées à la
compétence des juges de paix.

» Ce système tenait à cette préoccupation qui con-
fondait dans la classe des domestiques ou gens de
service les secrétaires, les précepteurs, les biblio-
thécaires, et les commis. Mais il n'y a rien de com-
parable dans ces situations, et dans celles qui
tiennent au service proprement dit. Les commis
reçoivent presque toujours un traitement qui excède la compétence des juges de paix. Ces procès
se compliquent souvent de redditions de comptes,
et de prétentions à une part dans les bénéfices.

C'est le peu d'importance d'une affaire, ou l'impossibilité de certains justiciables de parer aux frais, qui ont déterminé à fixer la juridiction. On ne retrouve ici aucun de ces motifs, et, par suite, il n'y a pas lieu d'adopter la proposition.

» Le dernier paragraphe du même article a été l'objet de graves observations. Déjà les injures, les rixes et voies de fait étaient, quant à l'action civile, de la compétence du juge de paix.

» Le projet ajoute l'injure écrite et la diffamation verbale. La diffamation non publique est punie comme injure si elle a ce caractère ; si elle ne l'a pas, elle demeure impunie. Nos lois n'ont pas dû la prévoir, pour ne pas briser toutes les relations sociales. Ici on entre dans une voie qui convient parfaitement à nos mœurs. On tente une grande épreuve en cherchant à civiliser les procès correctionnels. Nous n'hésitons pas à penser qu'elle sera utile. Devant le juge de paix ces sortes de discussions exciteront moins les passions ; il y aura moins de publicité, moins de scandale, et, par suite, la décision n'engendrera pas des haines implacables, et qui ont produit de fâcheux résultats. Toutes les fois que la diffamation aura un caractère de gravité et d'importance qui mériteront une répression sévère, on peut s'en reposer sur l'impression de l'homme outragé. Il aura recours à la voie criminelle. Si, au contraire, elle ne tient qu'à des causes de la nature de celles qui encombrent les tribunaux ordinaires, c'est un bien d'avoir renvoyé à la justice de paix. Les tribunaux correction-

nels deviendront désormais plus sévères, parce
qu'on ne leur présentera que des causes dignes de
leur examen.

» L'injure par écrit est aussi soumise à cette
même juridiction. On a pensé qu'il fallait éviter de
la confondre avec celle qui se produit par la voie
de l'impression. Le sens de la loi semblait fixé; l'extension qui lui aurait été donnée n'avait jamais été
dans l'ordre des dispositions antérieures. La proposition tendant à l'expliquer n'a offert aucun inconvénient. On a également retranché du paragraphe le terme *d'expressions outrageantes,*
parce qu'elles sont comprises, par l'art. 13 de la
loi de 1819, dans la définition de l'injure. L'article ainsi amendé a été adopté par votre commission. »

Notices.

DOMMAGES AUX CHAMPS, § 1.

1. Les dommages dont la connaissance appartient au juge de paix sont énumérés par M. Vau-
doré dans son Droit rural, tome 2, page 174;
mais bien entendu que l'énumération qu'il en fait
n'est que démonstrative, et qu'à part ceux qu'il
prévoit, il en est encore qu'il n'a pas prévus. Voici
cette énumération :

1.º Les reprises de terre que se permettent les
laboureurs pour établir l'alignement de leurs
pièces de labour;

2.º La destruction de quelques parties de grains,

causée par les pieds des chevaux ou avec des instrumens aratoires;

3.º Les plaies faites aux arbres ou arbustes par imprudence ou autrement;

4.º Les brèches faites à des clôtures, les comblemens de fossés;

5.º Les renversemens de clôtures;

6.º Les dégâts causés aux guérêts par le passage des voitures pour exploiter d'autres héritages, ou autrement;

7.º La dégradation des digues d'une rivière, causée par des bois ou autres objets déposés dans son lit de manière à en faire déverser les eaux sur les terres voisines;

8.º Les dommages occasionés soit par l'égout ou l'ombrage des branches s'avançant sur le voisin, sans titre ni destination du père de famille, soit par l'ombrage d'une haie dont la taille n'a point eu lieu à l'époque ou à la hauteur prescrite, par exemple, par le règlement de 1751 sur les plantations;

9.º Les inondations causées à des héritages par l'élévation des déversoirs ou écluses tenus trop haut pendant les orages;

10.º Les dommages causés à des fonds par les hommes ou les animaux, en y frayant des sentiers ou passages;

11.º Les dégâts commis dans les parties de chasse ou de pêche;

12.º Les dégradations causées à des héritages par des troupeaux;

13

13.º Les préjudices causés par suite de pacage exercé au mépris des lois ou règlemens sur le parcours et la vaine pâture, soit de chaumage, râtelage ou grappillage.

2. Tout autre dommage que celui causé par les hommes ou les animaux aux champs, fruits et récoltes, rentre dans la compétence des tribunaux ordinaires. Mais le juge de paix est compétent pour statuer sur une question de dommages causés aux champs, non-seulement lorsqu'il s'agit de constater l'existence et la quotité d'un dommage causé par le fait immédiat et nuisible d'un homme ou d'un animal, mais encore lorsqu'il s'agit de décider si ce dommage est un tort ; s'il est la violation du droit de la partie endommagée, ou le simple exercice d'un droit de propriété appartenant à l'auteur du dommage. D'après les termes du premier paragraphe de l'art. 5, on doit conclure, de même que sous l'empire de la loi de 1790, par exemple, que le juge de paix est compétent lorsqu'un propriétaire riverain, en tenant ses écluses fermées en temps d'orage, inonde les champs du voisin. (*Cassation*, 18 *novembre* 1817 et 26 *juillet* 1813.)

3. Toutefois le juge de paix ne pourrait pas statuer en premier ressort sur une action pour dommages par des bestiaux, si la quotité des dommages n'avait pas été déterminée par la partie. (*Cassation*, 21 *pluviôse an* 10.—*Dalloz*, tome 3, page 284.)

4. Le juge de paix est compétent pour connaître

d'un dommage causé par les exhalaisons d'un établissement insalubre. (*Rejet*, 19 *juillet* 1836. — *Sirey*, 27, 236.)

5. Lorsqu'une action embrasse une question de propriété de la compétence du tribunal civil, et une question de *dommage aux champs* de la compétence du juge de paix, si les actions sont connexes, elles doivent être jugées par le tribunal civil. (*Rejet*, 29 *juin* 1820.)

6. Le juge de paix est compétent pour connaître du dommage causé aux récoltes, non-seulement lorsque ce dommage résulte immédiatement du seul fait de l'homme, mais encore lorsque le fait de l'homme n'en est que la cause médiate. (*Cassation*, 8 *novembre* 1817, 19 *juillet* 1836.)

7. Mais il cesse d'être compétent quand le dommage, au lieu de résulter d'un délit ou quasi-délit, se rapporte à un fait fondé sur le droit de propriété. (*Cassation*, 21 *pluviôse an* 10, et 29 *décembre* 1830. — *Dalloz*, tome 3, page 284, et tome 31, page 178.)

8. Le juge de paix n'est pas compétent pour statuer en dernier ressort, toutes les fois que les dommages réclamés, joints à la valeur de la possession, excèdent 50 liv. (aujourd'hui 100 fr.) [*Cassation*, 22 *mai* 1822, 15 *décembre* 1824, et 31 *juillet* 1828. — *Sirey*, 22, 1, 175.]

9. L'action pour dommages aux champs n'a pas besoin, pour être recevable, d'être intentée dans l'année.

10. Les dommages aux champs peuvent donner

lieu à deux sortes d'actions : l'une civile, qui doit être portée en justice de paix; l'autre criminelle, qui, suivant la peine du délit, doit être portée devant le tribunal de simple police, ou devant le tribunal de police correctionnelle. Mais la partie ne peut exercer concurremment les deux actions.

11. La partie lésée poursuivant son action par la voie civile, et renonçant entièrement à exercer celle criminelle, le ministère public est recevable à poursuivre l'action publique. (*Loi du* 5 *vendémiaire an* 3. — *Code d'instruction criminelle.*)

12. Les maris sont civilement responsables des dommages causés par leurs femmes; les pères, de ceux portés par leurs enfans; et les maîtres, des dommages occasionés par leurs domestiques.

RÉPARATIONS LOCATIVES, § 2.

13. Les réparations locatives ou de menu entretien dont le locataire est tenu, s'il n'y a clause contraire, sont celles désignées comme telles par l'usage des lieux, et, entre autres, les réparations à faire, 1.º aux âtres, contre-cœurs, chambranles et tablettes des cheminées; 2.º au recrépiment du bas des murailles des appartemens et autres lieux d'habitation, à la hauteur d'un mètre; 3.º aux pavés et carreaux des chambres, lorsqu'il y en a seulement quelques-uns de cassés; 4.º aux vitres, à moins qu'elles ne soient cassées par la grêle, ou autres accidens extraordinaires et de force majeure, dont le locataire ne peut être tenu; 5.º aux portes, croisées, planches de cloison ou de fermeture de boutique, gonds, targettes et serrures. (*Code civil*, art. 1754.)

14. Aucune des réparations réputées locatives n'est à la charge des locataires, quand elles ne sont occasionées que par vétusté ou force majeure. (*Ibid.*, art. 1755.)

15. L'action en réparations locatives se prescrit par une année si le propriétaire n'a pas fait dresser, à la sortie du locataire, un état des lieux, et par cinq ans si cet état a été dressé. (*M. Carré*, argument de l'art. 1751.)

CONTESTATIONS ENTRE MAÎTRES ET DOMESTIQUES, § 3.

16. Les gens de travail sont ceux dont l'engagement commence et finit dans le *même jour*, dans le *même mois*, ou dans la *même année*, et qui sont au service d'un maître qui les emploie soit à un travail industriel, soit à un travail agricole. Ni les secrétaires, ni les commis de bureaux et commis-marchands ne doivent être compris au nombre des gens de service à gages. (Voyez le *Rapport de M. Amilhau sur l'art.* 5.)

17. L'ouvrier qui se charge de faire quelques ouvrages de sa profession pour un fabricant, ou un autre ouvrier, sous des conditions et pour des sommes convenues, ne doit pas être non plus compris dans le nombre des gens de service à gages. (Voyez *Annales des juges de paix*, tome 1.er, page 64, et tome 2, page 80.)

18. Il n'est dérogé par l'art. 5 ni à la juridiction

des tribunaux de commerce, ni à celle des pru-
d'hommes.

NOURRICES, § 4.

19. Les contestations entre les nourrices et les
pères et mères ou tuteurs des enfans qui leur ont
été confiés, ne sont de la compétence du juge de
paix qu'autant qu'elles sont relatives au paiement.

20. Ce qui concerne les bureaux de nourrices de
Paris et de la banlieue, etc., est encore régi aujour-
d'hui par les décrets des 25 mars et 30 juin 1806.

DIFFAMATIONS, INJURES, ET VOIES DE FAIT, § 5.

21. La *diffamation* s'entend de paroles qui tendent
à nuire à quelqu'un, et à lui porter préjudice par
l'allégation ou l'imputation d'un fait déshonorant.

L'injure s'entend de toutes expressions outrageantes, termes de mépris ou invectives qui ne
renferment l'imputation d'aucun fait.

Les *voies de fait* s'entendent de toutes atteintes
matérielles portées à une personne, ou des empiè-
temens faits avec violence sur ses biens, pourvu
toutefois que la mort ne s'ensuive pas.

22. Celui qui se fait l'écho d'un propos injurieux ou diffamatoire peut être considéré comme
le complice de l'injure.

Formules diverses.

1. Demande pour dommages faits aux champs.
2. Demande pour réparations locatives.
3. Demande du maître contre son domestique pour inexécution d'engagement.

4. Demande en paiement d'une nourrice.
5. Demande pour diffamations verbales et écrites, injures
   et voies de fait.

1. DEMANDE POUR DOMMAGES FAITS AUX CHAMPS.

L'an mil huit cent...., le...., à la requête du
sieur Louis B...., propriétaire et maire, demeurant à....,

J'ai...., huissier.... soussigné,

Cité le sieur Pierre P...., cultivateur, demeurant à...,

A comparaître à...., pour,

Attendu que, pour aller dans une propriété que
le cité possède sur le territoire de...., il a passé
et retourné, le.... avec une voiture attelée de quatre chevaux, sur toute la longueur (deux cents
mètres) d'un champ appartenant au citant, em-
planté de blé, situé au même territoire, climat
appelé...., joignant....;

Attendu que par ce fait le cité a porté un préjudice considérable au requérant, dont il a refusé
de l'indemniser amiablement, s'entendre, ledit cité,
condamner à payer audit demandeur la somme
de 100 fr. pour réparation du dommage qui lui
a été porté, ainsi qu'il est dit, et en outre aux dépens, sous toutes réserves.

Auquel effet j'ai audit P...., étant et parlant
comme est dit, laissé et délivré copie de mon présent exploit, dont le coût est de....

(Signature de l'huissier.)

2. DEMANDE POUR RÉPARATIONS LOCATIVES.

L'an mil huit cent. . . . , le. . . . , à la requête du sieur Georges M. . . . , notaire, demeurant à. . . . ,

J'ai. . . . , huissier. . . . . soussigné,

Cité François J. . . . , cordonnier, demeurant à. . . . ,

A comparaître à. . . . , pour,

Attendu que, il y a trois ans et deux mois, le requérant avait loué verbalement au cité une maison située à. . . . , rue. . . . , joignant. . . . ; qu'en sortant de cette maison, il y a deux mois, il a été fait entre les parties un état de lieux constatant diverses réparations locatives, savoir (*énumérer ici les réparations*),

Entendre ordonner, ledit cité, qu'il sera tenu de faire lesdites réparations dans le délai de huit jours à dater de la signification du jugement à intervenir; sinon, et passé ce délai, voir dire qu'il restera condamné à payer au citant, pour les faire faire lui-même, la somme de 80 fr., avec dépens, sous toutes réserves.

Auquel effet, etc.   (*Signature de l'huissier.*)

3. DEMANDE D'UN MAITRE CONTRE SON DOMESTIQUE POUR INEXÉCUTION D'ENGAGEMENT.

L'an mil huit cent. . . . , le. . . , à la requête du sieur Théodore G. . . . , propriétaire-cultivateur, demeurant à. . . . ,

J'ai. . . . , huissier. . . . . soussigné,

Cité François N...., manouvrier, demeurant à....,

A comparaître à...., pour,

Attendu que, il y a huit mois, le cité était entré, comme domestique, chez le citant, sous les conventions verbales qu'il y resterait un an, moyennant un salaire de 200 fr., payable moitié trois mois après son entrée, et l'autre moitié à la fin de l'année de domesticité;

Attendu qu'au bout de quatre mois de la date de son entrée chez le citant, après avoir reçu 100 fr., ledit N....... vient de quitter son maître sans aucun motif légitime; que non-seulement il lui fait tort de deux mois de service, mais qu'il le met en outre, à la veille des gros ouvrages de la campagne, dans l'impossibilité de trouver un domestique au même prix; qu'enfin, il lui fait perdre beaucoup de temps pour se le procurer,

S'entendre condamner, ledit N...., à payer au requérant, pour réparation du tort qu'il lui fait éprouver par suite de l'inexécution de ses engagemens, ainsi qu'il est dit, la somme de 150 fr., avec dépens, sous toutes réserves.

Auquel effet, etc. (*Signature de l'huissier.*)

4. DEMANDE EN PAIEMENT D'UNE NOURRICE.

L'an mil huit cent...., le...., à la requête de Victoire Q...., veuve du sieur Charles C...., ouvrière en linge, demeurant à....,

J'ai...., huissier..... soussigné,

Cité Alexandre V...., mécanicien, demeurant
à...,

A comparaître à...., pour,

Attendu que le cité a mis en nourrice chez la
requérante, il y a deux ans, un enfant âgé de
huit jours, pour être nourri et soigné comme une
nourrice doit faire; que, par convention verbale, ladite veuve C.... s'est engagée à tenir cet enfant
pendant dix-huit mois, et ledit V...... à lui
payer, pour tout ce temps, une somme de 380 fr.,
ou 20 fr. par mois, exigibles d'avance et aussi par
mois; conventions dont la requérante offre de faire
preuve en cas de désaveu;

Attendu que ledit V.... ne lui a versé que 280 f.
en douze fois, et que depuis quatre mois qu'elle
lui a remis l'enfant, et après avoir strictement
rempli ses engagemens, elle n'a pu obtenir 100 f.
qui lui sont redus, et que le cité lui refuse sous le
prétexte de ne plus rien redevoir à cet égard,

S'entendre condamner, ledit cité, à payer à la
requérante 100 fr. qui lui sont redus, ainsi qu'il
est dit ci-dessus, avec intérêts à dater de ce jour,
et aux dépens, sous toutes réserves.

Auquel effet, etc.   (*Signature de l'huissier.*)

5. DEMANDE POUR DIFFAMATIONS VERBALES ET ÉCRITES, INJURES ET VOIES DE FAIT.

L'an mil huit cent....., le...., à la requête
du sieur Pierre J...., vigneron, demeurant à....,

J'ai...., huissier..... soussigné,

Cité Jean P. . . . , menuisier, demeurant à. . . . ,

A comparaître à. . . . , pour,

Attendu que, dans la journée du. . . . , à six heures du soir, dans la rue publique du village de. . . . , en présence de plusieurs personnes, et sans aucune provocation, le cité a commencé par traiter le citant de f. . . . . , de v. . . . , l'a même accusé du fait précis de lui avoir volé de l'argent; que, dans le même moment, il s'est avancé, muni d'un bâton, et lui en a appliqué plusieurs coups sur la tête et les bras, de manière à lui interdire la possibilité de se relever de terre, où il venait d'être terrassé;

Attendu que, le lendemain de cet évènement, le cité, non content d'avoir ainsi traité ledit J. . . . , a fait distribuer par le village un manuscrit accusant celui-ci de voleur, ainsi que du tout il sera fait preuve en cas de désaveu;

Attendu que les paroles et écrits du cité tendent à déshonorer le citant; que les voies de fait dont il a été victime ne lui permettront pas de reprendre ses travaux de bien long-temps; que cet ensemble de diffamations et de voies de fait peut faire un tort incalculable audit requérant,

S'entendre condamner civilement, ledit cité, à raison de ces faits, à lui payer, à titre de dommages et intérêts, la somme de 2,000 fr., avec dépens, sous toutes réserves.

Auquel effet, etc. (*Signature de l'huissier.*)

ARTICLE SIX.

« Les juges de paix connaissent en outre, à
» charge d'appel, 1.º des entreprises commises,
» dans l'année, sur les cours d'eau servant à l'ir-
» rigation des propriétés et au mouvement des
» usines et moulins, sans préjudice des attribu-
» tions de l'autorité administrative dans les cas dé-
» terminés par les règlemens; des dénonciations
» de nouvel œuvre, complaintes, actions en réin-
» tégrande, et autres actions possessoires fondées
» sur des faits également commis dans l'année;

» 2.º Des actions en bornage, et de celles relati-
» ves à la distance prescrite par la loi, les règlemens
» particuliers et les usages locaux pour les plan-
» tations d'arbres ou de haies, lorsque la propriété
» ou les titres qui l'établissent ne sont pas con-
» testés;

» 3.º Des actions relatives aux constructions et
» travaux énoncés dans l'article 674 du Code civil,
» lorsque la propriété ou la mitoyenneté du mur
» ne sont pas contestées;

» 4.º Des demandes en pension alimentaire n'ex-
» cédant pas 150 fr. par an, et seulement lors-
» qu'elles seront formées en vertu des art. 205,
» 206 et 207 du Code civil. »

Extrait du rapport de M. Amilhau.

« Nous avons approuvé complètement les dispositions relatives aux actions possessoires, qui sont

comprises sous une meilleure définition, les actions en bornage, et celles relatives aux constructions et travaux énoncés en l'art. 674 du Code civil.
Quant aux actions en bornage, qui seules avaient
été l'objet d'une critique en 1835, avec la division
toujours croissante des propriétés, il importe à
l'ordre public que les limites en soient fixées : c'est
un moyen d'empêcher les usurpations et d'arrêter
les procès. Au reste, c'est lorsque le fond du droit
n'est pas en litige, que le juge de paix est autorisé
à prononcer, et sa décision n'est jamais qu'en premier ressort.

» Votre commission a adopté le chiffre de 150 f.
comme règle de compétence du juge de paix concernant les pensions alimentaires; c'est le mini-
mum de la pension d'admission dans un hospice.
Le juge de paix pourra d'ailleurs concilier cette
mesure entre les divers coobligés à fournir la pension; il déterminera le lieu fixé pour la retraite;
en un mot, toutes les combinaisons permises par
les lois et dictées par l'humanité pourront se né-
gocier en sa présence et par ses soins. Il faut
ajouter qu'à la limite posée par le chiffre vient
se joindre la précision dans la nature des demandes soumises à la justice de paix : ce sont celles
qui ont lieu dans des cas spéciaux, où l'obligation
naturelle a précédé l'obligation civile. »

Notices.

ACTIONS POSSESSOIRES, § 1.

1. Les actions possessoires sont uniquement relatives à la possession. Celles qui ont trait à la propriété s'appellent *pétitoires*. (*Rioche*, tome 1.er, page 105.)

2. La possession est la détention ou la jouissance d'une chose ou d'un droit, que nous tenons ou que nous exerçons par nous-mêmes ou par un autre qui la tient de nous, ou qui l'exerce en notre nom. (*Code civil*, art. 2228). La différence entre la nouvelle loi et l'ancienne législation par rapport aux actions possessoires, consiste en ce que ces sortes d'actions étaient jugées en dernier ressort jusqu'à concurrence de 50 liv., tandis qu'aujourd'hui, quelle que soit leur importance et la valeur des objets qui y donnent lieu, les juges de paix ne peuvent en connaître qu'à charge d'appel.

3. Les principales innovations introduites par la nouvelle loi sont les actions en bornage et les pensions alimentaires.

(*Voyez* infrà, §§ 2 et 4.)

4. On distingue trois sortes d'actions possessoires : 1.º la *complainte*; 2.º la *réintégrande*; 3.º et la *dénonciation de nouvel œuvre*.

1. De la complainte.

5. On définit la complainte une action que celui qui a la possession civile d'un héritage ou d'un droit réel prescriptible, a le droit d'exercer pour se faire maintenir dans cette possession, lorsqu'il y est troublé. (*Henrion de Pansey*, chapitre 56.)

6. Le simple trouble qu'une personne éprouve par le fait d'un tiers dans la possession qu'elle a d'un immeuble ou d'un droit réel, suffit pour donner ouverture à cette action.

7. Il n'y a trouble donnant lieu à la complainte, qu'autant que les changemens opérés par un particulier sur sa propriété, portent préjudice au complaignant (*Cassation*, 6 *décembre* 1827). Tel serait le cas où il se serait borné à donner une meilleure direction aux eaux coulant sur son fonds. (*Même arrêt.*)

8. La complainte exercée par l'un des copropriétaires à raison de travaux faits par l'autre sur le terrain dont la jouissance est commune, n'est recevable qu'autant que le demandeur prouve que ces travaux lui portent un dommage quelconque. (*Cassation*, 21 *mai* 1835.)

9. Un propriétaire riverain d'une rivière non navigable peut agir en complainte lorsque le riverain opposé a fait construire au milieu du lit de cette rivière une digue qui, sans porter un préjudice actuel au plaignant, peut lui en causer dans la suite. (*Cassation*, 2 *décembre* 1829.)

10. Il a été jugé qu'il peut y avoir trouble donnant lieu à l'action possessoire, quoique les travaux dont se plaint le demandeur aient été faits

non sur son propre terrain, mais sur celui du défendeur. (13 *avril* 1819.)

(*Voyez* Dénonciation de nouvel œuvre, *à laquelle cet arrêt est applicable.*)

11. Quoique celui qui trouble dans sa jouissance l'acquéreur d'un immeuble, ne prétende avoir droit de posséder cet immeuble que précairement, par exemple comme fermier en vertu d'un bail à lui passé par le vendeur, néanmoins l'acquéreur peut agir par action possessoire contre le prétendu fermier. (*Cassation,* 6 *frimaire an* 14. — *Civ. R. Fournier.*)

12. Le procès-verbal d'un garde-champêtre dressé dans l'intérêt d'une commune, par ordre de son maire, et constatant une prétendue usurpation sur un terrain communal, dont l'auteur prétend avoir la possession annale, peut être considéré comme un trouble, et donner lieu à l'action en complainte contre la commune. (10 *janvier* 1827.)

13. Le complaignant peut, outre la maintenue en possession, demander, s'il y a lieu, des dommages et intérêts.

(*Voyez formule* 1.ᵉ).

2. De la réintégrande.

14. On appelle *réintégrande* l'action en complainte, lorsqu'elle se donne pour le cas de force et de dessaisine, c'est-à-dire dans lequel le possesseur n'est pas seulement *troublé,* mais a été entièrement *dépossédé* par violence. (*Pothier, Traité de la possession,* n.° 106.)

15. Il n'est pas nécessaire, pour pouvoir intenter la réintégrande, d'être propriétaire de la chose dont on a été dépossédé : il suffit qu'on la possède. (*Ibidem*, n.º 14.)

16. Le jugement sur la réintégrande ne tranche pas définitivement la question de possession : celui qui a succombé sur une demande de cette nature peut encore intenter l'action en complainte, tandis que celui qui succombe sur une demande en complainte ne peut plus agir qu'au pétitoire. (*Henrion*, 52.)

17. Depuis la promulgation du Code de procédure, plusieurs auteurs distingués refusent l'action en réintégrande. MM. Carré, Aulanier et Poncet entre autres, s'appuyant des termes de l'article 23 de ce Code, portant, *Les actions possessoires ne seront recevables qu'autant qu'elles auront été formées dans l'année du trouble, par ceux qui, depuis une année au moins, étaient en possession paisible pour eux ou les leurs, à titre non précaire,* ont adopté l'opinion qu'elle ne pouvait plus avoir lieu. Il existe aussi une décision du tribunal de Dijon, du 4 décembre 1833, dans le même sens; mais il a été jugé au contraire par la Cour de cassation, le 10 novembre 1819, que la réintégrande peut être intentée par un possesseur *précaire,* par exemple par un fermier.

18. Elle peut aussi être intentée par le possesseur à titre d'antichrèse. (16 *mai* 1820.)

19. L'usager et l'usufruitier peuvent incontestablement exercer la réintégrande. (*Pothier,* n.º 116.)

14

20. La réintégrande peut être intentée soit contre ceux qui ont opéré par violence le fait de dépossession, soit contre ceux par l'ordre desquels il a eu lieu, ou qui l'ont approuvé après qu'il a été exécuté en leur nom. Mais elle ne peut être formée contre celui qui se trouve en possession de la chose sans avoir pris part à la violence exercée envers l'individu dépossédé. (*Pothier,* n.º 118 et suivans.)

21. Ceux qui ont opéré la dépossession par violence, sont solidairement tenus de l'action en réintégrande avec ceux au nom et par l'ordre ou avec l'approbation desquels cette dépossession a eu lieu. (*Même autorité.*)

22. A l'action en réintégrande peut être jointe une demande en dommages-intérêts.

23. Le juge de paix doit statuer sur l'action en réintégrande dont il est saisi, quoique le fait qui y donne lieu constitue un délit. (28 *décembre* 1826.)

24. La réintégrande n'est recevable qu'autant qu'elle est formée dans l'année de la possession. L'année se compte du jour où la violence a cessé, et où la partie spoliée a pu agir. (*Pothier,* n.º 124.)

(*Voyez formule* 2.)

3. Dénonciation de nouvel œuvre.

25. Cette action a son origine dans le droit romain. Quoique aucune loi française ne l'ait formellement reconnue, elle fut admise dans notre ancienne jurisprudence.

26. Pour qu'il y eût lieu à dénonciation de nou-vel œuvre, il fallait, 1.º que par l'établissement d'un nouvel œuvre, ou par la destruction d'un ancien, il se fût opéré dans l'état des choses un changement préjudiciable aux droits du deman-deur ; 2.º que l'auteur de l'innovation eût fait les travaux sur son propre terrain. (*Henrion,* chap. 38.)

27. On pouvait diriger cette action non-seule-ment contre le voisin immédiat, mais encore con-tre un voisin plus éloigné. (*Ibidem.*)

28. Sur la question de savoir si le juge de paix était compétent pour ordonner seulement que les travaux seraient suspendus, ou bien s'il pouvait en ordonner la déconstruction, s'il était nécessaire d'intenter l'action avant leur achèvement, ou si elle pouvait l'être après, les autorités étaient par-tagées. MM. Carré, Henrion et Richomme pensent qu'il ne peut que défendre ou permettre la conti-nuation des travaux, et constater l'état des lieux au moment de la dénonciation, sans pouvoir en ordonner la déconstruction, et que l'action posses-soire ne peut plus être intentée après l'achèvement du nouvel œuvre.

D'un autre côté, M. Merlin émet l'opinion con-traire. (*Questions de droit,* v.º Dénonciation de nouvel œuvre.)

La cour de cassation a successivement adopté les deux systèmes. (15 *mars* 1826, 14 *mars* 1827, 13 *avril* 1819, 28 *avril* 1829.)

Mais, en définitif, la même cour a jugé, le 27 mai 1834 , qu'il suffit que la demande formée

***

par le propriétaire d'un cours d'eau, tendant à ce
que le propriétaire d'un fonds riverain soit condamné à détruire des travaux faits sur son propre
fonds pour agrandir une prise d'eau, ait été formée dans l'année du trouble, pour que le juge de
paix soit compétemment saisi, encore bien qu'au
moment de l'action les travaux auraient été terminés. Telle est aussi l'opinion de Granier. (*Traité
des actions possessoires*, page 29.)

29. Enfin, au milieu de ce conflit, vient la loi du
25 mai 1838, qui, en plaçant spécialement les dénonciations de nouvel œuvre dans la compétence des
juges de paix, leur restitue évidemment le caractère que leur assignait l'ancienne jurisprudence
et les premiers auteurs cités.

Des choses qui peuvent être l'objet des actions possessoires.

30. Les lois nouvelles n'ayant pas déterminé les
espèces de biens dont la possession peut être l'objet
d'une action possessoire, il faut recourir à l'ordonnance de 1667, titre 18, art. 1.er, qui autorise la
complainte *pour trouble en la possession et jouissance*, 1.º *d'un héritage*, 2.º *d'un droit réel*,
3.º *d'une universalité de meubles*.

31. *Complainte pour héritages.* — La complainte a lieu pour trouble à la possession d'un
héritage, c'est-à-dire d'un bien immeuble par sa
nature et des choses qui en dépendent. (*Henrion,*
chap. 42.)

32. Les immeubles par destination peuvent être

l'objet d'une action possessoire : par exemple, celui qui est troublé dans la jouissance d'une maison peut demander à être maintenu, non-seulement dans la possession de l'édifice, mais des meubles qu'il renferme. (*Ibidem.*)

33. Des immeubles ameublis, conformément aux termes de l'art. 1505 du Code civil, ne cessent pas, nonobstant la clause d'ameublissement, de pouvoir être l'objet d'une action possessoire. (*Garnier,* page 239.)

34. Il est de principe que l'action possessoire ne peut résulter que d'une possession capable d'opérer la prescription. Ainsi le trouble à la possession d'un bien imprescriptible ne peut donner lieu à la complainte. (6 *juillet* 1825.)

35. Les chemins, les rues, les places publiques, étant imprescriptibles tant qu'ils demeurent affectés à l'usage général, celui qui serait sommé de rétablir dans son ancienne largeur le chemin sur lequel il aurait anticipé, ne pourrait pas prendre cette sommation pour trouble, et intenter la complainte (*Henrion,* chap. 44). Mais si l'affectation publique a cessé, l'action en complainte serait admise. (*Vazaille ; Dalloz ; Garnier ; Henrion,* chap. 43.)

36. Les églises et les chapelles consacrées au culte divin ne peuvent, tant qu'elles conservent leur destination, devenir l'objet d'une action possessoire. (*Laurière, civ. r.* — D. A., 1, 251.)

37. La complainte peut être exercée pour trouble à la possession, 1.º d'un domaine de l'état (*Carré,*

Justice de paix, tome 2, page 83; — *Garnier,* 309);

2.º **D'un terrain concédé dans un cimetière pour sépultures particulières.**

38. Une haie mitoyenne est prescriptible. Celui qui jouit d'une possession exclusive de cette haie peut, s'il est troublé, agir au possessoire. (8 *vendémiaire an* 4.)

39. *Complainte pour droits réels.* — Les droits réels sont ceux que l'on a sur une chose, abstraction faite de la personne qui peut la posséder. Pour donner lieu à l'action possessoire, les droits réels doivent, 1.º exister sur un immeuble; 2.º être réputés immeubles; 3.º être prescriptibles; 4.º être susceptibles, sinon d'une possession proprement dite, puisqu'ils sont incorporels, mais, dit Pothier (*Possession,* n.º 88), d'une quasi-possession qui consiste dans la jouissance que nous en avons, et pour la conservation de laquelle nous pouvons intenter la complainte.

40. La complainte est ouverte aux créanciers de rentes foncières, lorsqu'ils sont troublés dans leur jouissance par le débiteur ou par un tiers. (*Henrion,* page 371.)

44. Elle est ouverte également pour trouble dans le droit de champart, c'est-à-dire dans le droit de prélever une certaine quotité de fruits en nature. (*Ibid.,* 374.)

42. La complainte est admise pour les servitudes continues et apparentes, telles que les conduites d'eau, les égouts, les vues, et autres de cette espèce, lorsqu'elles s'annoncent par des ouvrages extérieurs, tels qu'une porte, une fenêtre, un aqueduc, etc.; et cette voie est fermée pour les servitudes discontinues ou continues non apparentes, telles qu'un droit de passage, puisage, pacage, qui n'ont pas de signes extérieurs de leur existence, et qui ne peuvent s'établir que par titres. (*Henrion de Pansey*, page 289.)

43. Le droit tendant à la revendication d'un immeuble, n'étant pas susceptible d'une jouissance réelle, ne peut, quoique réel et immobilier, être l'objet d'une action possessoire. (*Longchampt, Dictionnaire des justices de paix.*)

44. L'action possessoire est recevable de la part d'un créancier qui prétend être troublé dans la jouissance d'un droit réel, contre le prétendu débiteur de ce droit, qui nie le devoir; et de la part d'un créancier qui se prétend troublé, contre un autre individu qui se prétend aussi créancier, le débiteur ne niant pas devoir. (*Loiseau, Actions possessoires,* page 67.)

45. Peuvent donner lieu à l'action possessoire les droits de nue propriété, d'usufruit, de servitude [du moins quand il s'agit de servitudes prescriptibles]. (Voyez D., page 26.)

46. L'action par laquelle un propriétaire demande à être maintenu dans l'exercice d'un droit de pâturage exclusif sur son propre terrain, est une action possessoire de la compétence du juge de paix. (19 *vendémiaire an* 11. — *Dumoulin.*)

47. La franchise d'un droit de péage qui serait

établi sur un pont, au profit d'une communauté
ou de particuliers, autorise ceux qui y seraient
troublés à former complainte contre le propriétaire du droit, si celui-ci voulait les assujettir à
la taxe.

48. De même, si, après avoir payé pendant
plus d'une année, cette communauté ou ces particuliers déclaraient qu'ils entendent s'y refuser, le
propriétaire du droit aurait la même action pour
les contraindre à en continuer le paiement. (*Henrion*, page 377.)

49. Lorsque des particuliers qui sont dans l'o-
bligation de faire telles ou telles réparations à des
maisons, moulins ou autres usines, d'en réparer
les écluses, d'en curer les biez, d'entretenir les
fossés, etc., refusent de remplir ces obligations, il
y a lieu contre eux à la complainte possessoire,
sans même que le demandeur soit tenu d'articuler
des faits possessoires pendant l'année qui a précédé le trouble dont il se plaint, pourvu seulement qu'il justifie que les dernières réparations,
les derniers travaux, ont été faits, à quelque époque que ce soit, par les défendeurs à la complainte, ou par leurs auteurs. (*Henrion*, chap. 43,
§ 4.—Voyez, en sens contraire, *MM. Carré, Justice de paix*, tome 2, page 344, et *Favard*, v.º
Complainte.)

50. La simple possession *de vaine pâture* ne
pouvant conférer ni usage ni propriété par la prescription, la complainte n'a pas lieu pour trouble à
cette possession. Il en est autrement de la posses-

sion de la grosse ou vive pâture. (*Henrion*, chapitre 43.)

51. Les divers droits d'usage dans les forêts ne peuvent, lorsqu'on les exerce sans titre, donner lieu à l'action possessoire (*Henrion*, chap. 43, § 8), à moins cependant que la possession n'ait une autre cause que la simple tolérance du propriétaire contre lequel elle a été exercée, comme si le droit de l'usager a été par lui reconnu au moyen d'une redevance qu'il a demandée ou acceptée. (*Proudhon, de l'Usufruit*, tome 8, n.º 3539 et suivans.)

52. Le droit acquis en vertu d'une concession de mines, le droit de tirer des pierres dans une carrière, de prendre des tourbes dans une tourbière, sont susceptibles de l'action en complainte. (*Carré, des Justices de paix*, tome 3, page 83. — *Longchampt*.)

53. *Complainte pour meubles.* — Il est généralement admis que la complainte n'a pas lieu pour meubles et effets mobiliers, à l'exception de ceux que la loi répute immeubles par destination. (Chapitre 45.)

Conditions requises pour l'exercice des actions possessoires.

54. La possession est la condition générale indispensable pour exercer utilement l'action possessoire. (*Rioche*, tome 1, page 117.)

55. La possession doit réunir les conditions requises pour la prescription, la durée exceptée. (*Locré, Lég. civ.*, tome 21, page 559.)

En conséquence il faut qu'elle soit, 1.º *continue et non interrompue*, 2.º *paisible*, 3.º *publique*, 4.º *non équivoque*, 5.º *à titre de propriétaire*, 6.º *annale*, 7.º *qu'elle n'ait pas cessé depuis plus d'une année*. (Code civil, 2229. — Code
de procédure, *art.* 23.)

Personnes qui peuvent intenter les actions possessoires, ou y défendre.

56. Les actions possessoires ne peuvent en général être exercées que par ceux qui ont la possession civile ou saisine, soit par eux-mêmes, soit
par des tiers possédant pour eux et en leur
nom. (*Rioche,* tome 1.er, page 126.)

57. Ainsi sont non-recevables à agir au possessoire, 1.º le dépositaire ou séquestre; 2.º l'em-
prunteur; 3.º le fermier ou locataire; en un mot,
tous les détenteurs à titre précaire.

Néanmoins le propriétaire peut régulariser la
complainte intentée par le fermier, en intervenant
dans l'instance. (*Cassation,* 8 *juillet* 1819. — *Sirey,* 20 , 165.)

58. L'emphytéote peut ouvrir l'action en complainte (*Cassation,* 26 *juin* 1822), comme aussi
l'usufruitier, relativement à son usufruit. (*Cassation,* 6 *mars* 1822. — *Sirey; Pothier; Proudhon;
Favard;* et *Henrion,* chap. 40.)

59. Le propriétaire et l'usufruitier peuvent agir
isolément par suite du trouble apporté à leur possession. (*Poncet,* n.ºs 79 et 80.)

60. L'héritier naturel peut intenter complainte

à cause de la saisine de son auteur, avant même d'avoir possédé l'an et jour. (*Henrion*, chap. 40.)

61. L'héritier institué et le légataire ne peuvent l'intenter qu'après possession de l'an et jour. (*Ibidem.*)

62. L'héritier n'a contre son cohéritier que l'action en partage, et ne peut intenter la complainte contre lui. (*Ibidem.*)

63. Le mari est réputé possesseur des biens dotaux de sa femme : de sorte qu'il doit être reçu au possessoire, tant en demandant qu'en défendant. Il en est autrement s'il y a séparation de biens. Dans ce cas c'est à la femme qu'appartient le droit d'intenter l'action en complainte. (*Henrion, Comp.*, page 360.)

(*Voyez, au surplus*, 1.re *partie, au mot* Autorisation.)

DES ACTIONS EN BORNAGE, ET DE CELLES RELATIVES A CERTAINES DISTANCES, §§ 2 ET 3.

64. Les actions dont parle l'art. 6, § 2, n'étaient pas soumises à la juridiction des juges de paix par la loi de 1790. Leur place est motivée dans celle de 1838 par la division progressive des propriétés, et le besoin d'en avoir les limites fixées.

65. Sous l'ancienne législation les juges de paix connaissaient déjà des déplacemens de bornes comme actions possessoires, et qui peuvent aussi faire l'objet d'une action en police correctionnelle. Mais, à la différence de celle-ci, qui n'avait pour but que le replacement d'une borne dérangée ou

enlevée depuis moins d'un an, l'action en bornage tend à la plantation de bornes délimitatives là où il n'en avait jamais été planté régulièrement.

66. Le bornage d'héritages contigus doit être fait dans l'état de la possession actuelle des propriétaires. Il n'y a lieu à arpentage pour déterminer où doivent être plantées les bornes, qu'en cas de revendication de la part de l'un des propriétaires. (*Orléans, 25 août* 1816. — *Sirey, 18, 2,* 104. — D., 15, 2, 40. — L., 50, 255.)

67. On ne doit pas confondre la *délimitation* avec le *bornage :* la délimitation *indique* la ligne séparative de deux propriétés; le bornage constate légalement cette ligne séparative. Ainsi l'action en bornage est utile et doit être accueillie quand même les propriétés auraient d'autres limites suffisamment indiquées. (*Cassation, 30 décembre* 1818. — S., 19, 1, 232. — D., 17, 1, 176. — L., 55, 556.)

68. Les termes de la loi, *lorsque la propriété ou les titres ne sont pas contestés,* indiquent suffisamment que le législateur a entendu donner au juge de paix le pouvoir d'examen des titres, et leur application sur le terrain, tant que ces titres ou la propriété ne sont pas contestés.

« Lorsque le titre n'est pas contesté, disait » M. le rapporteur (séance du 24 avril 1838), ou » que les parties ne sont pas d'accord sur le lieu du » bornage, chacun remet ses titres au juge de paix, » qui fait une visite des lieux, et qui ordonne que

» la borne sera placée à l'endroit déterminé par
» un expert, ou par le juge de paix lui-même. »

69. Mais s'il s'agit moins de rechercher les bornes et de les poser que de statuer sur une revendication de propriété, ou si, à l'occasion soit de travaux de précaution à faire, soit de la distance à observer dans les plantations, la propriété ou les titres qui l'établissent sont contestés, de trop graves intérêts étant alors engagés, la compétence exceptionnelle doit s'arrêter. (*Discours de présentation de M. le garde des sceaux,* séance du 8 mai 1837.)

70. Ces termes de la loi, *lorsque la propriété ou les titres ne sont pas contestés*, s'appliquent également aux actions en bornage, et à celles relatives à la distance pour les plantations d'arbres ou de haies. (*Observations de M. le rapporteur,* séance du 25 avril 1838.)

71. La loi de 1790 n'attribuait au juge de paix que la connaissance des usurpations de terres, arbres, haies, fossés et clôtures. Mais la nouvelle loi a sensiblement augmenté leur compétence, en leur attribuant toutes les actions résultant des art. 671, 672, 673 et 674 du Code civil, relatifs,

1.º A la distance prescrite par les règlemens particuliers, les usages, ou, à défaut, par la loi, pour les plantations d'arbres de haute tige (*Code civil,* art. 671);

2.º A l'arrachement des arbres et haies qui ne sont pas à la distance voulue, et à la destruction des branches et racines qui avancent sur l'héritage voisin (*ibid.,* 672);

3.º A l'abattage des arbres qui se trouvent dans la haie mitoyenne *(ibid., 673)*;

4.º Au creusement de puits ou fosses d'aisance près d'un mur mitoyen ou non, à la construction des cheminées, âtres, fours ou fourneaux, et à l'établissement contre lesdits murs de matières corrosives. (*Ibid.*, art. 674.)

(*Voyez* Formule 4.)

PENSIONS ALIMENTAIRES, § 4.

72. Les juges de paix connaissent des demandes en pension alimentaire n'excédant pas 150 fr. par an, seulement quand elles sont formées en vertu des art. 205, 206 et 207 du Code civil.

Voici le texte de ces articles :

« Les enfans doivent des alimens à leurs pères » et mères et autres ascendans qui sont dans le » besoin. » *Code civil,* art. 205.)

« Les gendres et belles-filles doivent également, » et dans les mêmes circonstances, des alimens à » leurs beaux-pères et belles-mères; mais cette obli- » gation cesse, 1.º lorsque la belle-mère a convolé » en secondes noces ; 2.º lorsque celui des époux » qui produisait l'affinité, et les enfans issus de » son mariage avec l'autre époux, sont décédés. » (*Code civil,* art. 206.)

« Les obligations résultant de ces dispositions » sont réciproques. » (*Code civil,* art. 207.)

73. Les dispositions des art. 205, 206 et 207 du Code civil concernent aussi bien les enfans naturels et adoptifs que les enfans légitimes.

74. Les sommes et pensions pour alimens constituées par des particuliers, sont insaisissables
(*Code civil*, art. 1293; — *Code de procédure*, art.
581 et 582), si ce n'est pour cause d'alimens.

75. L'obligation des alimens est indivisible, en
ce sens, que si plusieurs de ceux qui en sont tenus
ne peuvent y satisfaire, elle retombe entièrement
sur les autres.

Mais si les père et mère, par exemple, se conten-
tent d'actionner un seul de leurs enfans solvables,
celui-ci ne doit être condamné qu'à payer la portion
dont il peut être tenu, sauf aux demandeurs à se
pourvoir contre les autres enfans, à moins que
leur mise en cause ne soit ordonnée. (*Paris*, 30
frimaire an 14. — *Riom*, 28 *juin* 1812. — *Metz*,
5 *juillet* 1823. — *Lyon*, 3 *janvier* 1832. — S.,
2411. — *Duranton*, n.º 424. — *Vazeille*, n.º
493.)

76. Dans les circonstances où la loi accorde
des alimens, elle laisse aux tribunaux la faculté
de déterminer le montant de la pension alimentaire d'après les besoins de celui qui réclame, et
les moyens de celui qui est obligé de fournir.

(*Voyez formule* 5.)

Formules diverses.

1. Action en complainte.
2. Action en réintégrande.
3. Action en dénonciation de nouvel œuvre.
4. Action en bornage.
5. Action en demande de pension alimentaire.

1. ACTION EN COMPLAINTE.

L'an mil huit cent...., le...., à la requête du
sieur Etienne P...., cultivateur-propriétaire, demeurant à....;

J'ai...., huissier.... soussigné,

Cité Jean-Baptiste C...., cultivateur-propriétaire, demeurant à....,

A comparaître à...., le...., pour,

Attendu que le requérant est depuis plus d'un
an en jouissance d'une pièce de terre labourable
contenant un hectare, située au territoire de....,
climat dit...., joignant le sieur Victor R.... au
midi, au nord le cité et d'autres, au levant un
chemin public;

Attendu que ledit C...., dans le cours de la
semaine dernière, s'est emparé de quatre raies de
cette propriété, qu'il a jointes à la sienne, en
bouleversant les terres qui en font l'objet, et les
semences qui s'y trouvaient; laquelle quantité de
terrain se forme de un mètre et demi de largeur
sur trois cents mètres de long,

Ouïr ordonner que le requérant sera maintenu dans la possession et jouissance des quatre
raies de terrain dont ledit cité s'est indûment emparé, et autorisé à en reprendre la possession,
avec défense à ce dernier de l'y troubler à l'a-
venir;

Et, attendu le préjudice causé au requérant
par défaut de jouissance de ladite portion de
terrain,

S'entendre condamner, ledit Jean-Baptiste C..., à payer audit requérant, à titre de dommages et intérêts, la somme de 40 fr., avec dépens, sous toutes réserves.

, Auquel effet j'ai audit C..., étant et parlant comme est dit, laissé et délivré copie de mon présent exploit, dont le coût est de....

(*Signature de l'huissier.*)

2. ACTION EN RÉINTÉGRANDE.

L'an mil huit cent...., le...., à la requête du sieur Nicolas P...., propriétaire rentier, demeurant à...., où il fait élection de domicile en sa résidence,

J'ai...., huissier.... soussigné,

Cité le sieur Pierre C..., cultivateur-vigneron, demeurant à....,

A comparaître à...., le...., pour,

Attendu que, par jugement intervenu entre le citant et le cité au tribunal de..., le..., ce dernier a été condamné à délaisser au requérant la possession d'une pièce de vigne sise au territoire de..., climat..., confinée d'un côté par le sieur P..., d'autre par Louis D...; possession que ledit requérant avait eue paisiblement et sans trouble depuis plus d'un an que ledit jugement était rendu;

Attendu que le.... ledit cité s'est permis de troubler avec violence ledit requérant dans sadite possession, en coupant et enlevant les raisins de

★★★★

15

ladite vigne, avec résistance envers le possesseur, qui cherchait à empêcher cet enlèvement,

Ouïr juger en conséquence que le requérant sera réintégré dans la jouissance et possession de ladite pièce de vigne, avec défense au cité de l'y troubler à l'avenir; que ce dernier sera condamné, même par corps, à délaisser au citant la possession de cette vigne, à lui restituer les fruits enlevés, ou à lui payer la somme de 200 fr. de dommages et intérêts, ou telle autre qui sera fixée par experts choisis par les parties ou nommés d'office; et enfin 100 fr. de dommages et intérêts, avec dépens, sous toutes réserves.

Auquel effet, etc.   *(Signature de l'huissier.)*

3. DÉNONCIATION DE NOUVEL OEUVRE.

NOTA. Il est bien entendu que pour donner lieu à la dénonciation de nouvel œuvre, il faut, 1.º que l'ouvrage opère une innovation quelconque dans l'état des lieux; 2.º qu'il soit commencé sur le terrain du défendeur : car autrement, s'il était sur celui dont le demandeur a la possession, il ne pourrait donner lieu qu'à la complainte; 3.º qu'il ne soit pas achevé.

L'an mil huit cent..., le..., à la requête du S.ʳEdme N..., maréchal ferrant, demeurant à...,

J'ai..., huissier... soussigné,

Signifié et dénoncé au sieur Antoine R...., cordonnier, demeurant à...., etc., que le requérant est propriétaire, en la commune de...., d'une maison joignant d'un côté Philippe D..., d'autre Etienne A...., donnant sur le jardin dudit cité, et ayant sur ce jardin un soupirail de cave, et une fenêtre qui en éclaire la chambre au nord;

Que ces ouvertures existent depuis plusieurs années, et que ledit citant en est propriétaire, comme de ladite maison;

Que tout récemment, il y a huit jours, ledit cité vient d'élever un petit bâtiment dans son jardin énoncé, à deux tiers de mètre du mur dans lequel sont lesdits soupirail et fenêtre; lequel bâtiment, non encore achevé, a quatre mètres au carré sur quatre mètres et demi d'élévation tout autour, et est prêt à recevoir la charpente;

Que le mur de façade au midi de ce bâtiment, donnant contre ces fenêtre et soupirail, en masque les jours, et obscurcit la chambre et la cave dudit N....;

Qu'en cet état de choses, le citant est forcé de dénoncer le nouvel œuvre pratiqué au préjudice de ses droits.

En conséquence j'ai, huissier susdit et soussigné, fait sommation audit Antoine R...., parlant comme est dit, d'avoir à faire cesser de suite les travaux commencés du bâtiment sus-énoncé, déclarant qu'à défaut de ce faire, il se pourvoira pour l'y contraindre.

Le sommé m'a répondu qu'il croyait se tenir à la distance voulue par la loi, des ouvertures de la maison du requérant, pour la construction de son bâtiment.

Vu laquelle réponse, je l'ai cité à comparaître à...., etc., pour ouïr dire

Que la sommation ci-dessus a été faite avec raison, et que le sommé est en tort de ne pas obéir;

Ouïr ordonner, après la reconnaissance que M. le juge de paix voudra bien faire des lieux, que ledit Antoine R.... sera tenu de cesser provisoirement le nouvel œuvre dont se plaint le requérant, jusqu'à ce qu'il ait été statué à cet égard par le tribunal compétent où il demande que les parties soient renvoyées pour procéder au pétitoire, et à fin de dépens, à peine de tous dommages et intérêts;

Enfin, que le jugement à intervenir sera exécutoire nonobstant appel et sans caution.

Auquel effet j'ai, etc.

(*Signature de l'huissier.*)

4. ACTION EN BORNAGE.

L'an mil huit cent...., le....., à la requête du sieur Pierre J...., propriétaire-cultivateur, demeurant à....,

J'ai....., huissier.... soussigné,

Cité Paul G...., cultivateur, demeurant à....

A comparaître à...., pour,

Attendu que le requérant est propriétaire d'une pièce de terre labourable contenant deux hectares, sise au territoire de..., climat appelé...., confiné d'un côté par le sieur P...., au levant, au couchant par le cité, et au nord par un chemin; qu'il entend profiter du droit qu'il a de faire borner sa propriété avec ledit cité, et de fixer

de cette manière les limites qui doivent la séparer
de celle du défendeur,

Ouïr ordonner que par experts ou géomètres
amiablement convenus, et à défaut nommés d'office, il sera, en présence de M. le juge de paix
ou en son absence, suivant qu'il jugera utile, procédé, à vue des titres, observations, dires et réquisitions des parties, à la distinction des limites de
leurs propriétés sus-désignées et confrontées; puis
à la plantation de bornes limitatives et indicatives,
en la manière accoutumée; et voir enfin procéder
à fin de dépens.

Auquel effet j'ai, etc. (*Signature de l'huissier.*)

5. DEMANDE DE PENSION ALIMENTAIRE.

L'an mil huit cent..., le...., à la requête du
sieur Philippe G...., ancien cultivateur, demeurant à....,

J'ai...., huissier.... soussigné,

Cité, 1.º François G..., cultivateur, demeurant
à....,

2.º Et Pierre G.... son frère, etc.,

A comparaître à...., pour,

Attendu que le requérant, qui est le père des
cités, est parvenu à un âge où le travail lui est
impossible; qu'il est accablé d'infirmités, et que
ses ressources ne lui permettent pas de subvenir
aux besoins de la vie sans le secours de ses enfans;

Attendu qu'à ses demandes réitérées ils n'ont
encore répondu que par une affligeante ingratitude,

et qu'il ne peut rester plus long-temps sous le poids des besoins qu'ils refusent d'alléger,

S'entendre condamner, lesdits défendeurs, à payer annuellement et solidairement au requérant, leur père, la pension viagère de 150 fr., exigible d'avance et par quart, de trois mois en trois mois, à commencer le premier paiement le 11 novembre prochain; voir ordonner l'exécution du jugement à intervenir, nonobstant appel et sans caution: le tout avec dépens.

Auquel effet, etc.   (*Signature de l'huissier.*)

ARTICLE SEPT.

« Les juges de paix connaissent de toutes les
» demandes reconventionnelles ou en compensa-
» tion qui, par leur nature ou leur valeur, sont
» dans les limites de leur compétence, alors même
» que, dans les cas prévus par l'art. 1.er, ces de-
» mandes, réunies à la demande principale, s'élè-
» veraient au dessus de 200 fr.

» Ils connaissent, en outre, à quelques sommes
» qu'elles puissent monter, des demandes recon-
» ventionnelles en dommages et intérêts fondées
» exclusivement sur la demande principale elle-
» même. »

Notices.

1. Les demandes reconventionnelles sont celles par lesquelles un défendeur cité en justice se rend demandeur contre celui qui l'actionne; et celle en compensation, celle par laquelle on op-

pose une créance à une dette, afin que, les deux parties étant déclarées réciproquement créancières et débitrices l'une de l'autre, l'extinction des deux dettes se trouve opérée.

2. La nouvelle loi établit que l'attribution de compétence résultera de l'appréciation distincte de chacune des demandes. **Par exemple, si Pierre demande à Paul 200 fr.**, et que, de son côté, Paul, à l'audience, réclame à Pierre la même somme de 200 fr., le juge de paix doit prononcer, parce que ce sont deux procès sur chacun desquels il est compétent; et, bien que ce soient deux procès, le juge de paix prononce par un seul jugement.

3. Si, dans une autre hypothèse, Pierre réclame 200 fr., et que Paul reconventionnellement oppose à cette demande une autre demande excédant 200 f., alors le juge de paix ne demeurera pas compétent, si ce n'est cependant au cas où il s'agirait de dommages-intérêts fondés exclusivement sur la demande principale elle-même, c'est-à-dire quand le défendeur réclame des dommages pour réparer le tort qui lui est causé par la demande principale elle-même: dans ce dernier cas le juge de paix doit connaître de cette action à quelques sommes qu'elle puisse se porter. (Voir, pour le cas où la compensation peut être opposée légalement, les art. 1289, 1290 et 1291 du *Code civil;* — *Dalloz,* au mot COMPENSATION; — *Delvincourt,* t. 2, p. 582; et pour les réconventions, *Toullier,* t. 7, n.° 350 et suivans; — *Henrion,* — et *Duranton.*)

ARTICLE HUIT.

« Lorsque chacune des demandes principales,
» reconventionnelles ou en compensation, sera
» dans les limites de la compétence des juges de
» paix en dernier ressort, il prononcera sans qu'il
» y ait lieu à appel.

» Si l'une de ces demandes n'est susceptible
» d'être jugée qu'à charge d'appel, le juge de paix
» ne prononcera sur toutes qu'en premier ressort.

» Si la demande reconventionnelle ou en com-
» pensation excède les limites de sa compétence,
» il pourra soit retenir le jugement de la demande
» principale, soit renvoyer, sur le tout, les par-
» ties à se pourvoir devant le tribunal de première
» instance, sans préliminaire de conciliation. »

Notice.

Il faut, pour que le renvoi de la demande
reconventionnelle puisse être prononcé, que la
demande excède la compétence des juges de paix
à raison de la valeur ou à raison de la matière.

(*Voir l'article précédent, dont celui-ci est la consé-*
quence.)

ARTICLE NEUF.

« Lorsque plusieurs demandes formées par la
» même partie seront réunies dans une même
» instance, le juge de paix ne prononcera qu'en
» premier ressort si leur valeur totale s'élève au
» dessus de 100 fr., lors même que quelqu'une de
» ces demandes serait inférieure à cette somme. Il

» sera incompétent sur le tout si ces demandes
» excèdent, par leur réunion, les limites de sa
» juridiction. »

Extrait du rapport de M. Amilhau.

« L'art. 9 reproduit l'état actuel de la législation. »

Notice.

Lorsqu'une demande formée *contre une seule
personne* par une ou plusieurs autres, a pour objet plusieurs sommes dont chacune est inférieure
à 1,000 fr. (50 fr. s'il s'agit de justice de paix),
mais qui, réunies, excèdent cette valeur, le tribunal
ne peut pas prononcer en dernier ressort. Les différentes sommes ayant été réunies dans une même
demande, il n'y a qu'une seule action ou une seule
instance, et c'est cette action qui doit régler la
juridiction. D'anciens auteurs ont fait exception à
cette règle pour le cas où l'exploit de demande
détaillait et divisait les sommes, mais cette exception est aujourd'hui généralement rejetée. (*Henrion, Comp. des Juges de paix,* ch. 45. — *Carré,*
n.° 500, et art. 516, n.° 584.)

ARTICLE DIX.

« Dans les cas où la saisie-gagerie ne peut avoir
» lieu qu'en vertu de permission de justice, cette
» permission sera accordée par le juge de paix du
» lieu où la saisie devra être faite, toutes les fois
» que les causes rentreront dans sa compétence.

» S'il y a opposition de la part du tiers, pour

» des causes et pour des sommes qui , réunies,
» excèderaient cette compétence, le jugement en se-
» ra déféré aux tribunaux de première instance. »

Notices.

1. L'article qui précède est une conséquence de
l'art. 3, qui attribue aux juges de paix la connaissance des demandes en saisie-gagerie. Ils ont le
droit de délivrer la permission nécessaire pour y
procéder.

2. Ce sont les art. 819 et suivans qui déterminent
les cas où cette permission devient nécessaire.

(*Voir, au surplus, les notes et formules qui sont à la
suite de l'art. 3.*)

Formules diverses.

1. Requête pour obtenir la permission de saisir-gager.
2. Permission de saisir-gager.
3. Saisie-gagerie.

1. REQUÊTE POUR OBTENIR LA PERMISSION DE SAISIR-GAGER.

A M. le juge de paix du canton de. . . . ,

Louis P. . ., cultivateur-propriétaire, demeurant
à. . . , a l'honneur d'exposer

Que, par bail verbal du cours de janvier 18. . . ,
il a amodié au sieur François B. . ., cultivateur,
demeurant à. . . , un domaine situé à. . . , composé
de. . . , moyennant le rendage annuel de 100 fr. ;

Que depuis deux ans ce fermier ne lui a rien
payé encore de deux termes ou fermages qui sont

échus, et qu'il commence à enlever les meubles qui garnissent la maison habitée par lui; que, ne connaissant pas le lieu où ledit fermier transporte ses meubles et objets mobiliers, et se trouvant exposé à perdre la somme qui lui est due, par la difficulté de faire revendiquer, il est obligé, pour conserver ses garanties, de faire saisir-gager à l'instant même lesdits meubles et effets mobiliers existant audit domicile de son fermier;

En conséquence l'exposant recourt à ce qu'il plaise à M. le juge de paix dénommé,

Lui permettre de faire saisir-gager à l'instant même les meubles et effets mobiliers existant au domicile du sieur François B..., pour assurer le paiement de la somme qui est due audit exposant pour fermages échus de son domaine amodié, dont il est question ci-dessus, montant lesdits fermages à 200 fr. pour les deux années qui viennent de s'écouler. Et sera justice. (*Signature de l'exposant.*)

2. PERMISSION DE SAISIR-GAGER.

Nous, juge de paix du canton de..., soussigné,

Vu la requête ci-dessus, les art. 819 du Code de procédure, et l'art. 10 de la loi du 25 mai 1838, permettons au sieur Louis P..., auteur de ladite requête, de faire saisir-gager à l'instant les meubles et objets mobiliers existant au domicile du sieur François B...., son fermier, aux fins de cette requête.

A..., le...18... (*Signature du juge de paix.*)

5. SAISIE-GAGERIE.

L'an mil huit cent..., le..., à la requête du sieur Louis P..., cultivateur-propriétaire, domicilié à..., lequel élit domicile en la commune de... chez M. N..., maire de cette commune, y demeurant,

Je...., huissier.... soussigné,

En vertu de l'ordonnance rendue sur requête le.... par M. le juge de paix du canton de..., signifiée en tête de la copie des présentes,

Certifie m'être transporté, accompagné de mes deux témoins ci-après nommés, en la commune de..., au domicile du sieur François B..., cultivateur en ladite commune, où étant, en son domicile, et parlant à...,

Je lui ai fait itératif commandement, de par le roi, la loi et justice, de payer de suite au requérant, ès mains de moi, susdit huissier ayant charge et porteur de pièces, la somme de 200 fr., montant des fermages des deux années 18.... et 18.... du domaine du requérant amodié verbalement dans le cours de janvier 18..., situé ce domaine en ladite commune, sans préjudice des fermages à échoir et des frais d'exécution; déclarant audit François B.... qu'à défaut de payer cette somme, j'allais procéder à la saisie-gagerie des meubles et effets qui garnissent ladite maison et dépendances.

Et, ledit B..... ayant refusé de payer ladite somme, j'ai saisi-gagé et mis sous la main du roi, la loi et justice, les meubles et effets mobiliers existant audit domicile du sieur François B..... ce ainsi qu'il suit. (*Désignation des objets saisis.*)

J'ai ensuite sommé ledit François B..., parlant comme est dit, d'avoir à me fournir bon et solvable gardien. A quoi m'ayant répondu qu'il offrait de remplir cette charge, je l'ai, du consentement verbal du saisissant, établi à la garde desdits objets saisis, à charge de les reproduire quand par justice il en sera requis.

Si l'huissier établit un gardien lui-même, il continue ainsi :

Le saisi m'ayant exprimé des intentions contraires aux intérêts du saisissant, j'ai établi pour gardien desdits objets saisis, et du consentement du saisissant, le sieur François J..., manouvrier, domicilié à..., qui a promis de garder fidèlement ces objets (*comme ci-dessus*).

Si le saisi refuse de fournir gardien, ou ne peut le faire, c'est la même formalité à remplir que précédemment. On finit ainsi :

Et de tout ce que dessus j'ai rédigé le présent procès-verbal en présence des sieurs Claude F.... et François D..., tous deux manouvriers, demeurant à..., témoins requis, et soussignés avec moi, susdit huissier, à original et copies, après lecture.

Auquel effet j'ai laissé tant audit saisi qu'au gardien, étant et parlant comme est dit, copie séparée desdites requête, ordonnnance, et de mon présent procès-verbal, dont le coût est de....

(*Signature de l'huissier et des témoins.*)

Nota. Comme on ne peut procéder, à la suite d'une saisie de cette nature, à la vente des objets saisis qu'après
qu'elle est déclarée valable, l'indication du jour de cette
vente ne peut guère avoir lieu par le procès-verbal de saisie : cependant il faut, autant que possible, l'indiquer.

(*Voyez*, *au surplus*, *les formules qui sont à la suite
de l'art.* 3.)

ARTICLES ONZE ET DOUZE.

(*Voyez* 1.re *partie*, *au mot* Exécution provisoire.)

ARTICLES TREIZE ET QUATORZE.

(*Voyez* 1.re *partie*, *au mot* Appel; *et* 2.e *partie*,
chapitre 12.)

ARTICLE QUINZE.

« Les jugemens rendus par les juges de paix
» ne pourront être attaqués par la voie du recours
» en cassation que pour excès de pouvoir. »

ARTICLE SEIZE.

(*Voyez* 1.re *partie*, *aux mots* Audienciers, Concurrence.)

ARTICLE DIX-SEPT.

(*Voy.* 1.re *partie*, *au mot* Avertissement.)

ARTICLE DIX-HUIT.

(*Voyez* 1.re *partie*, *aux mots* Procureur fondé,
Amende.)

ARTICLE DIX-NEUF.

« En cas d'infraction aux dispositions des art. 16,

» 17 et 18, le juge de paix pourra défendre aux
» huissiers du canton de citer devant lui, pendant
» un délai de 15 jours à 3 mois, sans appel, et
» sans préjudice de l'action disciplinaire des tri-
» bunaux et des dommages et intérêts des parties,
» s'il y a lieu. »

ARTICLE VINGT.

(*Voyez* 1.re *partie, au mot* Brevet d'invention.)

ARTICLE VINGT-UN.

« Toutes les dispositions des lois antérieures
» contraires à la présente loi sont abrogées. »

Notice.

Il y a abrogation d'une loi,

1.° Lorsque les termes de la loi nouvelle sont
incompatibles avec ceux de la loi ancienne;

2.° Lorsque cette loi, offrant un système complet
sur une matière, ne reproduit pas certaines dispositions : elles sont, par cela même, réputées
anéanties;

3.° Lorsqu'il y a changement de système : alors
toutes les institutions et toutes les lois qui étaient
le développement ou les conséquences de l'ordre
de choses établi, disparaissent avec lui.

D'un autre côté, les lois spéciales ne sont pas
abrogées virtuellement par les lois générales posté-
rieures, par cela seul que celles-ci ne reproduisent
pas les dispositions des premières. (*Giraudeau,
Compétence,* 119.)

ARTICLE VINGT-DEUX.

« Les dispositions de la présente loi ne s'appli-
» queront pas aux demandes introduites avant sa
» promulgation. »

CHAPITRE II.

PROCÉDURES SUR QUELQUES LOIS PARTICULIÈRES
CONCERNANT LA COMPÉTENCE DES JUGES DE PAIX.

PROCÉDURES

RELATIVES AUX SCELLÉS.

« Les oppositions aux scellés pourront être faites
» soit par une déclaration sur le procès-verbal
» de scellés, soit par exploit signifié au greffier
» de la justice de paix. » (*Code de procédure,*
art. 926.)

« Toutes oppositions à scellés contiendront, à
» peine de nullité, outre les formalités communes
» à tout exploit,

» 1.º Election de domicile dans la commune ou
» dans l'arrondissement de la justice de paix où
» le scellé est apposé, si l'opposant n'y demeure
» pas ;

» 2.º L'énonciation précise de la cause de l'op-
» position. » (*Ibid.,* art. 927.)

« Si l'un des opposans avait des intérêts diffé-
» rens de ceux des autres, ou des intérêts con-
» traires, il pourra assister en personne ou par
» un mandataire particulier, à ses frais. » (*Ibidem*,
art. 934.)

« Les formalités pour parvenir à la levée des
» scellés, seront, 1.º une réquisition à cet effet,
» consignée sur le procès-verbal du juge de paix;

» 2.º Une ordonnance du juge, indicative des
» jour et heure où la levée sera faite;

» 3.º Une sommation d'assister à cette levée,
» faite au conjoint survivant, aux présomptifs hé-
» ritiers, à l'exécuteur testamentaire, aux léga-
» taires universels et à titre universel s'ils sont
» connus, et aux opposans.

» Il ne sera pas besoin d'appeler les intéressés
» demeurant hors de la distance de cinq myria-
» mètres; mais on appellera pour eux à la levée
» et à l'inventaire un notaire nommé d'office par
» le président du tribunal de première instance.

» Les opposans seront appelés aux domiciles par
» eux élus. » (*Code de procédure civile*, art. 931.)

Jurisprudence.

1. Le légataire universel, saisi de plein droit
d'après l'article 1006 du Code civil, n'est pas obligé
d'appeler les collatéraux à la levée des scellés apposés sur les effets de la succession. (*Dijon*, 30
frimaire an 12. — S., 4, 660. — P., 7, 490.) Mais
si l'annullation du testament était demandée, les

16

collatéraux seraient fondés à requérir la levée des scellés et l'inventaire.

2. La demande en main-levée de scellés, dirigée contre ceux qui ont fait apposer les scellés, doit être portée devant le juge du lieu où les scellés ont été apposés, plutôt que devant le juge du domicile des assignés. (*Paris*, 8 *mai* 1811.— S., 14, 160. — D., 9, 152. — P., 30, 182.)

3.Les tribunaux de commerce ne peuvent statuer sur une semblable demande, lors même qu'elle est connexe à la dissolution et au partage d'une société commerciale. (*Bruxelles*, 21 *juillet* 1812.)

Formules diverses.

1. Opposition aux scellés sur le procès-verbal.
2. Opposition aux scellés par exploit.
3. Opposition d'un héritier bénéficiaire.
4. Opposition à la levée des scellés par un intéressé en sous-ordre.
5. Sommation d'assister à la levée des scellés.

1. OPPOSITION AUX SCELLÉS SUR LE PROCÈS-VERBAL.

Par-devant nous, greffier de la justice de paix du canton de...., demeurant audit lieu, a comparu Félix Z...., propriétaire, demeurant à.... lequel a déclaré qu'il s'oppose formellement et expressément aux reconnaissance et levée de scellés apposés après le décès du sieur Louis P...., hors sa présence et sans qu'il y soit appelé, ce pour sûreté et garantie de la somme de..., qui lui est due sur la succession dudit défunt, pour prix de

denrées qu'il lui a livrées il y a un an, et dont il
a fourni mémoire.

Ledit opposant a en outre déclaré qu'il fait
élection de domicile (*indiquer ici le lieu d'élection
dans l'arrondissement de la justice où le scellé a
été apposé*), sous toutes réserves.

De laquelle opposition nous, greffier susdit,
sous toutes réserves également, avons donné acte
audit Félix Z. . . ., qu'il a signé avec nous, ce
présent jour, au greffe de ladite justice de paix
désignée, l'an mil huit cent. . . ., le. . . .

(*Signature du greffier et de l'opposant.*)

2. OPPOSITION AUX SCELLÉS PAR EXPLOIT.

L'an mil huit cent. . . ., le. . . ., à la requête du
sieur Félix Z. . . ., propriétaire, demeurant à. . . .,
lequel fait élection de domicile chez le sieur (*voir
à la première formule, pour l'élection de domicile*),

J'ai. . . ., huissier. . . . soussigné,

Signifié et déclaré au sieur François F. . . .,
greffier de la justice de paix du canton de. . . .,
en son domicile, audit lieu, parlant à. . . ., qui a
reçu copie du présent, qu'il a visé,

Que le sieur Félix Z. . . . s'oppose expressément,
par les présentes, à ce qu'il soit procédé en son
absence aux reconnaissance et levée de scellés
apposés par M. le juge de paix du canton de. . . .,
après le décès du sieur Louis P. . . ., demeurant
en son vivant à. . . . : ce pour sûreté et garantie
du paiement d'une somme de. . . . qui lui est due

à la charge de la succession de ce dernier, pour prix de denrées qu'il lui a livrées il y a un an, ainsi qu'il peut en justifier, sous toutes réserves de ses droits et actions.

J'ai en outre déclaré audit François F...., greffier dénommé, que le requérant proteste dès ce moment de nullité de tout ce qui pourrait être fait au préjudice de ses droits et de l'opposition dont ils sont l'objet, même de prendre à partie tous officiers publics qui passeraient outre. Dont acte, sous lesdites réserves et toutes autres de droit. Le coût est de....

(Signature de l'huissier.)

Visé par nous greffier de la justice de paix du canton de...., sur la présentation du sieur N...., huissier, qui nous a remis copie de l'acte ci-dessus.

Fait à.... le.... 18....

Signature du greffier.)

3. OPPOSITION D'UN HÉRITIER BÉNÉFICIAIRE.

L'an mil huit cent...., le...., à la requête du sieur Martin R...., médecin, demeurant à..... *(voir aux deux formules précédentes)*,

J'ai...., huissier.... soussigné,

Signifié au sieur François F...., greffier de la justice de paix du canton de...., demeurant en ce lieu, où étant, en son domicile, etc.,

Que le requérant s'oppose par le présent à ce qu'il soit procédé, hors sa présence et sans qu'il ait été appelé, à la reconnaissance et à la levée des scellés apposés au domicile où est décédé le sieur Léon N...., en son vivant négociant, demeurant à...., par M. le juge de paix du canton de....

Le requérant fonde son opposition sur ce qu'il est héritier bénéficiaire du sieur Léon N...., et qu'en cette qualité d'héritier bénéficiaire dudit défunt, il a des droits sur sa succession, droits qu'il tient à exercer et faire valoir devant qui de droit, et par toutes les voies légales.

Et j'ai déclaré audit F...., en outre, qu'à défaut par lui de surseoir et de s'arrêter à la présente opposition, il fera annuller tout ce qui pourrait être fait au préjudice de sesdits droits, et le rend lui-même dès à présent responsable de tout le préjudice qu'il pourrait ressentir, résultant du défaut d'avoir fait droit à la présente opposition. Dont acte, sous toutes réserves pour le requérant. (*Signature de l'huissier, et visa ensuite comme à la formule précédente.*)

4. OPPOSITION A LA LEVÉE DES SCELLÉS PAR UN INTÉRESSÉ EN SOUS-ORDRE.

L'an mil huit cent...., le...., à la requête du sieur Théodore A....., rentier, demeurant à...., lequel fait élection de domicile en la demeure de l'huissier soussigné (*ou dans un autre lieu*),

J'ai...., huissier.... soussigné,

Signifié au sieur Charles C...., greffier de la justice de paix du canton de...., demeurant en ce lieu, où étant, à son greffe, parlant à...., à qui j'ai remis copie du présent exploit, qu'il a visé,

Que le requérant, suivant acte obligatoire reçu M.ᵉ Maurice V...., notaire à.... en date du...., enregistré, expédié en forme exécutoire, est créancier d'un nommé Théophile G...., cultivateur, demeurant à...., d'une somme de 600 fr.;

Que ce même G.... est lui-même créancier de la succession du sieur Paul J...., décédé à...., d'une somme de 1,000 fr. ; par suite de quoi ledit requérant se trouvant autorisé à exercer les droits de son débiteur, il vient, par le présent acte, former opposition à la reconnaissance et levée de scellés apposés par M. le juge de paix du canton de...., au domicile dudit défunt Paul J...., sans qu'il soit présent ou qu'il ait été dûment appelé : le tout pour lui assurer le paiement de la somme de 600 fr. qui fait l'objet de l'obligation sus-énoncée; protestant ledit requérant de faire annuller tout ce qui serait fait au préjudice de la présente opposition, et tous frais, dépens, dommages et intérêts contre ledit greffier lui-même. Dont acte, sous toutes réserves. Le coût est de....

(*Signature de l'huissier.*)

(*Le visa comme à la deuxième formule.*)

5. SOMMATION D'ASSISTER A LA LEVÉE.

L'an mil huit cent...., le...., à la requête du sieur Benigne F...., agissant comme créancier du sieur Victor S...., décédé à...., au domicile duquel défunt il a été procédé à l'apposition de scellés le...., d'après la réquisition dudit F...., qui, à l'effet de ce que dessus, élit domicile à....., chez le sieur François R...., maire de cette commune (*ou autre lieu*),

J'ai...., huissier.... soussigné,

Pour donner suite à l'ordonnance de M. le juge de paix du canton de...., en date du...., rendue sur requête tendant à la levée des scellés apposés au domicile où est décédé ledit Victor F....,

Sommé, 1.º dame Jeanne-Françoise E......., veuve du sieur S...., à raison de la communauté de biens qui a existé entre elle et sondit mari, ladite veuve S....... propriétaire, demeurant à...., où étant, en son domicile, parlant à...., qui a reçu copie;

2.º Le sieur Emmanuel P...., héritier dudit S....,ʃetc.;

3.º M. Jules H...., notaire, demeurant à...., en qualité d'exécuteur testamentaire dudit S...., étant en son domicile...., etc.;

4.º M. Charles V...., aussi notaire, demeurant à...., nommé pour représenter le sieur Vincent S...., héritier absent dudit défunt...., etc.;

5.º Théodore A...., rentier, demeurant à...., comme créancier opposant, suivant exploit en date du...., étant au domicile par lui élu dans cet exploit, parlant à...., etc.

(*Désigner, s'il y a lieu, toutes autres personnes intéressées, comme légataires universels ou à titre universel, etc., etc.*),

D'avo ir à se présenter à....,le...,à.... heure

du...., au domicile où est décédé le sieur Victor S...., en son vivant demeurant audit lieu, et par-devant M. le juge de paix du canton de....,

A l'effet d'assister à la reconnaissance et levée de scellés apposés au domicile dudit défunt après son décès, lesquelles seront faites par M. le juge de paix dénommé ci-dessus; assister en même temps à l'inventaire descriptif et estimatif des objets qui se trouvent audit domicile, et à l'estimation de ceux qui sont susceptibles d'évaluation : déclarant auxdits dénommés intéressés, qu'à défaut par eux de satisfaire à cette sommation, il sera contre eux donné défaut, et procédé comme s'ils étaient présens.

Auquel effet j'ai auxdits sommés, parlant comme est dit, laissé à chacun séparément copie des requête et ordonnance présentée et rendue pour parvenir à ladite levée de scellés, et de mon présent exploit, dont le coût est de....

(*Signature de l'huissier.*)

CHAPITRE III.

PROCÉDURES

RELATIVES AUX CONSEILS DE FAMILLE.

ARTICLES 406, 407, 408 ET 411 DU CODE CIVIL.

« Le conseil de famille sera convoqué, soit sur » la réquisition et à la diligence des parens du

» mineur, de ses créanciers, ou d'autres parties
» intéressées, soit même d'office, et à la poursuite
» du juge de paix du domicile du mineur. Toute
» personne pourra dénoncer à ce juge de paix le
» fait qui donnera lieu à la nomination d'un tu-
» teur. » (Art. 406.)

« Le conseil de famille sera composé, non com-
» pris le juge de paix, de six parens ou alliés pris
» tant dans la commune où la tutèle sera ou-
» verte, que dans la distance de deux myriamètres,
» moitié du côté paternel, moitié du côté mater-
» nel, et en suivant l'ordre de proximité dans
» chaque ligne.

» Le parent sera préféré à l'allié du même de-
» gré; et, parmi les parens du même degré, le
» plus âgé à celui qui le sera le moins. » (Art. 407.)

« Les frères germains du mineur et les maris
» de sœurs germaines sont seuls exceptés de la li-
» mitation de nombre posée en l'article précédent.

» S'ils sont six ou au-delà, ils seront tous mem-
» bres du conseil de famille, qu'ils composeront
» seuls, avec les veuves d'ascendans et les ascen-
» dans valablement excusés, s'il y en a.

» S'ils sont en nombre inférieur, les autres pa-
» rens ne seront appelés que pour compléter le
» conseil. » (Art. 408.)

« Le délai pour comparaître sera réglé par le
» juge de paix à jour fixe, mais de manière qu'il
» y ait toujours entre la citation notifiée et le jour
» indiqué pour la réunion du conseil de famille
» un intervalle de trois jours au moins, quand

» toutes les parties citées résideront dans la com-
» mune ou dans la distance de deux myriamètres.

» Toutes les fois que, parmi les parties citées,
» il s'en trouvera de domiciliées au-delà de cette
» distance, le délai sera augmenté d'un jour par
» trois myriamètres. » (Art. 411.)

Jurisprudence.

1. Les personnes qui font partie d'un conseil
de famille peuvent se faire représenter par un
mandataire; mais ce fondé de pouvoir ne peut
représenter plus d'une personne.

2. C'est devant le juge de paix du domicile du
mineur que doit être prise la délibération du conseil de famille qui lui nomme un tuteur. (*Cour
de Turin*, 13 *mai* 1811. — *Denevers*, tome 10,
partie 11, page 95.)

3. On doit entendre par le domicile naturel du
mineur, celui qu'il a acquis au moment de l'ouverture de la tutèle, et non pas le domicile de son
tuteur décédé : tellement que l'article 408 désigne
pour la composition du conseil de famille des parens, alliés ou amis pris dans la commune où la
tutèle est ouverte : autrement, on pourrait soustraire les tuteurs à la surveillance des légitimes
conseils de famille. (*Cassation*, 23 *mars* 1819.)

4. La délibération du conseil de famille se forme
par la majorité absolue des suffrages. Celles qui
ne seraient établies que par la majorité relative
des votans sont nulles. (*Cour de Metz*, 16 *février*
1812.)

5. La disposition de l'art. 407 ne s'applique pas au cas où le mineur est un enfant naturel. On ne peut appeler des parens paternels et maternels qui n'existent pas : car un tel mineur n'a d'autres parens que ses père et mère qui l'ont reconnu. Ainsi son conseil de famille ne peut être composé que d'amis, attendu qu'on ne peut appeler une famille à délibérer sur l'état et les droits d'un enfant qu'elle n'a pas reconnu ; que d'ailleurs les enfans nés hors mariage n'ont d'autres parens que leurs père et mère, et n'ont point de famille. (*Cassation, 3 novembre* 1806.)

6. Si le conseil de famille est composé de plus de six parens ou alliés ayant tous délibéré, l'avis qu'ils ont donné est nul, ainsi que tout ce qui a pu s'ensuivre. (*Cour d'Amiens,* 11 *fructidor* an 13.)

7. Les membres d'un conseil de famille ne sont pas récusables, ni dans le cas d'être exclus de l'assemblée, parce qu'ils ont déjà donné leur avis sur l'objet soumis à la délibération, surtout si leur avis sur l'objet soumis à la délibération a été annullé. (*Cour de Paris,* 7 *floréal an* 13. *Journal du Palais,* tome 2, page 268.)

8. L'alliance ou affinité ne cesse pas par cela seul que l'époux dont elle provenait est décédé, s'il a laissé des enfans de son union avec l'époux survivant. Ainsi, dans ce cas, le mari veuf peut être appelé au conseil de famille des mineurs parens de son épouse. Il reste même leur allié, quoiqu'il passe à de secondes noces. (*Cour de cassation,* 16 *juillet* 1810.)

9. De même quoiqu'il n'existe pas d'enfans du premier mariage. (*Bruxelles*, 11 *juin* 1812.)

10. On peut indistinctement établir dans une délibération de famille les frères germains du côté paternel ou du côté maternel. (*Cour de cassation*, 10 *août* 1815.)

11. Si les frères germains, réunis aux beaux-frères germains et à leurs descendans, sont en nombre suffisant, ils peuvent former seuls le conseil de famille. (*Cour de Rouen*, 28 *août* 1809. — *Sirey*, tome 9, partie 2, page 385.)

12. On ne peut exclure d'un conseil de famille, sauf les cas prévus par la loi, des parens qui se présentent pour en faire partie, quoique domiciliés au-delà de la distance prescrite, pour leur préférer des amis qui sont sur les lieux. Dans ce cas l'ordre prescrit par la loi doit être observé. (*Cour de Besançon*, 26 *août* 1808.)

13. Il n'appartient qu'au juge de paix de convoquer des amis pour délibérer dans un conseil de famille en remplacement de parens, lorsqu'il n'y en a pas sur les lieux ou dans la distance prescrite, attendu que le choix des amis, nommément attribué au juge, ne peut être fait par les parties sans inconvénient et sans violer la loi. (*Cour de Besançon*, 9 *avril* 1808. — S., 1, 10, partie 2, pag. 158.)

14. Quoique la loi dise que les membres du conseil de famille seront cités, il n'y a point de nullité lorsqu'ils sont convoqués par lettres ou verbalement : cela est même désirable pour éviter

des frais. D'ailleurs le but de la loi est rempli lorsque les parens comparaissent. (*Cour de Caen* , 10 *décembre* 1810. Voyez au surplus les articles 12 et suivans du *Code civil.*)

ARTICLE 882 DU CODE DE PROCÉDURE.

« Lorsque la nomination d'un tuteur n'aura pas
» été faite en sa présence, elle lui sera notifiée à
» la diligence du membre de l'assemblée qui aura
» été désigné par elle. Ladite notification sera faite
» dans les trois jours de la délibération, outre un
» jour par trois myriamètres de distance entre le
» lieu où s'est tenue l'assemblée et le domicile du
» tuteur. »

Jurisprudence.

Si le tuteur ou le subrogé tuteur ont des raisons qui les dispensent de la tutèle, qu'ils veuillent s'en exempter, et qu'ils n'aient pas été présens à leur nomination, ils doivent requérir, dans les trois jours de la notification dont il est question ci-dessus, la convocation du conseil de famille sur cédule obtenue à cet effet.

ARTICLES 883 ET 884 DU CODE DE PROCÉDURE.

« Toutes les fois que les délibérations du con-
» seil de famille ne seront pas unanimes, l'avis de
» chacun des membres qui le composent sera men-
» tionné dans le procès-verbal.

» Le tuteur, subrogé tuteur ou curateur, même

» les membres de l'assemblée, pourront se pour-
» voir contre la délibération, sans qu'il soit néces-
» saire d'appeler en conciliation. » (Art. 883.)

« La cause sera jugée sommairement. » (Article
884.)

Jurisprudence.

1. La première disposition de l'article 883
n'est applicable qu'aux délibérations qui doivent
être soumises à l'homologation du tribunal. (*Metz*,
16 *février* 1812. — S., 12, 389. — P., 33, 156.)
Elle n'emporte pas l'obligation d'indiquer les motifs de chaque opinant. (*Cassation*, 17 *novembre*
1815.)

2. Toutes délibérations du conseil de famille
peuvent être attaquées devant les tribunaux par
les membres contre l'avis desquels la délibération
a été prise, même lorsqu'il s'agit d'une délibération pour laquelle l'homologation n'est pas exigée.
(*Angers*, 6 *août* 1819. — S., 20, 196. — D., 19,
12. — P., 57, 274.)

3. Quoique le tuteur ait été membre du conseil
de famille irrégulier qui avait prononcé unani-
mement l'émancipation de son mineur, il a encore
le droit d'attaquer cette délibération. (*Liége*, 4
janvier 1811.)

4. Une délibération du conseil de famille, ré-
gulière dans la forme, qui nomme un tuteur contre
lequel on n'allègue aucune cause d'incapacité ou
d'exclusion, ne peut être attaquée sous prétexte
qu'elle n'a pas été prise à l'unanimité des voix.

En d'autres termes, l'art. 883 ne s'applique pas aux délibérations du conseil de famille qui ont pour objet de nommer un tuteur. (*Paris,* 6 *octobre* 1814. — S., 15, 215. — D., 13, 185. — P., 43, 170.)

5. Le juge de paix est membre du conseil de famille, en ce sens, qu'il est un élément essentiel lors des délibérations, mais non en ce sens, qu'il doive être partie dans le procès sur la validité de ces délibérations. (*Cassation,* 29 *juillet* 1812. — S., 13, 32.)

ARTICLES 885 ET 886 DU CODE DE PROCÉDURE.

« Dans tous les cas où il s'agit d'une délibéra-
» tion sujette à homologation, une expédition de
» la délibération sera présentée au président, le-
» quel, par ordonnance au bas de ladite délibéra-
» tion, ordonnera la communication au ministère
» public, et commettra un juge pour en faire le
» rapport à jour indiqué. » (Art. 885.)

« Le procureur du roi donnera ses conclusions au
» bas de ladite ordonnance; la minute du jugement
» d'homologation sera mise à la suite desdites con-
» clusions sur le même cahier. » (Art. 886.)

Jurisprudence.

Le ministère public ne peut appeler d'un jugement qui homologue la délibération d'un con-
seil de famille. (*Cassation,* 26 *août* 1807. — S., 7, 437. — D., 437. — P., 20, 115.)

ARTICLE 887 DU CODE DE PROCÉDURE.

« Si le tuteur ou autre chargé de poursuivre
» l'homologation, ne le fait dans le délai fixé par
» la délibération, ou, à défaut de fixation, dans
» le délai de quinzaine, un des membres de l'as-
» semblée pourra poursuivre l'homologation contre
» le tuteur, et aux frais de celui-ci, sans répéti-
» tion. »

Jurisprudence.

Celui qui doit poursuivre l'homologation doit le
faire dans le délai fixé par la délibération : à défaut de quoi un membre du conseil de famille peut
poursuivre cette homologation contre le tuteur,
et aux frais de celui-ci.

ARTICLE 888 DU CODE DE PROCÉDURE.

« Ceux des membres de l'assemblée qui croiront
» devoir s'opposer à l'homologation, le déclare-
» ront, par acte extrajudiciaire, à celui qui est
» chargé de la poursuivre ; et s'ils n'ont pas été
» appelés, ils pourront former opposition au juge-
» ment. »

Formules diverses.

1. Cédule tendant à convocation d'une assemblée de famille sur réquisition.
2. Cédule à fin d'une convocation d'office.
3. Sommations aux personnes qui doivent composer le
conseil de famille.

4. Notification de l'avis du conseil de famille au tuteur nommé en son absence.

5. Cédule tendant à obtenir l'autorisation du conseil de famille à l'effet de délibérer sur une excuse du tuteur, subrogé tuteur, etc.

6. Assignation pour demander la réformation d'une délibération du conseil de famille qui n'a pas été unanime.

7. Requête pour obtenir l'homologation d'une délibération du conseil de famille (1).

8. Assignation tendant à obtenir l'homologation d'une délibération du conseil de famille contre le tuteur.

9. Opposition à l'homologation d'une délibération du conseil de famille.

10. Assignation tendant à faire déclarer non-recevable l'opposition à homologation.

1. CÉDULE TENDANT A CONVOCATION D'UNE ASSEMBLÉE DE FAMILLE SUR RÉQUISITION.

Nous, juge de paix du canton de...., arrondissement de....,

Ouï l'exposé qui nous a été fait par le sieur Léopold B...., avocat, demeurant à....,

Que le sieur Hippolyte B...., son frère, décédé en la commune de...., le...., a laissé deux enfans mineurs, issus de son mariage avec dame Eléonore F...., prédécédée : 1.° Charles B...., et 2.° Edouard B....;

(1) Il faut que la délibération du conseil de famille accompagne la requête dont il est question, et que ces deux pièces soient présentées ensemble, ou l'une à la suite de l'autre, au président du tribunal.

17

Qu'il ne reste à ses enfans mineurs aucun ascendant dans l'une et l'autre ligne; que dès-lors il devient nécessaire de convoquer les parens et amis desdits enfans mineurs, à l'effet de leur nommer un tuteur et un subrogé tuteur;

Sur la requête qui nous a été adressée par le sieur Léopold B...., tendant à obtenir cédule à l'effet de faire citer à comparaître par-devant nous, aux jour, lieu et heure qu'il nous plaira indiquer, les parens qui doivent composer le conseil de famille desdits mineurs, savoir : du côté paternel, 1.º Alexandre B..., leur oncle paternel; 2.º Michel B...., oncle paternel aussi; 3.º et Jules B...., cousin de la même ligne;

Du côté maternel, 4.º Philippe F...., oncle maternel : les quatre sus-nommés domiciliés dans la distance de cinq myriamètres de la commune de...., où demeurait le défunt B....; et à défaut d'un deuxième et troisième parens maternels domiciliés dans la même distance, 5.º le sieur Paul C..., et 6.º Alexis P...., tous deux demeurant à...., amis très-liés avec le père desdits mineurs pendant sa vie,

Mandons au sieur Louis T...., notre huissier audiencier, de, à la requête dudit sieur Léopold B...., citer les parens et amis sus-nommés desdits mineurs Charles et Edouard B...., à comparaître par-devant nous, en notre demeure, à...., le...., à.... heures du...., à l'effet de délibérer entre eux et avec nous sur la nomination d'un tuteur et d'un subrogé tuteur à ces deux mineurs.

Délivré à. . . . le. . . ., l'an 18. . .

(*Signature du juge de paix.*)

2. CÉDULE A FIN D'UNE CONVOCATION D'OFFICE.

Nous, juge de paix. . . , etc.,

Sur l'information que nous avons reçue du sieur Pierre R. . . ., que (*exposer ici les faits comme en la précédente formule*),

Mandons au sieur François G. . . ., notre huissier audiencier, de, à notre requête, citer à comparaître par-devant nous, en notre demeure, à. . ., le. . . ., à. . . . heure du (*désigner ici les personnes qui doivent composer le conseil de famille*), à l'effet de prendre délibération, conjointement avec nous, sur la nomination d'un tuteur et d'un subrogé tuteur auxdits mineurs.

Délivré à. . . . le. . . ., l'an 18. . . .

(*Signature du juge de paix.*)

3. SOMMATION AUX PERSONNES QUI DOIVENT COMPOSER
LE CONSEIL DE FAMILLE.

L'an mil huit cent. . . ., le. . . ., à la requête du sieur Léopold B. . . ., avocat, demeurant à. . . ., oncle paternel des sieurs Charles et Edouard B. . ., fils mineurs du sieur Hippolyte B. . . . et Eléonore F. . . ., mari et femme, tous deux décédés en la commune de. . . ., ledit requérant demeurant à. . . ., rue. . . ., où il fait et prend élection de domicile,

J'ai. . . ., huissier. . . . soussigné,

Agissant en vertu de la cédule de M. le juge de paix du canton de. . . . ., en date du. . . . ., cité, 1.º Alexandre B. . . , médecin, demeurant à. . . ., où étant, en son domicile, parlant à. . . .; 2.º Michel B. . . ., architecte, demeurant à. . . ., où étant, en son domicile, parlant à. . . .; 3.º Jules B. . . ., marchand épicier, demeurant à. . . ., où étant, en son domicile, parlant à. . . .; 3.º Jules B. . . ., etc.; 4.º Philippe F. . ., etc.; 5.º Paul C. . ., etc.; 6.º et enfin Félix P. . ., négociant, demeurant à. . ., où étant, en son domicile, parlant à. . . ., lesquels ont tous reçu copies, et chacun d'eux séparément, en parlant comme vient d'être dit,

A comparaître à. . . ., le. . . ., à. . . . heure du. . . ., par-devant M. le juge de paix du canton de cette ville, en sa demeure, audit lieu, rue. . . .,

Pour, conjointement avec ce magistrat, et sous sa présidence, composer le conseil de famille des mineurs Charles et Edouard B. . . ., dénommés ci-dessus, et procéder à la nomination d'un tuteur et d'un subrogé tuteur auxdits mineurs, pour administrer les biens de ceux-ci, et gérer leurs affaires en ces qualités, déclarant auxdits susnommés que, faute par eux de se présenter à cet effet par-devant M. le juge de paix désigné, ils seront condamnés à toutes les peines de droit, et remplacés par d'autres parens ou amis.

Dont acte. Le coût est de. . . .

(*Signature de l'huissier.*)

4. NOTIFICATION DE L'AVIS DU CONSEIL DE FAMILLE AU TUTEUR NOMMÉ EN SON ABSENCE.

L'an mil huit cent...., le...., à la requête du sieur Eléazar T...., mécanicien, demeurant à...., lequel a été désigné par la délibération dont il va être question pour la faire notifier, et qui élit domicile en sa demeure audit lieu,

J'ai...., huissier.... soussigné,

Notifié, et, en tête de celle des présentes, laissé copie au sieur Sébastien J...., propriétaire, demeurant à..., où étant, en son domicile, parlant à....,

D'une délibération du conseil de famille du sieur Pierre G...., fils mineur issu du mariage de Paul G.... et dame C...., tous deux décédés, reçue cette délibération par M. le juge de paix du canton de...., le...., enregistrée, et par laquelle ledit Sébastien J.... a été nommé tuteur dudit mineur,

A ce que ce dernier n'ignore de son contenu, et ait à s'y conformer.

Et à l'effet de ce que dessus, j'ai audit J...., parlant comme est dit, laissé copie tant de cette délibération que de mon présent exploit, dont le coût est de....

(*Signature de l'huissier.*)

5. CÉDULE TENDANT A OBTENIR L'AUTORISATION DU CONSEIL DE FAMILLE A L'EFFET DE DÉLIBÉRER SUR UNE EXCUSE DU TUTEUR, SUBROGÉ TUTEUR, ETC.

Nous, juge de paix du canton de...., soussigné,

Sur l'exposé qui nous a été fait par le sieur Sébastien J..., propriétaire, demeurant à..., que, par délibération du conseil de famille du sieur Pierre G...., mineur de Paul G.... et de dame C...., ses père et mère, décédés, cette délibération prise sous notre présidence le...., et par laquelle l'exposant a été nommé tuteur dudit mineur, suivant le procès-verbal de ce jour, qui lui a été signifié par exploit du...., et que, par une excuse bien légitime, il ne peut remplir ces fonctions, il nous requiert de lui délivrer cédule l'autorisant à convoquer le conseil de famille du mineur dénommé, et à faire citer les membres qui le composent à comparaître à...., par-devant nous, aux lieu, jour et heure que nous indiquerons, pour avoir à délibérer sur l'excuse qu'il proposera, l'admettre dans cette excuse, et nommer un autre tuteur audit mineur G....

Mandons et ordonnons au sieur Hippolyte D..., huissier audiencier à notre justice, de, à la requête dudit sieur Sébastien J...., citer les membres qui composent le conseil de famille dudit mineur G...., et dont les noms se trouvent en ladite délibération,

A comparaître par-devant nous à...., en notre

domicile, le...., à.... heure du...., pour ouïr exposer l'excuse dudit requérant, délibérer à ce sujet, et procéder aux fins de la requête dont l'exposé est ci-dessus.

Délivré à.... le.... 18....

(*Signature du juge de paix.*)

(*Voyez, pour la notification de la cédule qui précède, le modèle de citation qui est à la suite de la première convocation, page* 259.)

6. ASSIGNATION POUR DEMANDER LA RÉFORMATION D'UNE DÉLIBÉRATION DU CONSEIL DE FAMILLE QUI N'A PAS ÉTÉ UNANIME.

L'an mil huit cent...., le....,à la requête du sieur Jacques R...., propriétaire, demeurant à...., où il fait élection de domicile en sa demeure, et à.... (*désigner le lieu où siége le tribunal*), en l'étude de M.ᵉ B...., avoué près le tribunal civil séant en ce lieu, le sien constitué pour occuper sur les présentes,

J'ai...., huissier.... soussigné,

Donné assignation, 1.º (*donner ici les noms, professions et domiciles de ceux qui ont pris part à la délibération, et qui ont voté en faveur*),

A comparaître, dans le délai de huit jours francs, par-devant le tribunal civil séant à...., au palais de justice, pour procéder, après avoir constitué avoué, sur ce que le requérant expose

Que les défendeurs, en qualité de membres du conseil de famille du sieur Pierre G..., convoqués sous la présidence de M. le juge de paix du canton de..., le..., pour délibérer sur les moyens à employer pour éteindre une dette de 1,000 fr. dont se trouve chargée la succession des père et mère dudit mineur, ont statué qu'il y avait lieu de vendre une pièce de terre labourable sise à...., climat dit...., joignant...., etc.;

Que le prix des objets mobiliers faisant partie de ladite succession peut suffire en grande partie pour l'extinction de cette dette, et que l'emprunt de la faible somme qu'il y aurait à ajouter serait un moyen infiniment préférable à la vente d'un immeuble.

En conséquence le requérant conclut à ce qu'il plaise au tribunal

Ordonner que la délibération du conseil de famille du mineur G...., prise sous la présidence de M. le juge de paix du canton de...., enregistrée, sera rejetée purement et simplement; que le tuteur dudit mineur sera autorisé à vendre les meubles et objets mobiliers dépendant de la succession des père et mère de ce mineur, en observant les formes prescrites pour ces sortes de ventes, et à en verser le montant à l'acquit d'autant de la dette de 1,000 fr. dont il est question; qu'il sera autorisé en outre à emprunter, à un intérêt qui ne pourra pas excéder le 5 p. 0/0, la somme nécessaire pour compléter celle due, jointe audit prix de vente, et fixer un terme de quatre ans pour le remboursement de cette somme empruntée; hypothéquer même au besoin les immeubles appartenant au mineur, pour sûreté de ce remboursement ; et, en outre , procéder à l'égard des dépens.

Auquel effet j'ai auxdits sus-nommés assignés, parlant comme est dit, laissé copies du présent exploit, et à chacun séparément.

Nota. Cette demande est dispensée du préliminaire de conciliation.

7. REQUÊTE POUR OBTENIR L'HOMOLOGATION D'UNE DÉLIBÉRATION DU CONSEIL DE FAMILLE (1).

A M. le président du tribunal de...., etc.

Le sieur Sébastien J...., propriétaire, demeurant à...., a l'honneur de vous exposer

Que le conseil de famille du sieur Pierre M...., fils mineur du sieur Paul G...., dont ledit exposant est tuteur, vient, sous la présidence de M. le juge de paix du canton de...., de prendre une délibération dont il est obligé de demander l'homologation.

En conséquence il requiert à ce qu'il plaise à M. le président homologuer cette délibération dudit conseil de famille, pour être ensuite exécutée suivant sa forme et teneur, et vous ferez justice.

Présenté à.... le.... 18....

(*Signature de l'exposant.*)

(1) Il faut que la délibération du conseil de famille accompagne la requête dont il est ici question, et que ces deux pièces soient présentées ensemble, ou l'une à la suite de l'autre, au président du tribunal.

8. ASSIGNATION TENDANT A OBTENIR L'HOMOLOGATION D'UNE DÉLIBÉRATION DU CONSEIL DE FAMILLE CONTRE LE TUTEUR.

L'an mil huit cent...., le...., à la requête du sieur Victor G...., propriétaire, demeurant à...., lequel constitue pour son avoué afin de suivre sur les présentes, M.ᵉ Charles T...., avoué près le tribunal civil séant à...., demeurant en cette ville,

J'ai...., huissier... soussigné,

Donné assignation au sieur Sébastien J...., propriétaire, demeurant à..., où étant, en son domicile, parlant à....

A comparaître, dans le délai de huit jours francs, par-devant le tribunal civil séant à...., au palais de justice, rue...., etc., pour ouïr exposer

Que le défendeur a été nommé tuteur du sieur Pierre G...., mineur du sieur Louis G...., suivant une délibération du conseil de famille de ce mineur, dont ledit requérant faisait partie, prise sous la présidence de M. le juge de paix du canton de...., le...., enregistrée;

Que, par une autre délibération du même conseil de famille en date du...., il a été décidé qu'une propriété appartenant audit mineur serait vendue pour acquitter ses dettes, et que l'homologation de cette délibération devait être poursuivie dans le délai de quinze jours, suivant la fixation qui y était faite; que ce délai est écoulé, et que ledit tuteur n'a pas encore fait prononcer cette homologation;

En conséquence, et par ces motifs, ouïr dire et ordonner que la délibération sus-énoncée sera homologuée pour être mise à exécution dans toutes ses dispositions, et procéder à fin de dépens, qui seront à la charge personnelle dudit tuteur assigné.

Auquel effet j'ai audit défendeur, parlant comme est dit, délivré copie de mon présent exploit, dont le coût est de....

(Signature de l'huissier.)

9. OPPOSITION A L'HOMOLOGATION D'UNE DÉLIBÉRATION DU CONSEIL DE FAMILLE.

L'an mil huit cent...., le...., à la requête du sieur André F...., cultivateur, demeurant à...., agissant en qualité de membre du conseil de famille du sieur Pierre G...., lequel requérant élit domicile en sa demeure,

J'ai...., huissier.... soussigné,

Signifié et déclaré au sieur Sébastien G...., tuteur dudit mineur dénommé, fils de feu Paul G...., et de Pauline C.... son épouse, tous deux décédés, chargé, ledit tuteur, de poursuivre l'homologation d'une délibération du conseil de famille en date du...., suivant ce même acte, étant en son domicile, parlant à....;

Que ledit requérant s'oppose expressément à l'homologation, hors sa présence, de la délibération du conseil de famille du mineur G...., prise

le...., sous la présidence de M. le juge de paix
du canton de...., par laquelle ledit Sébastien
G.... a été autorisé à vendre une propriété appartenant audit mineur, lui déclarant qu'au cas
où il poursuivrait cette homologation à son insu
et en son absence, ledit requérant se pourvoira
contre lui par toutes les voies de droit, et qu'il le
rend dès ce jour responsable de toutes les nullités
de ce qui serait fait au préjudice de la présente
opposition.

Auquel effet j'ai audit Sébastien G...., étant
et parlant comme est dit ci-dessus, laissé copie de
mon présent exploit, dont le coût est de....(1).

(Signature de l'huissier.)

10. ASSIGNATION TENDANT A FAIRE DÉCLARER NON-RECEVABLE L'OPPOSITION A HOMOLOGATION.

L'an mil huit cent...., le...., à la requête du
sieur Sébastien G...., propriétaire, demeurant
à...., agissant comme tuteur de Pierre G....,

---

(1) Les membres du conseil de famille qui n'ont pas été
d'avis d'une délibération prise, peuvent former opposition
à l'homologation par un acte extrajudiciaire dont le modèle précède.

Si l'opposant n'était pas appelé pour voir prononcer sur
l'homologation, il pourrait s'opposer au jugement qui in-
terviendrait sans son concours.

Les règles générales pour les délais doivent être obser-
vées, et l'on procède comme en matière sommaire.

Le genre d'action dont il s'agit est dispensé du préliminaire de conciliation.

mineur issu du mariage de Paul G. . . . et de dame
C. . . ., ses père et mère, tous deux décédés ; lequel
constitue pour avoué afin de suivre sur les présentes, M.ᵉ Charles P. . . ., avoué près le tribunal
civil séant à. . . ., demeurant en cette ville,

J'ai. . . ., huissier. . . . soussigné,

- **Donné assignation** au sieur André F. . . ., cultivateur, demeurant à. . ., où étant, en son domicile, parlant à. . . ., qui a reçu copie du présent,

A comparaître, dans le délai de huit jours
francs (1), à. . . ., par-devant le tribunal de première instance séant en ladite ville, au palais de
justice, lieu ordinaire des audiences. . . , rue. . . .,
n.°. . . .,

Pour voir dire que, sans égard à l'opposition
qui a été formée par ledit André F. . . à l'homologation d'une délibération du conseil de famille du
mineur G. . . ., en date du. . . ., par les motifs (*dé-*
duire ici les motifs de l'opposition); et, attendu qu'ils
ne sont nullement fondés, cette délibération sera
homologuée pour être exécutée suivant sa forme
et teneur; se voir en outre, ledit F. . . ., condamner aux dépens de l'instance.

Auquel effet j'ai audit André F. . . ., étant et
parlant comme ci-dessus, laissé copie de mon
présent exploit, dont le coût est de. . . .

(Signature de l'huissier.)

(1) A moins qu'on n'ait obtenu la permission d'assigner
à bref délai, comme la demande peut en être formée.

CHAPITRE IV.

DES OCTROIS.

Les contestations en matière d'octroi sont de deux natures, et donnent lieu à deux genres d'action différens.

Les unes sont purement civiles, et sont de la compétence du juge de paix comme tribunal civil; les autres, qui donnent lieu à des amendes, sont de la compétence du tribunal de simple police, ou de police correctionnelle, suivant leur importance. Nous ne nous occuperons ici des lois qui régissent cette matière qu'en ce qui y est relatif à la compétence des juges de paix comme juges civils. Nous reporterons au chapitre des attributions du tribunal de simple police tout ce qui rentre dans la compétence de ces tribunaux.

« Les contestations civiles qui pourront s'élever
» sur l'application du tarif, ou sur la quotité des
» droits exigés par les receveurs des octrois mu-
» nicipaux et de bienfaisance, créés par les lois
» existantes, ou qui pourraient être créés dans les
» diverses communes pour l'acquit de leurs dé-
» penses locales, celles des hospices civils et se-
» cours à domicile, seront portées devant le juge
» de paix de l'arrondissement, à quelque somme
» que le droit contesté puisse s'élever, pour être
» par lui jugées sommairement et sans frais, soit

» en dernier ressort, soit à la charge de l'appel,
» suivant la quotité de la somme.» (*Loi du 2*
» *vendémiaire an* 8, art. 1.ᵉʳ)

« Les contestations qui pourront s'élever sur
» l'application du tarif ou sur la quotité des droits
» exigés par les receveurs d'octroi, seront portées
» devant le juge de paix dans l'arrondissement du-
» quel siége la municipalité, à quelque somme
» que le droit contesté puisse s'élever, pour être
» par lui jugées sommairement et sans frais, soit
» en dernier ressort, soit à charge d'appel, suivant
» la quotité du droit réclamé. » (*Loi du 27 fri-*
maire an 8.)

« Nonobstant les dispositions de l'art. 95 du
» décret du 15 avril 1811, qui attribue à l'au-
» torité administrative les contestations en ma-
» tière de contribution indirecte, lesdites contesta-
» tions seront portées devant les tribunaux pour
» ce qui concerne les octrois et les droits sur les
» consommations, conformément aux lois du 2
» vendémiaire an 8, et à l'art. 88 de la loi du 5
» ventôse an 12. » (*Décret du 22 décembre*
1812) [1].

Jurisprudence et législation.

1. La connaissance des contestations qui s'élèvent
entre les adjudicataires des octrois et les particu-

---

(1) Ce décret rapporte celui du 15 avril 1811, qui, par
son article 95, attribuait à l'autorité administrative la connaissance du contentieux en matière d'octroi.

liers, relativement à la perception du droit d'octroi, est attribuée aux juges de paix, et non à l'autorité administrative.

2. Le décret qui charge l'administration des droits réunis de la perception des octrois, ne change rien à la manière de constater et de juger les contraventions qui ont lieu en ces matières. (*Cassation*, 8 *février* 1812.)

3. C'est devant le tribunal du lieu de la rédaction du procès-verbal, que l'action en matière d'octroi doit être intentée. (*Ordonnance du roi du* 9 *décembre* 1814, art. 78.)

4. S'il s'élève une contestation sur l'application du tarif ou sur la quotité du droit réclamé, le porteur ou conducteur sera tenu de consigner avant tout le droit exigé entre les mains du receveur de l'octroi, faute de quoi il ne pourra passer outre ni introduire dans le lieu sujet l'objet qui aura donné lieu à la contestation, sauf à lui à se pourvoir devant le juge de paix du canton ; il ne pourra être entendu qu'en représentant la quittance de ladite consignation au juge de paix, lequel prononcera sommairement et sans frais, soit en dernier ressort, soit à charge d'appel, suivant la quotité du droit réclamé. (*Ibidem,* art. 81.)

5. Tout porteur ou conducteur d'objets de consommation compris dans le tarif, sera tenu d'en faire la déclaration au bureau de la recette, et d'en acquitter les droits, avant de pouvoir les faire entrer dans la commune de Paris. Toute contravention à cet égard sera punie d'une amende du

double droit. (*Loi du* 27 *vendémiaire an* 7 , art. 10.)

6. Les tarifs et règlemens faits par les conseils municipaux pour les octrois, ont force de loi si le gouvernement les a approuvés : les tribunaux ne peuvent donc se dispenser de les prendre pour règles de leurs décisions. (*Inst. du ministre de la justice du* 14 *germinal an* 10.)

7. Un particulier saisi par un préposé de l'octroi soutient qu'il n'est pas assujetti au droit : le juge de paix est-il compétent? Résolu affirmativement, attendu que, d'après l'art. 13 de la loi du 17 frimaire an 8, les juges de paix sont compétens pour décider toutes contestations qui peuvent s'élever sur l'application du tarif ou sur la quotité des droits exigés par le receveur. (*Décret du* 10 *août* 1809.)

8. L'amende encourue pour droit d'octroi ne peut être jugée que par les tribunaux de police : ainsi un tribunal civil ne peut l'appliquer sans violer l'art. 7 de la loi du 27 vendémiaire an 8. A cet égard l'incompétence est absolue, et à raison de la matière : ainsi elle peut être proposée pour la première fois même en cassation. (*Cassation,* 26 *novembre* 1810.)

9. Les procès-verbaux des préposés aux octrois font foi, jusqu'à inscription de faux, des contraventions qu'ils constatent, encore qu'ils ne soient rédigés et signés que par un seul préposé. On ne peut appliquer à ces procès-verbaux les règles générales établies par l'ordonnance de 1667, ni celles

18

prescrites pour les procès-verbaux en matière de douanes. A cet égard les lois concernant les octrois sont seules à consulter. Encore qu'un procès-verbal soit nul, le prévenu ne doit pas être acquitté si la contravention est suffisamment établie de toute autre manière légale, soit par l'existence des objets saisis, soit par des témoins, soit par l'aveu des prévenus. (*Circulaire du ministre de la justice du* 14 *germinal an* 10.)

10. Les contestations civiles pour des faits relatifs aux octrois sont de la compétence du juge de paix, et non du juge de police. L'ordonnance du 9 décembre 1814 n'a rien changé à cet égard aux règlemens précédens. (*Cour de Rouen,* 2 *janvier* 1819.)

11. Les poursuites doivent être dirigées au nom des fermiers ou régisseurs si l'octroi est en ferme ou en régie intéressée, et au nom du maire si la perception est faite pour le compte de la commune. Les employés de la régie n'ont pas caractère pour agir dans les instances qui concernent exclusivement l'octroi, même lorsqu'ils ont concouru aux saisies. (*Mémorial du contentieux des contributions indirectes,* tom. 3, page 375.)

12. La législation particulière aux octrois ne contenant pas, comme celle de la régie, des dispositions qui fixent les délais après lesquels la prescription est acquise soit aux redevables pour les droits, soit aux communes pour les restitutions, il en résulte que le délai pour la prescription en matière d'octroi est régi par le droit commun,

qu'ainsi il est de 30 ans. (*Code civil,* art. 2227 et
2262. — *Opinion de la régie.*)

Observations.

Au nombre des actions civiles qui peuvent être
intentées devant le juge de paix en matière d'octroi, il n'en est guère que de deux genres qui sont
susceptibles, par leur nature, de se présenter souvent, savoir : l'action des communes contre les
particuliers pour réclamation d'un droit qui n'aurait pas été ou qui aurait été mal perçu, et l'action
des particuliers contre l'administration de l'octroi
tendant à obtenir la restitution de sommes qui
auraient été indûment perçues : nous donnerons
seulement une formule pour chacun de ces cas.
Quant aux autres qui pourraient se présenter, on
suivra les mêmes formes, à la différence de l'exposé et des conclusions.

Formules diverses.

1. Réclamation d'une augmentation de droits contre un
   particulier.
2. Demande en restitution d'une somme perçue au-delà
   de celle fixée par les taxes.

1. RÉCLAMATION D'UNE AUGMENTATION DE DROITS CONTRE UN PARTICULIER.

L'an mil huit cent..., le..., à la requête du
sieur Charles B..., propriétaire, demeurant à...,
agissant en qualité d'adjudicataire de l'octroi de
la ville..., suivant procès-verbal en date du...,

dressé à. . . . [*Désigner ici la mairie ou la préfecture où l'adjudication a été tranchée*] (1),

J'ai. . . ., huissier. . . . soussigné,

Cité le sieur Théodore V. . ., marchand-boucher,
demeurant à. . ., où étant, en son domicile, parlant à. . . ., qui a reçu copie des présentes,

A comparaître à. . . (2), par-devant M. le juge
de paix du canton de cette ville, en la salle ordinaire des audiences, rue. . ., n.º. . ., le. . ., à. . . .
heures du matin, pour ouïr exposer

Que, le premier du mois courant, le citant, en-
trant dans la ville de. . . deux bœufs gras, s'est présenté au bureau de l'octroi, où il a acquitté, pour droit
d'entrée sur ces bestiaux, une somme de 90 f.; mais
que c'est par erreur qu'on n'a exigé de lui que cette
somme, puisque les taxes établies pour la perception fixent à 60 f. le droit d'entrée par chaque
pièce de gros bétail, ce qui fait une différence de
30 f. au préjudice de l'octroi; qu'ayant invité plusieurs fois le cité à payer ce supplément de droit,
il s'y est constamment refusé : ce qui oblige le requérant à se pourvoir et conclure à ce qu'il plaise
à M. le juge de paix

Condamner ledit V. . . . à lui payer, pour sup-

(1) L'intitulé qui précède doit avoir lieu quand la régie
est en ferme ou en adjudication. Mais si la perception est
faite au compte de la commune, on doit intituler de la
manière suivante : A la requête des habitans de la ville
de. . . ., agissant par le fait de M. N. . . ., leur maire, etc.

(2) C'est devant le juge de paix du lieu où est établi le
bureau d'octroi, que la citation doit être donnée.

plément de droit sur les deux bœufs qu'il a entrés en la ville de. . ., la somme de 30 fr., qui reste due pour compléter celle de 120 fr. qui devait être versée, et à compte de laquelle il n'a été payé que 90 fr., ainsi qu'il est expliqué ci-dessus; condamner en outre ledit cité aux intérêts sur ladite somme de 30 fr. à dater de ce jour, et aux dépens. Dont acte. Le coût est de. . . . .

(Signature de l'huissier.)

NOTA. Pour procéder régulièrement, il est utile de donner en tête de la citation qui précède un extrait des taxes concernant les objets à propos desquels la réclamation est faite.

2. DEMANDE EN RESTITUTION D'UNE SOMME PERÇUE AU-DELA DE CELLE FIXÉE PAR LES TAXES.

L'an mil huit cent. . ., le. . ., à la requête du sieur Théodore V. : . . ., marchand-boucher, demeurant à. . . ., y patenté de. . . . classe, n.º. . . ., le. . . .,

J'ai. . . ., huissier. . . . soussigné,

Cité le sieur Charles B. . . ., receveur et adjudicataire-fermier de l'octroi de la ville de. . ., demeurant en cette ville, où étant, en son domicile, et parlant à. . . ., qui a reçu copie du présent acte (1),

A comparaître à. . ., le. . ., par-devant M. le juge de paix du canton de. . . ., etc., pour ouïr exposer

Que le requérant a payé au cité, comme adjudicataire de l'octroi de la ville de. . . ., le. . . ., la somme de 1,500 fr. pour droit d'entrée sur vingt

(1) Si la perception se fait au compte de la commune, et qu'on cite le maire, on doit lui faire viser l'original.

bœufs qu'il entrait le..., dans la ville de..., bien qu'il ne soit dû, d'après le tarif de l'octroi de ladite ville, que 60 f. par chaque bœuf : ce qui établit une différence de 300 fr. entre la somme due et celle versée; que cette somme de 300 fr. doit lui être restituée par ledit adjudicataire dudit octroi, qui refuse de le faire ;

Et, en conséquence de ces motifs, s'ouïr condamner, le cité, à payer audit requérant la somme de 300 f. qu'il lui doit restituer pour l'avoir perçue au-delà de ce qui était dû pour droit d'entrée sur les bœufs dont il est question ci-dessus; s'entendre en outre condamner aux intérêts sur cette somme à dater de ce présent jour, et aux dépens. Dont acte. Le coût est de....   (*Signature de l'huissier.*)

Nota. La réclamation qui fait l'objet de la citation ci-dessus, quoique d'une somme de 300 fr., est de la compétence des juges de paix d'après les lois des 2 vendémiaire et 27 frimaire an 8, qui portent que les contestations civiles en matière d'octroi seront de la compétence des juges de paix, à quelque somme que le droit contesté puisse s'élever, soit en dernier ressort, soit à la charge d'appel, suivant la quotité des sommes réclamées, c'est-à-dire en dernier ressort jusqu'à 100 fr., et à charge d'appel quand les causes de la demande excèdent cette somme.

CHAPITRE V.

DES DOUANES.

1. Les juges de paix connaîtront, en première instance, des saisies et affaires concernant les douanes. (*Loi du* 4 *germinal an* 11, art. 12, titre 3.)

2. Les tribunaux de paix qui connaissent en première instance des saisies, jugeront également de cette manière les contestations concernant le refus de payer les droits, le non-rapport des acquits à caution, et les autres affaires relatives aux douanes. (*Loi du* 14 *fructidor an* 3, art. 10.)

3. La loi du 9 floréal an 7 confirme ces dispositions.

4. C'est aux juges de paix, et non aux tribunaux de première instance, à connaître des actions civiles concernant les douanes, encore qu'elles n'aient lieu que sur opposition à contraintes visées par le juge de paix. (*Cassation,* 8 *décembre* 1810.)

5. Les jugemens rendus en ces matières sont susceptibles d'appel comme tous les autres jugemens. (*Cassation,* 15 *frimaire an* 10.)

6. C'est le juge de paix du lieu le plus près du bureau où les marchandises sont déposées, qui doit connaître de la contravention.

Nota. Nous n'en dirons pas davantage sur cette matière, parce que le ministère des huissiers n'est pas exigé pour les affaires de douanes, et que les actes de cette procédure doivent se faire par les préposés.

CHAPITRE VI.

CÉDULES, REQUÊTES,
ET FORMULES D'ACTES DIVERS.

ARTICLE 4 DU CODE DE PROCÉDURE.

« La citation sera notifiée par l'huissier de la
» justice de paix du domicile du défendeur, en cas
» d'empêchement par celui qui sera commis par
» le juge. »

CÉDULE QUI COMMET UN HUISSIER A CAUSE D'EMPÊCHE-
MENT DE L'HUISSIER ORDINAIRE.

Nous, juge de paix du canton de...., arrondissement de...., soussigné,

Sur ce qui nous a été exposé par le sieur Hippolyte R...., menuisier, demeurant à...., que le sieur François D...., rentier, demeurant au même lieu, lui doit une somme de 100 fr. pour prix de divers travaux qu'il lui a faits dans le cours de la présente année, et qu'il ne peut avoir paiement de cette somme;

Que la parenté de l'huissier le seul exerçant devant notre justice de paix, avec l'exposant (*ou autres motifs*), ne lui permet pas de citer à la requête de celui-ci,

Mandons à M. Louis P...., huissier à...., que nous commettons à cet effet, de citer le sieur François D...., dénommé ci-dessus, à comparaître par-devant nous le...., à.... heures du matin, au lieu ordinaire de nos audiences, rue...., n.º...., pour s'entendre condamner à payer au sieur Hippolyte R..., auteur de l'exposé ci-dessus, la somme de 100 fr., qu'il lui doit pour les causes y exprimées, avec les intérêts à dater de ce jour, et les dépens.

Fait et délivré à.... le....18....

(Signature du juge de paix.)

Nota. L'huissier, pour appeler les parties en vertu de cédules, n'est tenu qu'à notifier ces cédules, qui doivent toujours comporter les motifs de la demande et les conclusions.

ARTICLE 6 DU CODE DE PROCÉDURE.

« Dans les cas urgens le juge donnera une
» cédule pour abréger les délais, et pourra per-
» mettre de citer même dans le jour et à l'heure
» indiqués. »

CÉDULE POUR ABRÉGER LES DÉLAIS DE CITATION.

Nous, juge de paix du canton de...., sous-signé,

Sur l'exposé qui nous a été fait par le sieur Pierre J...., propriétaire, domicilié à...., que le sieur Charles P...., sans profession, demeurant au même lieu, lui doit une somme de 150 fr., qu'il lui a prêtée verbalement, il y a six mois, par pure obligeance et sans aucun intérêt, à charge par le dernier de rendre cette somme dans les quinze jours de la date du prêt;

Que ledit Charles P... est sur le point de partir du lieu qu'il habite, et que si ledit exposant apporte le moindre retard à obtenir jugement contre lui, il court risque de perdre sa créance;

Que, par ces motifs, il demande à pouvoir le citer à bref délai,

Mandons à l'huissier N...., audiencier de notre justice de paix, de citer ledit Charles P...., dénommé ci-dessus, à paraître aujourd'hui à midi en notre hôtel, sis à...., rue...., etc., pour s'entendre condamner à payer audit exposant la somme de 150 fr., qui est due par suite du prêt expliqué ci-dessus, et, en outre, aux dépens de l'instance.

Fait et délivré à.... le...., à.... heures du matin. (*Signature du juge de paix.*)

CHAPITRE VII.

DE LA COMPARUTION

PAR FONDÉ DE POUVOIRS.

« Au jour fixé par la citation, ou convenu entre » les parties, elles comparaîtront en personne ou » par leurs fondés de pouvoirs, sans qu'elles puis-

» sent faire signifier aucune défense. » (*Code de procédure,* art. 9.)

« Les parties ou leurs fondés de pouvoirs seront
» entendus contradictoirement. La cause sera ju-
» gée sur-le-champ ou à la première audience.
» Le juge, s'il le croit nécessaire, se fera remettre
» les pièces. » (*Ibid.,* art. 13.)

Modèles.

1. Pouvoirs du demandeur pour paraître à l'audience.
2. Pouvoirs du défendeur pour paraître à l'audience.

1. POUVOIRS DU DEMANDEUR POUR PARAITRE A L'AUDIENCE.

Je, soussigné, Louis F. . . ., rentier, demeurant
à. . . ., constitue pour mon mandataire spécial le
sieur Félix R. . . ., propriétaire, demeurant à. . . .
(*ou bien laisser le nom du mandataire en blanc*),

Auquel je donne pouvoir de, pour moi et en
mon nom, paraître à la justice de paix du canton
de. . . ., pour soutenir la demande que, par exploit
de l'huissier N. . . ., en date du. . . ., j'y ai intro-
duite contre le sieur Paul B. . ., sculpteur, demeurant à. . . ., afin de le faire condamner à me payer
(*ou tous autres motifs*) la somme de 200 fr. qu'il
me doit. A cet effet j'autorise mondit mandataire à
plaider, conclure, déduire tous moyens, demander
et obtenir tous actes, offrir et faire toutes preuves,
réduire ou augmenter la demande, obtenir jugement, le faire signifier, le faire mettre à exécu-

tion, toucher tous deniers, recevoir et donner quittance, appeler du jugement à intervenir, procéder sur ledit appel, constituer avoué et avocat, les changer, en constituer d'autres, même substituer le présent pouvoir en tout ou partie, faire enfin ce que les circonstances peuvent exiger, promettant de l'avoir pour agréable et de le ratifier, et aussi d'indemniser mondit mandataire de tous déboursés et démarches.

Fait à. . . . le. . . . 18. . . .

(*Signature du mandant.*)

Nota. Le mandataire qui n'écrit pas le mandat, doit mettre de sa main, au-dessus de la signature : *J'approuve le mandat ci-dessus, quoique non écrit de ma main.*

2. Pouvoirs du défendeur pour paraitre a l'audience.

Je, soussigné, Claude-François R. . ., marchand d'étoffes, domicilié à. . . ., donne pouvoir de, pour moi et en mon nom, au sieur Frédéric G. . . ., peintre, demeurant à. . . ., comparaître à la justice de paix du canton de. . . ., pour répondre sur la citation qui m'a été donnée à la requête du sieur Ferdinand P. . . ., suivant exploit en date du. . . ., présenter toutes observations pour ma défense, nommer au besoin tous experts ou arbitres, assister à leurs opérations, transiger, compromettre, signer tous procès-verbaux, et faire, en un mot, tout ce qui peut m'être nécessaire, m'obligeant de lui payer toutes démarches et salaires, et lui rembourser toutes avances.

Fait à.... le.... 18....

(Signature du mandant.)

NOTA. Si le mandat est pour paraître dans un autre canton, on doit faire viser la signature du mandant par le maire de la commune qu'il habite.

Le mandat, qui doit être donné sur papier timbré, peut cependant l'être aussi par lettre; mais dans ce dernier cas la lettre doit être visée pour valoir timbre.

CHAPITRE VIII.

DES PROCÉDURES

SUR JUGEMENS INTERLOCUTOIRES.

1. Il y a une distinction à faire entre les jugemens interlocutoires et les jugemens préparatoires.

2. Le jugement préparatoire est celui qui ne fait que régler la procédure afin de préparer le procès à recevoir jugement définitif, en ordonnant une mesure préliminaire qui ne préjuge rien sur le fond, parce qu'elle ne manifeste en aucune manière l'opinion du tribunal sur l'objet ou la matière du procès.

Il suit de là que tout jugement de simple instruction, qui ordonne que telle ou telle formalité que la loi prescrit, ou qu'elle permet d'employer, sera remplie, est un jugement préparatoire. On qualifiera donc de la sorte un jugement qui prononcerait la continuation ou le renvoi de la cause d'une audience à une autre.

Quant aux jugemens interlocutoires, ils sont réputés de cette nature lorsqu'ils préjugent sur le fond, soit par l'instruction qu'ils ordonnent, soit par toute antre décision qu'ils prononcent. De sorte que, pour déterminer si l'on doit assigner ce caractère à un jugement, on doit, quel que soit l'objet sur lequel il statue, ou la mesure qu'il ordonne, s'attacher à ce point unique. Préjuge-t-il sur le fond? c'est-à-dire, manifeste-t-il l'opinion du tribunal sur les droits prétendus par les parties, et qui seront la matière de la décision définitive? C'est alors que l'appel est recevable avant le jugement définitif, pourvu que ce jugement n'ait pas acquis force de chose jugée par l'expiration du délai ou par acquiescement. Dans le cas contraire on ne peut en appeler qu'après le jugement définitif. (*Traité de M. Carré*, n.° 2281.)

« Si le jugement ordonne une opération par des » gens de l'art, le juge délivrera à la partie re- » quérante cédule de citation pour appeler les ex- » perts. Elle fera mention du lieu, du jour, de » l'heure, et contiendra le fait, les motifs et la » disposition du jugement relative à l'opération » ordonnée. » (*Code de procédure*, art. 29.)

« Si l'objet de la visite ou de l'appréciation exige » des connaissances qui sont étrangères au juge, » il ordonnera que les gens de l'art qu'il nommera »'par le même jugement, feront la visite avec lui,

» donneront leur avis. Il pourra juger sur le lieu
» même, sans désemparer. Dans les causes sujettes
» à l'appel, procès-verbal de la visite sera dressé
» par le greffier, qui constatera le serment prêté
» par les experts; et si les experts ne savent ou ne
» peuvent signer, il en sera fait mention. » (*Ibid.*,
art. 42.)

Formules.

1. Cédule autorisant à appeler les experts.
2. Notification de la cédule qui autorise à appeler les
experts.

1. CÉDULE AUTORISANT A APPELER LES EXPERTS.

Nous, juge de paix du canton de..., mandons
au sieur Victor D...., notre huissier audiencier,
de citer, à la requête du sieur Georges P...., menuisier, demeurant à...., 1.º Marius S....., et
2.º Joseph L...., tous deux aussi menuisiers, demeurant à...., experts nommés d'office par nous,

A comparaître en ladite commune de...., au
domicile du sieur Louis M...., où nous nous
transporterons avec notre greffier le...., à....
heure.....pour,

Attendu que, par notre jugement interlocutoire
en date du...., rendu entre le requérant et ledit
sieur Louis M...., il a été établi que ledit requérant avait fait des travaux consistant en rayon-
nage, table et parquet, pour le compte dudit
M....; que les parties ne peuvent s'entendre sur
le prix de ces travaux, faits en ladite maison, nous

avons ordonné, par ledit jugement, que ces travaux seraient visités et estimés par lesdits S... et L...., pour par nous être statué définitivement sur leur rapport,

Procéder lesdits experts auxdites visite et estimation, et faire leur rapport après qu'ils auront prêté en nos mains le serment de remplir consciencieusement la mission qui leur est confiée.

Délivré à.... le.... 18....

(*Signature du juge de paix.*)

2. NOTIFICATION DE LA CÉDULE QUI AUTORISE A APPELER LES EXPERTS.

L'an mil huit cent...., le...., à la requête du sieur Georges P...., menuisier, demeurant à..., patenté de.... classe, n.°...., le....,

J'ai...., huissier.... soussigné,

Signifié, et, en tête de celle des présentes, laissé copie, 1.° au sieur Marius S...., menuisier, demeurant à...., en son domicile, où étant, et parlant à....; et 2.° au sieur Joseph L...., aussi menuisier, demeurant à...., en son domicile, où étant, et parlant à....,

De la cédule délivrée par M. le juge de paix du canton de...., le...., ensuite de son jugement interlocutoire du...., à ce qu'ils n'en ignorent et s'y conforment;

Et j'ai auxdits S... et R..., parlant comme est dit, laissé et délivré copies séparées tant de ladite cédule que de mon présent exploit, dont le coût est de....   (*Signature de l'huissier.*)

CHAPITRE IX.

DE LA MISE EN CAUSE
DES GARANS (1).

« Si, au jour de la première comparution, le
» défendeur demande à mettre garant en cause,
» le juge accordera délai suffisant en raison de la
» distance du domicile du garant. La citation don-
» née au garant sera libellée sans qu'il soit besoin
» de lui notifier le jugement qui ordonne sa mise
» en cause. » (*Code de procédure,* art. 32.)

Notices.

1. La garantie en général consiste dans l'obligation où se trouve une personne de répondre envers
une autre des effets de quelques actions soit mobilières, soit immobilières.

2. Il y a deux sortes de garantie : la garantie
simple, et la garantie formelle.

La garantie simple est celle qui a lieu contre

---

(1) Il est quelques cas où le jugement qui ordonne la
mise en cause d'un tiers peut être placé dans la classe des
jugemens préparatoires : par exemple quand, comme on l'a
dit plus haut, il ne préjuge rien sur le fond; mais toutes
les fois que la mise en cause peut avoir une influence quelconque sur la décision du fond du procès, le jugement est
réputé interlocutoire.

ceux qui sont tenus de libérer une personne de quelque dette ou action personnelle.

La garantie formelle s'entend du cas où il y a lieu de contraindre celui qui a vendu ou aliéné au profit d'un acquéreur, ou à le faire maintenir dans la propriété et possession de la chose cédée, ou à l'indemniser des effets de l'éviction.

3. Le recours en garantie n'a lieu dans les instances en complainte que dans deux cas, savoir : de la part du fermier contre le propriétaire, et de la part de l'acquéreur contre le vendeur, quand, voulant se mettre en jouissance de la chose affermée ou acquise, ils se trouvent repoussés par une demande en complainte. (*Henrion de Pansey, Compétence,* page 366.)

4. En matière de garantie simple, le garant ne fait qu'intervenir, mais sans prendre fait et cause du garanti. (*Code de procédure,* art. 183.)

5. En matière de garantie formelle, il en est autrement : le garant peut toujours prendre le fait et cause du garanti, qui est mis hors de cause, s'il le requiert, avant le premier jugement. (*Ibidem,* art. 182.)

6. La différence des deux garanties, discutée par M. Pigeau, consiste en ce qu'en matière de garantie simple, le garanti a pris un engagement auquel il serait injuste de le soustraire au préjudice du demandeur à qui il sert de caution, et qui peut-être n'aurait pas contracté sans ce cautionnement;

7. Tandis qu'en matière de garantie formelle, le garanti doit être mis hors d'instance, parce que

l'action n'est nullement occasionée par son fait, mais bien par celui du garant ou des auteurs de ce garant, qui, par conséquent, doivent la soutenir.

8. On peut se dispenser, en justice de paix, de donner, en tête de la demande en garantie, la copie de la demande principale, à la différence de ce qui se fait devant les tribunaux ordinaires, où il est de rigueur que cette copie soit donnée.

9. La mise en cause du garant ne peut être demandée en justice de paix après une première comparution.

10. Lorsque le garant mis en cause est une commune qui n'a obtenu aucune autorisation de plaider, on ne doit point surseoir à prononcer jusqu'à l'obtention de cette autorisation, et provisoirement on doit mettre hors de cause les défendeurs originaires.

11. Les juges de paix ne sont point tenus, dans tous les cas, d'ordonner une enquête sur une question de possession.

12. Le garant qui a été assigné devant le tribunal du garanti, ne peut se plaindre de ce qu'il n'est pas traduit devant le juge de son propre domicile, encore qu'il soit assigné comme débiteur solidaire, et non comme garant. (*Rejet, 26 juillet* 1803.)

13. Le garant peut décliner le tribunal dont le garanti a négligé de décliner la juridiction. (*Règlement des juges, 4 octobre* 1808.)

14. Ceux qui seront assignés en garantie, seront

tenus de procéder devant le tribunal où la demande originaire sera pendante, encore qu'ils dénient être garans; mais s'il paraît par écrit, ou par l'évidence du fait, que la demande originaire n'a été formée que pour les traduire hors de leur tribunal, ils y seront renvoyés. (*Procédure*, art. 181.)

Formules.

1. Citation en garantie simple.
2. Citation en garantie formelle.

1. CITATION EN GARANTIE SIMPLE.

L'an mil huit cent. . . ., le. . . ., à la requête du sieur Théodore G. . . ., mécanicien, demeurant à. . . ., non sujet à patente pour ce qui suit,

J'ai. . . ., huissier. . . . soussigné,

Signifié au sieur Léon V. . . ., plâtrier, demeurant à. . ., où étant, en son domicile, parlant à. . ., qui a reçu copie du présent,

Que, par exploit du ministère de Louis P. . . ., huissier à. . . ., en date du. . . ., le requérant a été cité à paraître à. . . ., le. . . ., pour répondre sur une demande en paiement de la somme de 150 fr. réclamée par le sieur Gérard N. . . ., rentier, demeurant à. . . ., laquelle somme lui est due par ledit requérant, comme caution du sieur Léon V. . . ., et par celui-ci comme débiteur principal;

Qu'à l'audience indiquée par ladite citation, ledit requérant ayant demandé la mise en cause de son codébiteur, pour lequel il n'est que caution, il y a été autorisé par le jugement interlocutoire de ce jour.

En conséquence j'ai, huissier susdit et soussigné, cité ledit Léon V...., étant et parlant comme ci-dessus, à comparaître à...., le. ..., etc., pour s'entendre condamner à garantir le requérant de toutes condamnations qui pourraient être pronon-cées contre lui par suite de la demande formée par ledit Gérard N...., en principal et accessoires, et s'entendre en outre condamner aux intérêts et aux dépens, tant de la demande principale que de l'instance en garantie.

Dont acte, sous toutes réserves. Le coût est de. .... *(Signature de l'huissier.)*

2. CITATION EN GARANTIE FORMELLE.

L'an mil huit cent...., le...., à la requête du sieur Etienne B...., cultivateur-propriétaire, de-meurant à. ...

J'ai...., huissier.... soussigné,

Signifié au sieur Louis F...., manouvrier, de-meurant à. ..., où étant, en son domicile, parlant à. ...., qui a reçu copie du présent acte,

Que, suivant exploit du ministère de N..., huis-sier à. ..., le requérant a été cité à la requête du sieur Alexandre V...., pour paraître à. ..., par-devant M. le juge de paix du canton de. ..., le...., pour voir ordonner que ledit V....sera maintenu dans la jouissance et possession de la moitié de la largeur d'un champ situé à. ..., climat dit. ..., qui lui a été vendu en totalité par ledit Louis F...., il y a environ un mois;

Qu'attendu que, par son acte d'acquisition reçu M.ᵉ N...., notaire à...., F.... lui a vendu la partie de cette propriété dans laquelle ledit V.... demande à être réintégré avec dommages et intérêts fixés par lui à 50 fr.; que dès-lors il est fondé à appeler en garantie celui qui est responsable de faits possessoires qui sont antérieurs à sa jouissance; qu'au surplus, par jugement du...., il est autorisé à mettre garant en cause.

Par ces motifs, j'ai, huissier susdit et soussigné, à ladite requête, cité ledit Louis F...., parlant comme est dit, à comparaître à...., le...., par-devant M. le juge de paix du canton de...., à.... heure du...., pour s'entendre condamner à prendre fait et cause pour ledit requérant dans l'affaire dont il est parlé ci-dessus, le garantir et relever de toutes condamnations qui pourraient intervenir contre lui, sous réserves de toutes autres actions et droits; s'entendre en outre condamner, ledit Louis F...., à tous les dépens, tant d'instance principale que de recours en garantie. Dont acte, sous lesdites réserves et toutes autres. Le coût est de...

(Signature de l'huissier.)

CHAPITRE X.

DES ENQUÊTES.

« Si les parties sont contraires en faits de na-
» ture à être constatés par témoins, et dont le juge
» de paix trouve la vérification utile et admissible,
» il ordonnera la preuve, et en fixera précisément
» l'objet. » (*Code de procédure*, art. 34.)

Notices.

1. Le juge de paix peut ordonner une enquête
non-seulement lorsque les parties sont contraires
en faits, mais encore il peut l'ordonner toutes les
fois qu'il le croit nécessaire pour éclairer sa conscience. (*Traité de M. Garré*, n.° 170.)

2. Par induction de l'art. 256 du Code de procédure civile, évidemment applicable en justice de
paix lorsqu'une enquête y est ordonnée, le défendeur a le plein droit de faire contre-enquête.

Ainsi, si les deux parties veulent faire entendre
des témoins, le juge de paix doit, aux termes de
l'art. 29, délivrer une cédule à chacune d'elles.
(*Ibid.*, n.° 171.)

Formules.

1. Requête à l'effet d'être autorisé à citer des témoins.
2. Ordonnance du juge portant autorisation de citer les
témoins.
3. Citation aux témoins.

1. REQUÊTE A L'EFFET D'ÊTRE AUTORISÉ A CITER DES TÉMOINS.

A. M. le juge de paix du canton de. . . .

Le sieur Paul R. . . . a l'honneur de vous exposer

Qu'en vertu de votre jugement interlocutoire en date du. . . ., il est dans l'intention de faire citer par-devant vous les sieurs, 1.º Jean D. . . ., manouvrier, et 2.º Louis V. . . ., vigneron, tous deux demeurant à. . . ., pour déposer sur les faits énoncés audit jugement.

En conséquence il recourt à ce qu'il vous plaise, M. le juge de paix, l'autoriser à faire citer lesdits témoins à comparaître en votre audience (*ou sur les lieux litigieux, dont parle l'art.* 38), aux jour et heure qu'il vous plaira fixer; et sera justice.

Présenté à. . . . . le. . . . .

(Signature de l'exposant.)

2. ORDONNANCE DU JUGE PORTANT AUTORISATION DE CITER LES TÉMOINS.

Vu l'exposé en la requête ci-dessus,

Nous, juge de paix du canton de. . . ., soussigné, autorisons le sieur Paul R. . . . à faire paraître à notre audience du. . . . les témoins qu'il croira utile de faire entendre sur les faits retenus en notre jugement interlocutoire du. . . . (*il est bon d'énumérer les faits*), et requérons le sieur N. . . ., notre huissier audiencier, de les citer aux jour, lieu et heure susdits.

Délivré en notre hôtel à. . . ., le. . . . de l'an 18. . . .   (*Signature du juge de paix.*)

3. CITATION AUX TÉMOINS.

L'an mil huit cent. . . ., le. . . ., à la requête du sieur Paul R. . . ., cultivateur, demeurant à. . . .,

J'ai. . . ., huissier. . . . soussigné,

En vertu de l'ordonnance ci-dessus, intervenue sur la requête qui la précède, et en conséquence du jugement interlocutoire rendu par M. le juge de paix du canton de. . . . le. . . .,

Cité, 1.º Jean D. . . ., manouvrier, demeurant à. . . . ;

2.º Et Louis V. . . . ., vigneron, demeurant à. . . ., etc., lesquels ont reçu, chacun séparément, une copie du présent acte,

A comparaître à. . . ., le. . . ., par-devant M. le juge de paix. . . ., etc., pour, en personne et après avoir prêté serment, déposer vérité sur les faits dont il leur sera donné connaissance, et retenus audit jugement intervenu dans l'affaire entre le sieur Paul R. . . . et le sieur Philippe, ce moyennant salaire, à peine d'y être contraints par toutes les voies de droit, et réassignés à leurs frais. Dont acte. Le coût est de. . . .

(*Signature de l'huissier.*)

CHAPITRE XI.

DES JUGEMENS PAR DÉFAUT.

« Si, au jour indiqué par la citation, l'une des
» parties ne comparaît pas, la cause sera jugée
» par défaut, sauf la réassignation dans le cas pré-
» vu dans le dernier alinéa de l'art. 5. » (*Code de
procédure*, art. 19.)

« Dans le cas où les délais n'auront pas été ob-
» servés, si le défendeur ne comparaît pas., le
» juge ordonnera qu'il sera réassigné, et les frais
» de la première citation seront à la charge du
» demandeur. » (*Ibidem*, art. 5, dernier alinéa.)

Notices.

1. Sur la question de savoir si, lorsque, de deux
parties citées devant le juge de paix, l'une comparaît, et l'autre fait défaut, ce juge doit appliquer
l'art. 153 du Code de procédure civile, les auteurs
sont divisés.

M. Lepage, dans ses Questions, page 81, et
M. Dumoulin, dans la Bibliothèque du barreau,
pages 92 et 228, établissent qu'il doit être donné défaut contre celle des parties qui ne comparaîtrait
pas, que le défaut doit être joint au principal, et
qu'après une nouvelle signification il doit être
statué sur le tout par un même jugement.

D'un autre côté, M. Carré, dans son Analyse, question 55, est de l'avis contraire; et il rapporte à l'appui de son opinion un arrêt de la cour de cassation du 13 septembre 1809, par lequel il est décidé, conformément aux conclusions de M. Merlin, procureur général, que les jugemens des juges de paix ne sont soumis à d'autres règles qu'à celles établies au titre du Code de procédure civile qui les concerne.

C'est à cette dernière opinion que la plus grande partie des praticiens se rapportent.

2. En admettant même que l'art. 153 soit applicable en justice de paix, M. Carré, qui se demande si, dans le cas où un garant assigné ne comparaîtrait pas, le défaut donné contre lui doit être joint comme dans l'espèce de la précédente question, se résume de cette manière :

Nous ne croyons pas que l'art. 153 puisse être étendu ainsi hors du cas qu'il a prévu, et qui est celui dans lequel il n'y a entre les parties qu'une seule affaire principale, qui doit recevoir la même instruction, et subir un seul jugement; tandis qu'au contraire l'action en garantie n'est qu'un incident à l'action principale, incident qui souvent peut en être séparé.

Si donc le défendeur en garantie ne comparaît pas, on ne joint pas le profit du défaut. On ne le joindrait pas davantage si, de plusieurs défendeurs en garantie, un seul était défaillant. Cette jonction retarderait d'ailleurs le jugement de l'action principale contre l'intérêt du demandeur ori-

ginaire, et ce motif seul suffirait pour écarter
l'application de l'art. 153. (Question 56, *ibidem.*)

3. Le défendeur présent à l'audience, qui se borne
à dire qu'il n'entend ni avouer ni contester, doit
être jugé contradictoirement; seulement, s'il se
trouvait dans l'impossibilité de représenter quelques pièces nécessaires à sa défense, le juge pourrait
lui accorder un délai. (*Analyse de M. Carré,*
question 57.)

Formule.

SIGNIFICATION DU JUGEMENT PAR DÉFAUT.

L'an mil huit cent...., le...., à la requête
du sieur Victor R...., rentier, demeurant à....,
où il fait élection de domicile,

J'ai...., huissier.... soussigné,

Signifié et délivré copie au sieur Thomas M...,
cultivateur, demeurant à...., où étant, en son
domicile, parlant à...., à qui j'ai remis copie

D'un jugement rendu par défaut à la justice de
paix du canton de...., en date du...., au profit
du requérant, contre ledit Thomas M...., portant
condamnation contre ce dernier de la somme
de...., avec intérêts et dépens taxés à...., ledit
jugement enregistré.

La présente signification ici faite afin que ledit
M.... n'ignore du contenu audit jugement et
ait à s'y conformer dans toutes ses dispositions,
lui déclarant qu'à défaut de ce faire dans le délai
légal, ce jugement sera mis à exécution contre

lui par toutes les voies de saisies légales et autres de droit.

Et j'ai audit Thomas M...., parlant comme est dit, laissé copie dudit jugement et de mon présent exploit, dont le coût est de.....

(Signature de l'huissier.)

CHAPITRE XII.

DES OPPOSITIONS

AUX JUGEMENS PAR DÉFAUT.

« La partie condamnée par défaut pourra for-
» mer opposition dans les trois jours de la signi-
» fication faite par l'huissier du juge de paix ou
» tous autres commis.

» L'opposition contiendra sommairement les
» moyens de la partie, et assignation au prochain
» jour d'audience, en observant toutefois les dé-
» lais prescrits pour les citations. Elle indiquera
» les jour et heure de la comparution, et sera noti-
» fiée ainsi qu'il est dit ci-dessus. » (*Code de procédure civile,* art. 20.)

Formules.

1. Opposition à un jugement de justice de paix.
2. Requête tendant à obtenir l'autorisation de former opposition à un jugement par défaut après l'expiration
du délai de trois jours.

3. Ordonnance pour opposition à un jugement par défaut après les délais expirés.

4. Opposition à un jugement par défaut ensuite d'ordonnance.

1. OPPOSITION A UN JUGEMENT DE JUSTICE DE PAIX.

L'an mil huit cent. . . . , le. . . . , à la requête du
sieur Charles D. . . . , vigneron, demeurant à. . . ,

J'ai. . . . , huissier. . . . soussigné,

Signifié et déclaré au sieur Edouard O. . . , agri-
culteur, demeurant à. . . . , où étant, en son domicile, parlant à. . . . , qui a reçu copie du présent
acte,

Que le requérant s'oppose expressément au jugement rendu par défaut contre lui à la justice
de paix du canton de. . . . , le. . . . , et qui lui a
été signifié par exploit de N. . . . , huissier à. . . . ,
le. . . . .

L'opposition du requérant est fondée en la forme,
parce qu'elle vient en temps utile.

Au fond, elle est recevable, parce que le requérant, qui a réellement dû au sieur Edouard O. . .
la somme qu'il a été condamné à lui payer, s'en
est libéré envers lui, ainsi qu'il le prouvera au
besoin, et long-temps avant la citation dont il est
question.

En conséquence j'ai, huissier susdit et soussigné,
donné citation audit Edouard O. . . , à comparaître
à. . . . , le. . . . . (*à la plus prochaine audience*),
à. . . . . heure du. . . . , par-devant M. le juge de
paix du canton de. . . . , pour ouïr admettre, en la

Torme, l'opposition du requérant, et au fond, ouïr ordonner que ledit requérant sera relevé des condamnations que ledit Charles D.... a obtenues contre lui, d'après les motifs exprimés ci-dessus, et ce dernier condamné à tous les dépens tant d'instance primitive que d'opposition, sous toutes réserves. Dont acte. Le coût est de....

(Signature de l'huissier.)

2. REQUÊTE TENDANT A OBTENIR L'AUTORISATION DE FORMER OPPOSITION A UN JUGEMENT PAR DÉFAUT APRÈS L'EXPIRATION DU DÉLAI DE TROIS JOURS.

A M. le juge de paix du canton de..... (*indication du domicile de ce magistrat*).

Le sieur Nicolas Q..... a l'honneur de vous exposer

Qu'à votre audience du...., le sieur Georges E..... a obtenu contre lui un jugement rendu par défaut portant condamnation d'une somme de..... (*ou autres condamnations*) ensuite d'un exploit de l'huissier N..., de...., dont copie a été laissée à M. le maire de la commune de..... (*ou autres personnes chargées de recevoir*), en date du....;

Que ce jugement lui a été signifié par le même huissier; mais qu'il n'a pu y former opposition dans les délais voulus par la loi, attendu qu'il vient d'arriver ce jour même d'un voyage où il était depuis un mois, et antérieurement à la citation qui lui a été notifiée:

Par ces motifs, il recourt à ce qu'il vous plaise,

M. le juge de paix, vu l'art. 21 du Code de procédure civile, l'autoriser à requérir opposition à l'exécution dudit jugement énoncé, par l'huissier qu'il vous plaira désigner, et faire citer, pour la plus prochaine audience, ledit Georges C...., pour répondre et procéder sur cette opposition.

Fait à..... le..... 18....

(*Signature de l'exposant.*) [1]

3. ORDONNANCE POUR OPPOSITION A UN JUGEMENT PAR DÉFAUT APRÈS LES DÉLAIS EXPIRÉS.

Nous, juge de paix dénommé en la requête ci-dessus,

Vu cette requête et les moyens qui y sont déduits; vu aussi l'art. 21 du Code de procédure civile, autorisons le sieur Nicolas Q..... à former opposition au jugement dont il y est question, et à faire assigner le sieur Georges E...., demandeur en ce jugement, à paraître à notre plus prochaine audience, qui se tiendra à...., le... à... heure du....

Commettons à cet effet le sieur N...., huissier exerçant près notre justice de paix.

Délivré à..... le.... 18....

(*Signature du juge.*)

NOTA. Les ordonnances de la nature de celle-ci sont sujettes à l'enregistrement.

(1) Une maladie grave est aussi un moyen sur lequel on peut fonder une pareille requête; mais alors il est essentiel de se munir d'un certificat de médecin.

4. OPPOSITION A UN JUGEMENT PAR DÉFAUT ENSUITE
D'ORDONNANCE.

L'an mil huit cent. . . . , le. . . , en vertu de l'ordonnance rendue sur requête par M. le juge de
paix du canton de. . . . , le. . . . , enregistrée, délivrée ensuite de la requête du sieur Nicolas Q. . . ,
et à la requête de celui-ci, (*profession, domicile,
et élection de domicile*),

J'ai. . . . . , huissier. . . . . soussigné, commis à
l'effet des présentes,

Cité le sieur Georges E. . . . , cultivateur, demeurant à. . . . , où étant, en son domicile, parlant
à. . . . , qui a reçu copie du présent,

A comparaître à. . . . , le. . . . , par-devant M. le
juge de paix du canton de. . . , en la salle ordinaire
des audiences, etc. . . , pour ouïr dire que le sieur
Nicolas Q. . . , sur les motifs déduits en sa requête,
sera reçu opposant au jugement rendu par défaut
contre lui à la justice de paix du canton de. . . . ,
au profit dudit Georges E. . . , signifié par exploit
du. . . . , lequel jugement contient condamnation
au profit de ce dernier, de. . . . (*énoncer les condamnations*);

Voir dire ensuite que ledit jugement sera rapporté, comme nul et mal fondé, avec défense audit
Georges E. . . de l'exécuter, à peine de tous frais,
dépens, dommages et intérêts.

Et, faisant droit au fond, ledit opposant conclut
à ce qu'attendu que ledit, Nicolas Q. . . . . ne doit
rien audit C. . . . , ainsi qu'il offre d'en justifier à

20

l'audience par tous les moyens de droit, ce dernier soit déclaré non-recevable dans sa demande, mal fondé, débouté, et condamné aux dépens. Dont acte, sous toutes réserves. Le coût est de....

(*Signature de l'huissier.*)

CHAPITRE XIII.

DES CAUTIONS.

« Le jugement qui ordonnera de fournir caution » fixera le délai dans lequel elle sera présentée, » et celui dans lequel elle sera présentée ou con- » testée. » (*Code de procédure*, art. 517.)

« La caution sera présentée par exploit signifié » à la partie...., avec copie de l'acte de dépôt, qui » sera fait au greffe, des titres qui constatent la » solvabilité de la caution, sauf le cas où la loi » n'exige pas que la solvabilité soit établie par » titres. » (*Ibidem*, art. 518.)

« La partie pourra prendre au greffe commu- » nication des titres. Si elle accepte la caution, » elle le déclarera par un simple acte. Dans ce » cas, ou si la partie ne conteste pas dans le délai, » la caution fera au greffe sa soumission, qui sera » exécutoire sans jugement, même pour la con- » trainte par corps, s'il y a lieu à contrainte. » (*Ibidem*, art. 519.)

« Si la partie conteste la caution dans le délai
» fixé par le jugement, l'audience sera poursuivie
» sur un simple acte. » (*Ibidem*, art. 520.)

« La caution n'est obligée envers le créancier
» à le payer qu'à défaut du débiteur, qui doit être
» préalablement discuté dans ses biens, à moins
» que la caution n'ait renoncé au bénéfice de dis-
» cussion, ou au moins qu'elle ne se soit obligée
» solidairement avec le débiteur, auquel cas l'effet
» de son engagement se règle par les principes qui
» ont été établis pour les dettes solidaires. » (*Code
civil*, art. 2021.)

« Le créancier n'est obligé de discuter le débi-
» teur principal que lorsque la caution le requiert
» sur les premières poursuites dirigées contre
» elle. » (*Ibidem*, art. 2022.)

« La caution qui requiert la discussion doit in-
» diquer au créancier les biens du débiteur prin-
» cipal, et avancer les deniers suffisans pour faire
» la discussion.

» Elle ne doit indiquer ni des biens du débiteur
» principal situés hors de l'arrondissement de la
» cour royale du lieu où le paiement doit être fait,
» ni des biens litigieux, ni ceux hypothéqués à
» la dette, qui ne sont plus en la possession du dé-
» biteur. » (*Ibidem*, art. 2023.)

« La caution sera reçue par le juge de paix. »
(*Loi du* 25 *mai* 1838, art. 11, 3.me alinéa.)

(*Voyez* Exécution provisoire, 1.re *partie*.)

Formules.

1. De la présentation de caution faite après le jugement définitif.
2. Acceptation de caution.
3. Contestation de caution.
4. Réquisition par la caution au créancier poursuivant de discuter le débiteur principal.

1. DE LA PRÉSENTATION DE CAUTION FAITE APRÈS LE JUGEMENT DÉFINITIF.

L'an mil huit cent...., le...., à la requête du sieur Hippolyte L...., rentier, demeurant à.... où il fait élection de domicile (*indiquer le lieu où toutes significations devront être faites*),

J'ai...., huissier.... soussigné,

Signifié et déclaré au sieur Théodore P...., cultivateur, demeurant à...., en son domicile, où étant, et parlant à...., qui a reçu copie du présent,

Que, pour se conformer au jugement contradictoirement rendu entre le requérant et ledit P.... par M. le juge de paix du canton de...., en date du...., le premier présente pour caution, au vœu dudit jugement, le sieur Emile M...., propriétaire, demeurant à...., dont la solvabilité se trouve suffisamment justifiée par les titres qui ont été déposés au greffe de la justice de paix du canton de...., ainsi qu'il résulte de l'acte de dépôt qui en a été délivré par le greffier de ladite justice, et dont copie est ci-dessus, à ce que ledit Théodore P.... n'en ignore.

En conséquence je l'ai requis d'avoir, dans le délai de deux jours, à prendre communication desdites pièces, et sans les déplacer, et ensuite de déclarer s'il refuse ou s'il accepte ladite caution, lui déclarant que, faute de ce faire dans ledit délai, ou en cas de l'acceptation de ladite caution, elle fera sa soumission au greffe dont est question, et qu'alors ledit **P.** . . . . ne sera plus recevable à la contester.

Et à l'effet de tout ce que dessus, je lui ai, parlant comme est dit, laissé tant la copie dudit acte de dépôt, que celle de mon exploit, dont le coût est de. . . . .   (*Signature de l'huissier.*)

2. ACCEPTATION DE CAUTION.

L'an mil huit cent. . . . , le. . . . , à la requête du sieur Théodore **P.** . . . , cultivateur, demeurant à. . . . , où il fait élection de domicile en sa demeure, audit lieu;

J'ai. . . . , huissier. . . . soussigné,

Signifié et déclaré au sieur Hippolyte **L.** . . . , rentier, demeurant à. . . . (*au domicile par lui élu*), etc.,

Que le requérant accepte pour caution le sieur Emile **M.** . . . , propriétaire, demeurant à. . . . , qui lui a été présenté en cette qualité, suivant exploit du. . . . , à l'effet de se conformer au jugement rendu contradictoirement entre les parties par M. le juge de paix du canton de. . . , le. . . . . , à charge par ladite caution de faire incessamment

sa soumission au greffe dudit tribunal, suivant les
formalités ordinaires.

Et j'ai audit L. . . ., en parlant comme est dit,
et pour qu'il n'ignore de ce que dessus, laissé copie de mon exploit, dont le coût est de. . . .

(*Signature de l'huissier.*)

3. CONTESTATION DE CAUTION.

L'an mil huit cent. . . ., le. . . ., à la requête
du sieur Théodore P. . . ., cultivateur, demeurant
à. . . . (*comme à l'intitulé ci-dessus*),

J'ai. . . ., huissier. . . . soussigné,

Signifié au sieur Hippolyte L. . . ., rentier, demeurant à. . . ., où étant, en son domicile, parlant
à. . . ., qui a reçu la copie des présentes,

Que, le requérant ayant pris connaissance que
les propriétés du sieur Emile M. . . ., propriétaire,
demeurant à. . . ., caution présentée par exploit
du. . . ., en conformité du jugement rendu à. . . .
le. . . ., par M. le juge de paix du canton de. . . .,
sont loin d'avoir une valeur suffisante pour garantir audit requérant l'objet de la condamnation obtenue à son profit par ce jugement ; qu'au
surplus elles sont grevées d'une hypothèque qui
donne des doutes sur la solvabilité dudit M. . . .,
ledit Théodore P. . . . entend contester cette caution.

Et, à l'effet de faire statuer sur ce que dessus, j'ai,
huissier susdit et soussigné, cité ledit Hippolyte L. . .,
dénommé, à comparaître à. . . ., par-devant M. le
juge de paix du canton de. . . ., en la salle ordinaire

des audiences, à.... heures du.... le.... pour,.

Attendu que les propriétés du sieur Emile M...., qui sont offertes en garantie des condamnations obtenues par le jugement sus-énoncé, au profit dudit requérant, sont insuffisantes, et grevées d'hypothèques; que dès-lors la solvabilité dudit M...., comme caution présentée par ledit L...., suivant exploit du...., est suspecte et mal établie, ouïr rejeter cette caution, et, jusqu'à présentation d'une autre suffisamment solvable, entendre ordonner l'exécution du jugement du...., et condamner à tous dépens. Dont acte, sous toutes réserves. Le coût est de....

(*Signature de l'huissier.*)

4. RÉQUISITION PAR LA CAUTION AU CRÉANCIER POURSUIVANT, DE DISCUTER LE DÉBITEUR PRINCIPAL.

L'an mil huit cent...., le...., à la requête du sieur Léon V...., propriétaire, demeurant à....,

J'ai...., huissier.... soussigné,

Signifié au sieur François G..... capitaliste, demeurant à...., en son domicile, parlant à...., qui a reçu copie du présent acte,

Que le requérant, qui est caution du sieur L..... envers ledit François G...., suivant la soumission qu'il en a faite au greffe de la justice de paix du canton de......, le....., s'oppose formellement et expressément à ce qu'aucunes poursuites ultérieures de la part dudit créancier soient faites contre lui, jusqu'à ce que ledit Julien L...., comme caution, ait été discuté dans ses, biens, dont la désignation suit (*désigner ici les biens de la caution, et donner connaissance de tous les détails nécessaires à leur indication parfaite.*)

J'ai en même temps déclaré audit G. . . . qu'à défaut par lui de se conformer à cette réquisition, en cessant de le poursuivre, jusqu'à ce que les biens de son débiteur soient épuisés, le même G. . . . deviendrait passible de tous dépens, frais de nullité de ses poursuites, et de dommages et intérêts envers ledit requérant, pour lequel toutes réserves à cet égard sont ici faites. Dont acte. Le coût est de. . . .   (*Signature de l'huissier.*)

CHAPITRE XIV.

DE LA RÉCUSATION.

1. De la récusation du juge de paix.
2. De la récusation du ministère public.
3. De la récusation des experts en justice de paix.
4. De la récusation des arbitres.

1. DE LA RÉCUSATION DU JUGE DE PAIX.

« Les juges de paix pourront être récusés, 1.º
» quand ils auront intérêt personnel à la contesta-
» tion; 2.º quand ils seront parens ou alliés d'une
» des parties jusqu'au degré de cousin germain

» inclusivement ; 3.º si, dans l'année qui a pré-
» cédé le moment de la récusation, il y a eu procès
» criminel entre eux et l'une des parties, ou son
» conjoint, ou ses parens et alliés en ligne directe ;
» 4.º s'il y a procès civil existant entre eux et l'une
» des parties ou son conjoint ; 5.º s'ils ont donné
» un avis écrit dans l'affaire. » (*Code de procédure*, art. 44.)

« La partie qui voudra récuser un juge de paix
» sera tenue de former la récusation et d'en ex-
» poser les motifs par un acte qu'elle fera notifier
» par le premier huissier requis, au greffier de
» la justice de paix, qui visera l'original. L'exploit
» sera signé sur l'original et la copie, par la partie
» ou son fondé de pouvoir spécial.

» La copie sera déposée au greffe, et communi-
» quée immédiatement au juge de paix par le
» greffier. » (*Ibidem*, art. 45.)

« Le juge de paix sera tenu de donner au bas
» de cet acte, dans le délai de deux jours, sa dé-
» claration par écrit, portant ou son acquiesce-
» ment à la récusation, ou son refus de s'abstenir,
» avec ses réponses aux moyens de récusation. »
(*Ibidem*, art. 46.)

« Dans les trois jours de la réponse du juge
» qui refuse de s'abstenir, ou faute par lui de ré-
» pondre, expédition de l'acte de récusation, et de
» la déclaration du juge de paix s'il y en a, sera en-
» voyée par le greffier, sur la réquisition de la par-
» tie la plus diligente, au procureur du roi près le
» tribunal de première instance dans le ressort

» duquel la justice de paix est située. La récusa-
» tion y sera jugée en dernier ressort dans la hui-
» taine, sur les conclusions du procureur du roi,
» sans qu'il soit besoin d'appeler les parties. »
(*Ibidem,* art. 47.)

Notices.

1. De ce qu'un juge de paix est président d'un
bureau de bienfaisance, il ne s'ensuit pas qu'il
soit personnellement intéressé au succès d'un procès soutenu devant lui par le bureau de bienfaisance, et qu'il y ait lieu à sa récusation. (*Cassation,*
21 *avril* 1812. — S., 12, 341.)

2. Le juge de paix ne peut connaître d'une récusation exercée contre lui. (*Cassation,* 30 *novem-*
bre 1809. — S., 10, 309.)

3. Le juge de paix est récusable non-seulement
dans les affaires contentieuses, c'est-à-dire dans
celles où il doit prononcer jugement, mais encore
dans celles où la loi lui accorde droit de suffrage,
par exemple dans les assemblées de famille, où
il a voix prépondérante.

Il y a exception toutefois quand il s'agit d'actes
de juridiction non contentieux, et que le juge de
paix n'a qu'à constater des faits : alors il n'y a pas
lieu de le récuser. (*Opinion de M. Carré, Traité,*
n.° 108.)

4. On doit entendre par procès criminel les
procès de simple police, de police correctionnelle, comme ceux des cours d'assises. (*Analyse*
de M. Carré, question 1253.)

5. Le juge de paix n'est pas récusable pour avoir donné un avis verbal. (*Ibidem*, question 102.) Dans le sens contraire, *M. Dumoulin, Bibliothèque du barreau*, 1810, 1.re partie, page 236, et *M. Levasseur, Manuel des justices de paix*, page 68, n.º 121.)

La première opinion est admise par le plus grand nombre.

6. Le juge de paix n'est point récusable dans le cas où l'une des parties serait à son service. (*Locré*, tome 1.er, page 96. — *Traité de M. Carré*, n.º 204.)

7. Lorsqu'un juge de paix faisant les fonctions de juge de police a été récusé, il doit surseoir à tout jugement jusqu'à ce que le tribunal de première instance ait statué sur la récusation.

Cette décision a lieu encore que le juge de paix ait transmis la récusation au procureur du roi, et que celui-ci la lui ait renvoyée, en lui déclarant qu'il ne doit pas y avoir égard. (*Cassation*, 15 *février* 1811. — S., 11, 355. — D., 9, 423. — P., 32, 363.)

8. Si le greffier refuse de donner le visa exigé par l'article 45, l'huissier doit, suivant M. Carré, faire mention de ce refus, et le représenter au procureur du roi, qui le vise. (*Analyse*, question 105.)

9. Si le récusant ne sait signer, ni son fondé de pouvoir, il doit en être constitué un qui sache signer. (*Opinion de M. Carré.*)

Formules.

1. Récusation du juge de paix.
2. Réquisition d'envoi de l'acte de récusation au procu-reur du roi.

1. RÉCUSATION DU JUGE DE PAIX.

L'an mil huit cent. . . ., le. . . ., à la requête du sieur Jean-Baptiste T. . . ., jardinier, domicilié à. . . ., lequel a signé le présent original et la copie, et fait élection de domicile à. . . ., en la demeure de. . . ., etc.

J'ai. . . ., huissier. . . . soussigné,

Notifié à M. François F. . . ., greffier de la justice de paix du canton de. . . ., domicilié à. . . ., où étant, en son domicile, parlant à sa personne, à qui j'ai remis copie du présent acte, qu'il a visé,

Que le requérant, qui est cité par exploit de P. . . ., huissier à. . . ., en date du. . . ., à comparaître par-devant M. le juge de paix du canton de. . . ., à la requête du sieur Simon N. . . ., peintre, demeurant à. . . ., est dans l'intention de demander la récusation de ce magistrat, conformément à l'article 44 du Code de procédure civile.

Il se fonde (*exposer ici les moyens de la récusation*).

En conséquence ledit requérant récuse, par le présent acte, M. le juge de paix dénommé ci-dessus, afin qu'il s'abstienne de connaître de la demande qui fait l'objet de ladite citation, d'après les motifs qui sont énoncés plus haut. Dont acte, sous toutes réserves. Le coût est de....

(*Signature de l'huissier.*)

(*Ajouter le visa.*)

2. RÉQUISITION D'ENVOI DE L'ACTE DE RÉCUSATION AU PROCUREUR DU ROI.

L'an mil huit cent...., le...., à la requête du sieur Jean-Baptiste T...., jardinier, domicilié à.... (*Indiquer le lieu d'une élection de domicile*),

J'ai...., huissier.... soussigné,

Sommé M. François F...., greffier de la justice de paix du canton de...., arrondissement de...., demeurant à...., en son domicile, où étant, et parlant à...., qui a reçu copie du présent acte, qu'il a visé,

D'envoyer et faire parvenir de suite à M. le procureur du roi près le tribunal de première instance de...., la copie de l'acte de récusation de M. le juge de paix du canton de...., arrondissement de...., signifié, suivant exploit de mon ministère en date du...., de la part du requérant, dans l'affaire qui a été intentée contre lui par-devant ce magistrat par le sieur Simon N....

J'ai aussi requis ledit greffier d'envoyer également la déclaration qui a dû être faite par M. le juge de paix dénommé, aux termes de l'art. 46 du Code de procédure civile, lui déclarant que, faute par lui de satisfaire à ces sommation et réquisition, ledit Jean-Baptiste T.... se pourvoira par

toutes les voies de droit. Dont acte, sous toutes réserves. Le coût est de....

(Signature de l'huissier.)

2. DE LA RÉCUSATION DU MINISTÈRE PUBLIC.

1. Les causes de récusation relatives aux juges
sont applicables au ministère public lorsqu'il est
partie jointe; mais il n'est pas récusable lorsqu'il
est partie principale. (*Code de procédure,* art.
381.)

2. La récusation du ministère public agissant
d'office, n'étant autorisée par aucune loi, est nulle
de plein droit. En conséquence, lorsque, devant un
tribunal de police, un prévenu récuse la personne
qui remplit les fonctions du ministère public, le
tribunal ne doit avoir aucun égard à la récusation. (*Cassation,* 14 *février* 1811. — S., 11, 356.
— D., 9, 411. — P., 30, 503.)

*(Appliquer les formules relatives à la récusation des
juges de paix.)*

3. DE LA RÉCUSATION DES EXPERTS
EN JUSTICE DE PAIX.

1. Quoiqu'il ne soit point parlé dans la loi de la
récusation des experts, plusieurs auteurs ont
pensé, et M. Lepage entre autres (*Questions,*
page 89), qu'ils pouvaient être récusés, et que le
juge de paix pouvait être arbitre des motifs de la
récusation.

2. Pour mettre la partie défaillante à même de

pouvoir récuser ses experts nommés d'office, il faut qu'elle les connaisse, et, par conséquent, il est nécessaire de lui notifier le jugement qui les nomme. (*Cour de Rennes*, 13 *juillet* 1813. — *Traité de M. Carré*, n.° 1616.)

3. Les experts ne peuvent être récusés après la prestation du serment; mais le récusant peut soumettre au juge de paix les raisons qu'il a pu acquérir de provoquer la récusation, pour y avoir tel égard que les motifs lui suggèreront.

4. Les trois jours accordés pour la récusation ne sont pas francs. Le jour de la nomination ne compte point, celui de l'échéance doit être compris. (*Analyse de M. Carré*, Question 1051.)

5. Quand le jugement est rendu par défaut, le délai de la récusation court du jour de l'expiration de la huitaine de l'opposition. (*Ibid.*, question 1052.)

6. Le délai court du jour du jugement à l'égard des experts nommés d'office, ou du jour de la nomination. (*Ibid.*, Question 1053.)

Formule.

ACTE DE RÉCUSATION D'EXPERTS DEVANT LE JUGE DE PAIX.

L'an mil huit cent. . . ., le. . . , à la requête du sieur Maurice X. . ., propriétaire, demeurant à. . . ,

J'ai. . . ., huissier. . . . soussigné,

Signifié et déclaré au sieur César S. . . ., architecte, demeurant à..., où étant, en son domicile, parlant à...., qui a reçu copie du présent,

Que ledit César S...., ayant été nommé d'office expert dans l'affaire intentée par le sieur Isidore C.... contre le requérant, suivant jugement interlocutoire rendu à la justice de paix du canton de...., le...., ledit requérant croit devoir récuser cet expert, par le motif qu'il est actuellement en procès avec lui (*ou autres motifs*).

En conséquence j'ai, huissier susdit et soussigné, récusé ledit S...., expert désigné, des fonctions qui lui étaient conférées par ledit jugement sus-énoncé, et par les motifs déduits. Dont acte. Le coût est de.... (*Signature de l'huissier.*)

4. DE LA RÉCUSATION DES ARBITRES.

1. La récusation des arbitres peut se faire comme celle des juges, et les causes légitimes de récusation pour ces derniers le sont aussi pour les arbitres. Seulement il faut que la cause de la récusation soit survenue depuis le compromis. (*Code de procédure*, art. 1014.)

Ainsi c'est une cause légitime de récusation, lorsque le juge est allié d'une des parties, jusqu'au degré de cousin issu de germain inclusivement. Dans le compromis cette cause ne serait recevable qu'autant que l'alliance serait intervenue depuis le compromis. (*Extrait du Cours de procédure de M. Pigeau.*)

2. Les arbitres ne peuvent être récusés que pour

les causes d'après lesquelles on admet la récusation des juges ordinaires. (*Traité de M. Carré,* n.º 4549.)

3. L'arbitre qui était créancier d'une des parties antérieurement au compromis, ne peut être récusé sous prétexte qu'il est de nouveau devenu créancier pour une autre cause, postérieurement au compromis. (*Ibid.,* n.º 4550.)

4. Les arbitres ne sont point juges de la récusation de l'un d'eux, à moins que le compromis ne les y autorise expressément. (*Cassation,* 1.er *juin* 1812. — *Ibid.,* n.º 4451.)

5. C'est le tribunal du lieu où la cause aurait été portée s'il n'eût pas existé d'arbitrage, qui doit prononcer sur les causes de récusation des arbitres ; et si la récusation est faite mal à propos, elle peut donner lieu à des dommages et intérêts. (*Ibid.,* n.º 4452.)

6. Les actes de récusation des arbitres se font de la même manière que ceux relatifs à celle des juges. (*Voyez ci-dessus.*)

CHAPITRE XV.

DE L'APPEL DES JUGEMENS CIVILS
DE JUSTICE DE PAIX.

Sous l'ancienne législation le délai pour interjeter appel était de trois mois à partir du jour de la signification faite à personne ou domicile (*Code de procédure civile*, art. 16). La nouvelle loi a réduit ce délai à trente jours, mais sans qu'on puisse appeler avant les trois jours de la prononciation du jugement. (*Loi du* 25 *mai* 1838, art. 13.)

Nota. Comme la première partie de cet ouvrage est spécialement consacrée à l'étude des formalités nécessaires pour la validité des actes, et que la deuxième partie l'est plus particulièrement aux formules en suivant le texte des lois de la compétence, nous ne donnons ici que la formule de l'appel, comme au titre des affaires de police, pour ne pas répéter ce qui a été dit, et nous renvoyons à la première partie, au mot *Appel*, pour tout ce qui se rattache à ce mot pris dans l'acception qui lui est donnée en procédure.

Formule.

APPEL D'UN JUGEMENT DE JUSTICE DE PAIX.

L'an mil huit cent. . . ., le. . . ., à la requête du sieur Gaspard J. . . ., cultivateur, domicilié à. . . ., lequel constitue pour son avoué afin d'occuper sur les présentes, M.ᶜ Adolphe J. . ., avoué au tribunal de première instance, séant à. . . ., demeurant en cette ville,

J'ai. . . ., huissier. . . . soussigné,

Signifié et déclaré au sieur Alexis D. . . . ., marchand d'étoffes, demeurant à. . ., où étant, en son domicile, et parlant à. . ., qui a reçu copie du présent acte,

Que le requérant, par le présent, appelle d'un jugement rendu contre lui au profit dudit D. . . ., le. . . ., en la justice de paix du canton de. . . ., et qui a été signifié le. . . ., par exploit de. . . ., pour les torts et griefs qu'il en ressent, et qu'il déduira devant le tribunal.

Et, afin de voir statuer sur cet appel, j'ai, huissier susdit, parlant comme est dit, donné assignation audit D. . . ., à comparaître, dans le délai de huit jours francs (*et un jour par chaque trois myriamètres de distance du domicile du défendeur au lieu où siége le tribunal*), par-devant le tribunal de première instance séant à. . . ., au palais de justice, lieu ordinaire des audiences, rue. . . ., pour,

Attendu que le requérant s'est libéré de la somme à laquelle il a été condamné au profit dudit Alexis D. . . . par le jugement sus-énoncé, dont est appel, et que le paiement de cette somme a été fait, ainsi que ledit requérant peut le prouver, tant par témoins que par des preuves écrites,

Voir dire en conséquence qu'il a été mal jugé,

bien appelé du jugement contradictoire énoncé, rendu par M. le juge de paix du canton de...., et que ce jugement sera mis au néant, et comme non avenu; émendant, que le requérant sera déchargé des condamnations prononcées contre lui; et, faisant droit au principal, voir dire que ledit D.... est non-recevable dans sa demande, sur laquelle est intervenu le jugement dont est question, et que l'amende consignée sera rendue; et pour, en outre, répondre et procéder ainsi que de droit relativement aux dépens tant des causes principale que d'appel. Dont acte, sous toutes réserves.

(Signature de l'huissier.)

TITRE II.

DE LA CONCILIATION.

ARTICLE 48 DU CODE DE PROCÉDURE.

« Aucune demande principale introductive » d'instance entre parties capables de transiger, » et sur des objets qui peuvent être la matière » d'une transaction, ne sera reçue dans les tribu-

» naux de première instance, que le défendeur
» n'ait été préalablement appelé en conciliation
» devant le juge de paix, ou que les parties n'y
» aient volontairement comparu. »

Notices.

1. Suivant l'art. 1.er de la loi du 11 avril 1838,
les tribunaux civils d'arrondissement connaissent
en premier et dernier ressort de toutes affaires
personnelles et mobilières jusqu'à la valeur de
1,500 fr. de principal, et des affaires réelles dont
l'objet est de 60 fr. de revenu, déterminé soit en
rente, soit par prix de bail.

2. Comment doit-on connaître ou caractériser
l'action principale? Ce n'est point par sa seule
priorité, ni par sa valeur plus considérable. Le but
de cette action, ou sa fin principale, la détermine
mieux, et c'est là qu'il faut reconnaître son caractère. En conséquence, lorsqu'une partie demande
qu'il soit prononcé sur deux chefs de demande
connexes ou liés l'un à l'autre, il faut se décider
suivant ces principes, surtout lorsqu'il s'agit de
savoir s'il y a demande personnelle ou réelle. Alors
il est essentiel de déterminer ce qui constitue l'action principale, et ce qui ne caractérise, au contraire, qu'une action accessoire. (*Cassation*,
9 *mars* 1813.)

3. Une demande tendant à ce que l'adversaire
soit obligé de se désister d'une instance pendante de-

vant d'autres juges, est en soi une demande principale. (*Cassation*, 11 *décembre* 1809.)

4. Il y a demande principale, et par conséquent sujette au préliminaire de conciliation, lorsque celui qui n'a conclu en première instance qu'à la rescision d'un contrat de vente pour lésion, forme sur l'appel une demande en nullité. (*Cassation*, 22 *février* 1809.)

5. Il en est de même lorsqu'après avoir demandé contre un acquéreur la nullité de sa libération, le demandeur conclut à l'annullation pure et simple du contrat de vente. (*Cour de Riom*, 27 *mars* 1817. — S., 18, 240.)

6. Lorsque, sur la demande primitive d'arrérages dus par suite d'un bail à ferme, on conclut, dans le cours de l'instance, à la résiliation du bail, il n'y a pas connexité et dépendance. (*Cassation*, 11 *pluviôse an* 4. — S., 20, 474.)

7. Mais si le demandeur ne fait que réduire dans le cours de l'instance les conclusions qu'il a prises dans son premier exploit, une nouvelle tentative de conciliation n'est pas nécessaire. (*Cassation*, 8 *messidor an* 11.)

8. Une demande formée au tribunal de première instance, corrélative à une action déjà portée au bureau de paix, et fondée sur les mêmes titres, ne peut être considérée comme demande nouvelle. Dès-lors elle est dispensée du préliminaire de conciliation. (*Cour d'Aix*, 16 *août* 1811. — S., 15, 126. — P., 35, 56.)

9. Une femme mariée, autorisée à ester en ju-

gement, est, par cela seul, autorisée à essayer la conciliation. (*Cassation*, 3 *mai* 1808. — S.; 8, 310.)

10. Lorsqu'un mari comparaît pour son épouse au bureau de conciliation, et se porte fort pour elle, il n'y a pas nécessité qu'il ait mandat spécial pour transiger, encore que l'action soit immobilière, si l'adversaire ne requiert ni la présence de l'épouse, ni l'exhibition d'un mandat pour transiger, et s'il déclare purement et simplement qu'il ne peut se concilier. (*Cassation*, 10 *mars* 1814.)

11. La comparution des parties devant le juge de paix comme juge du possessoire, ne peut tenir lieu du préliminaire de conciliation sur le pétitoire. (*Cour de Dijon*, 2 *décembre* 1826. — *Bruxelles*, 27 *floréal an* 9. — S., 27, 70.)

12. Le créancier hypothécaire qui assigne l'héritier de son débiteur, tant en cette qualité d'héritier que comme bien tenant, exerce par-là non seulement l'action pure personnelle qui dérive de sa créance, mais encore, et à la fois, l'action hypothécaire qui y est jointe. En conséquence, s'il a cité en conciliation sur une action ainsi intentée, les juges ne peuvent pas déclarer ultérieurement non-recevable l'action hypothécaire du demandeur, sous le prétexte qu'elle n'a pas été précédée du préliminaire de conciliation. (*Cassation*, 10 *décembre* 1806.)

13. Une demande formée par plusieurs cohéritiers n'est pas non-recevable parce que la conci-

liation devant le juge de paix n'a été tentée que par l'un d'eux. (*Paris*, 2 *mars* 1814. — P., 39, 340.)

14. Lorsqu'un tribunal de première instance annulle un jugement de juge de paix comme incompétemment rendu, il ne peut ordonner que les parties procèderont devant lui sur les erremens antérieurs à ce jugement, et sans essai préalable de conciliation. (*Cassation,* 6 *germinal an* 11. — S., 20, 481.)

15. Le défaut de tentative de conciliation est couvert par la défense au fond. Il n'est plus proposable en cause d'appel. (*Cassation,* 19 *janvier* 1835.)

ARTICLE 49 DU CODE DE PROCÉDURE.

« Sont dispensées du préliminaire de concilia- » tion, 1.º les demandes qui intéressent l'état et le » domaine, les communes, les établissemens pu- » blics, les mineurs, les interdits, les curateurs aux » successions vacantes;

» 2.º Les demandes qui requièrent célérité;

» 3.º Les demandes en intervention ou en ga- rantie;

» 4.º Les demandes en matière de commerce;

» 5.º Les demandes de mise en liberté; celles » en main-levée de saisie ou opposition, en paie- » ment de loyers, fermages, ou arrérages de rentes, » ou en pension; celles des avoués en paiement de » frais;

» 6.º Les demandes formées contre plus de deux » parties, encore qu'elles aient le même intérêt;

» 7.º Les demandes en vérification d'écritures,
» en désaveu, en règlement de juges, en renvoi, en
» prise à partie ; les demandes contre un tiers saisi,
» et, en général, sur les saisies, sur les offres réel-
» les, sur la remise des titres, sur leur communi-
» cation, sur les séparations de biens, sur les tutèles
» et curatèles, et enfin sur toutes les causes excep-
» tées par les lois. »

Notices.

1. Lorsqu'une demande divisible de sa nature
est formée par plusieurs, et qu'entre les demandeurs est un mineur, que la loi dispense de la tentative de conciliation, le majeur ne profite pas de
la dispense établie pour le mineur, et la demande
est nulle à son égard si elle n'est précédée de la
tentative de conciliation. (*Cassation, 30 mai* 1814.
— S., 14, 201.)

2. La demande en main-levée d'opposition à un
mariage est dispensée du préliminaire de conciliation. (*Cour royale de Douai,* 22 *avril* 1819. —
S., 20, 116.)

3. La demande en garantie n'est dispensée du
préliminaire de conciliation qu'autant qu'elle est
incidente. On doit suivre la règle ordinaire si elle
est formée par action principale après l'instance
terminée. (*M. Carré, Lois de la procédure,* tome
1.er, page 95. — *M. Berriat-Saint-Prix,* tome 1.er,
page 36.)

4. Pour savoir si l'on a pu se dispenser du préliminaire de conciliation en ce que la demande

aurait été formée contre plus de deux parties, il faut compter les parties réellement assignées, sans examiner si le demandeur a eu tort ou raison de les comprendre dans son assignation. (*Cassation,* 20 *février* 1810.)

5. Une assignation à trois parties peut néanmoins être soumise à l'essai de conciliation, si, par exemple, l'exploit contient trois demandes distinctes, et si chacune des demandes est dirigée contre chacun des trois individus assignés. En un tel cas, il n'est pas vrai que la même demande soit formée contre plus de deux parties. (*Cour royale d'Agen,* 19 *février* 1824. — S., 25, 168.)

6. N'est pas dispensée du préliminaire de conciliation comme formée contre plusieurs parties, la demande intentée contre plusieurs acquéreurs en résolution de leurs contrats d'acquisition, lorsque chacun a un contrat particulier et distinct. (*Cour royale de Riom,* 27 *mars* 1817. — S., 18, 240.— *Besançon,* 22 *mai* 1827.)

7. Les demandes en séparation de corps sont dispensées du préliminaire de conciliation. L'épreuve de conciliation devant le président du tribunal remplace, dans cette matière, la citation en conciliation au bureau de paix. (*Cassation,* 17 *janvier* 1822.)

8. Les demandes contre étrangers justiciables des tribunaux français ne sont pas dispensées du préliminaire de conciliation. (*Cassation,* 22 *février* 1818. — S., 19, 194. — D. 17, 106. — P., 55, 5.)

Nota. Dans tous les cas où il peut y avoir doute sur la question de savoir si l'on doit essayer la conciliation, ou assigner directement devant le tribunal, il est toujours prudent de se décider pour la conciliation.

ARTICLE 53 DU CODE DE PROCÉDURE.

« Les parties comparaîtront en personne; en » cas d'empêchement, par un fondé de pouvoirs. »

Notices.

1. Les huissiers ne peuvent point représenter les parties devant le bureau de paix. (*Loi du* 25 *mai* 1838, art. 18.)

2. Un mari est le mandataire présumé de sa femme. Il peut valablement la représenter devant le bureau de paix sans être porteur de sa procuration. (*Cassation,* 6 *prairial an* 11. — S., 20, 450. — D., 1, 35.)

ARTICLE 54 DU CODE DE PROCÉDURE.

« Lors de la comparution le demandeur pourra » expliquer, même augmenter sa demande, et le » défendeur former celles qu'il jugera convena- » bles. Le procès-verbal qui en sera dressé con- » tiendra les conditions de l'arrangement s'il y en » a. Dans le cas contraire il fera sommairement » mention que les parties n'ont pu s'accorder.

» Les conventions des parties insérées au pro- » cès-verbal ont force d'obligation privée. »

Notices.

1. La reconnaissance d'une dette, faite au bureau de conciliation, ne constitue pas un aveu judiciaire. (*M. Carré, Lois de la procédure,* tome 1.er, page 110. — *M. Pigeau* et *M. Berriat - Saint-Prix* sont du même avis.)

2. Un procès-verbal, quoique non signé des parties, constate suffisamment le compromis qu'il énonce. Vainement les parties diraient qu'il n'y a ni acte authentique (le juge de paix n'ayant pas caractère pour recevoir ces sortes d'actes), ni acte sous seing privé (les parties n'ayant pas signé). En tous cas, la nullité n'est pas proposable par les parties qui ont exécuté le compromis. (*Cassation, 11 février* 1824. — S., 25, 209. — P., 73, 60. — *Procédure civile,* art. 1005.)

ARTICLE 55 DU CODE DE PROCÉDURE.

« Si l'une des parties défère le serment à l'au-
» tre, le juge de paix le recevra, ou fera mention
» du refus de le prêter. »

Notices.

1. Le refus de prêter serment n'est pas en faveur de la partie qui l'a déféré une fin de non-recevoir contre la demande ou la défense de celui qui l'a refusé. Mais la prestation de serment forme entre les parties une convention dont le tribunal civil est tenu de prononcer les effets. (*M. Carré, Lois de la procédure,* tome 1.er, page 116.)

2. La partie qui, en conciliation, refuse de prêter le serment décisoire, n'en est pas moins recevable à le prêter ensuite devant le tribunal pour éviter l'application de l'art. 1361 du Code civil, qui fait de ce refus une cause de condamnation. (*Cassation*, 17 *juillet* 1810. — S., 10, 327. — D., 8, 334. — *Cour royale de Pau*, 11 *mars* 1824. — *Journal des avoués*, 28, 182.)

ARTICLE 56 DU CODE DE PROCÉDURE.

« Celle des parties qui ne paraîtra pas, sera con-
» damnée à une amende de dix francs, et toute
» audience lui sera refusée jusqu'à ce qu'elle ait
» justifié de la quittance. »

Notices.

1. L'amende prononcée par l'art. 56 n'est pas encourue de plein droit : elle ne pourrait pas être exigée si la demande n'était pas portée au tribunal de première instance ; mais quand le demandeur poursuit devant le tribunal, et y obtient jugement qui condamne au paiement du principal et aux dépens, ce jugement, quoique par défaut, doit comprendre l'amende comme un accessoire de la condamnation principale. (*Décision du ministre de la justice du* 31 *juillet* 1808.)

2. Si la partie qui n'a pas paru au bureau de conciliation, justifie d'impossibilité devant le tribunal de première instance, elle doit être entendue dans ses défenses. Il n'y a pas lieu d'exercer de

poursuites contre elle pour le paiement de l'amende. (*Cassation* , 19 *floréal an* 12. — *Décision du ministre de la justice du* 15 *novembre* 1803.)

3. Les amendes adjugées pour défaut de comparution au bureau de paix ne se prescrivent que par trente ans. On ne peut étendre à ce cas la prescription de deux ans établie par l'art. 61 de la loi du 22 frimaire an 7. (*Cassation,* 11 *novembre* 1806.)

ARTICLE 57 DU CODE DE PROCÉDURE.

« La citation en conciliation interrompra la
» prescription, et fera courir les intérêts : le tout
» pourvu que la demande soit formée dans le
» mois à dater du jour de la non-comparution ou
» de la non-conciliation. »

Notices.

1. La prescription n'est pas interrompue par la comparution volontaire des parties au bureau de conciliation. (*Colmar,* 15 *juillet* 1809.)

2. L'effet que la loi conserve à la citation d'interrompre la prescription a lieu, 1.º dans le cas où le défendeur formerait au bureau de paix une demande en compensation (*Cassation,* 30 *frimaire an* 11 ; — S., 3, 435 ; — P., 4, 353) ;

2.º Dans le cas même où l'action à intenter ne serait pas sujette au préliminaire de conciliation. (*Cassation,* 9 *novembre* 1809. — S., 10, 77. — D., 7, 489.)

3. L'action en conciliation n'étend pas la durée de l'action. Ainsi, dans le cas d'une action annale par sa nature, cette action est prescrite s'il s'est écoulé une année entre la citation au bureau de paix et l'assignation devant le tribunal. (*Cassation,* 22 *messidor an* 11.)

4. Les intérêts ne courent du jour de la citation qu'autant qu'ils sont spécialement et expressément demandés. (Voyez *M. Merlin, Répertoire,* Intérêt, § 4 ; *M. Toullier,* tom. 6, pag. 317 ; *M. Carré, Lois de la procédure,* sur l'art. 57.)

5. La citation en conciliation donnée par la femme à son mari en exécution du jugement de séparation, ne peut être considérée comme un commencement de poursuite dans le sens de l'art. 1444 du Code civil, si elle n'est suivie d'une demande en justice dans le mois à compter de la non-conciliation. (*Cour de Nîmes,* 21 *mai* 1819. — S., 20, 57. — D. 18 , 46.)

ARTICLE 58 DU CODE DE PROCÉDURE.

« En cas de non-comparution de l'une des par-
» ties, il en sera fait mention sur le registre du
» greffe de la justice de paix et sur l'original
» ou la copie de la citation, sans qu'il soit besoin
» de dresser procès-verbal. »

Notice.

La mention de non-comparution dont il s'agit, n'est point assujettie à l'enregistrement. (*Déci-*

sion du ministre des finances du 17 juin 1808.
— S., 8, 629.)

(*Voyez* 1.re *partie, aux mots* Citation, Conciliation.)

CITATIONS EN CONCILIATION

DANS DIVERS CAS.

Nota. Les actions sur lesquelles le préliminaire de con-ciliation doit être essayé sont en nombre infini : elles comprennent toutes les demandes en général qui doivent être portées devant le tribunal civil, et qui ne sont pas comprises dans les exceptions de l'article 49 du Code de procédure, et il deviendrait impossible de les indiquer toutes. C'est pourquoi nous nous bornerons à donner quel-ques formules pour les cas qui se présentent le plus fré-quemment.

1. Demande en paiement d'une somme d'argent.
2. Demande en délaissement.
3. Demande en résolution de vente.
4. Demande en partage ou licitation.

1. DEMANDE EN PAIEMENT D'UNE SOMME D'ARGENT.

Toutes actions tendant à faire condamner quel-qu'un au paiement d'une somme excédant 200 fr., sauf les exceptions portées en l'art. 49 du Code de procédure ci-dessus rappelé, et celles prévues par la loi du 25 mai 1838, ne peuvent être portées devant le tribunal civil si le préliminaire de con-ciliation n'a été essayé.

1.re **Formule.**

L'an mil huit cent...., le...., à la requête du sieur Jean-François V...., rentier, demeurant à....,

J'ai...., huissier..... soussigné,

Cité le sieur Jacques R...., cultivateur, demeurant à...., où étant, en son domicile, parlant à...., qui a reçu copie du présent acte,

A comparaître à...., le...., par-devant M. le juge de paix du canton de...., en la salle ordinaire des audiences, à.... heures.... de....,rue.., n.º...., pour se concilier, s'il est possible, sur l'action que le requérant est dans l'intention de porter par-devant le tribunal, tendant à faire condamner le cité à lui payer une somme de 600 fr., qu'il lui a prêtée il y a deux ans, suivant billet timbré à cette date, enregistré à... (*transcrire ici littéralement la relation d'enregistrement*); plus les intérêts au taux légal depuis le moment dudit prêt, ainsi qu'ils sont stipulés audit billet: laquelle somme, principal et intérêts, devait être remboursée un an après ledit prêt. Le citant conclura en outre à ce que le cité soit condamné à lui payer l'intérêt sur lesdites sommes dues, à dater de ce jour, et tous les dépens de l'instance.

Mais, avant de former cette demande, ledit requérant désire se concilier. Dont acte, sous réserve de toutes autres conclusions. Le coût est de....   (*Signature de l'huissier.*)

2. DEMANDE EN DÉLAISSEMENT.

1. L'action par laquelle on revendique la propriété d'un fonds ou d'un droit réel acquis, soit par titre, soit par prescription, et qu'un autre possède, est une action pétitoire.

2. Le simple possesseur ne fait les fruits siens que dans le cas où il possède de bonne foi : dans le cas contraire il est tenu de rendre les produits avec la chose au propriétaire qui la revendique. (*Code civil,* art. 549.)

3. Le possesseur est de bonne foi quand il possède comme propriétaire, en vertu d'un titre translatif de propriété dont il ignore les vices.

Il cesse d'être de bonne foi du moment où les vices lui sont connus. (*Ibid.,* art. 550.)

4. L'action réelle s'intente contre celui qui possède réellement et actuellement, et non contre le précédent possesseur. Mais on peut agir personnellement contre celui-ci pour la restitution des fruits perçus par lui pendant sa jouissance.

2.ᵉ Formule.

L'an mil huit cent...., le...., à la requête (*intituler comme à la formule précédente*),

Pour se concilier, s'il est possible, sur ce que le requérant expose

Que le cité, il y a deux ans, s'est emparé d'une pièce de terre labourable située sur le territoire de la commune de B...., climat dit...., de la con-

tenance de trente-quatre ares vingt-huit mètres,
joignant au nord Charles C...., d'autre, au midi,
Etienne V...., appartenant audit requérant, ainsi
qu'il résulte d'un acte d'acquisition qu'il a faite de
cette propriété; reçu cet acte de M.ᵉ Victor D....,
notaire à C...., en date du...., enregistré;

Que ledit requérant, qui a infructueusement
réclamé le délaissement de cette propriété, est
dans l'intention d'en former la demande en justice, où, à défaut de conciliation, il conclura à
ce que le cité soit condamné, 1.º à lui délaisser en
toute propriété et possession la pièce de terre ci-
dessus désignée et confinée; 2.º à lui payer la
somme de 100 fr., pour lui tenir lieu de la jouissance qu'il en a eue, si mieux il n'aime lui restituer les fruits qu'elle a produits la dernière année, et lui payer le prix de ceux récoltés l'année
précédente, suivant les mercuriales de la localité,
d'après l'option qu'il sera tenu de faire; 3.º et enfin
à payer audit requérant la somme de 200 fr. de
dommages et intérêts, avec dépens, sous toutes
réserves.

Mais, avant d'ouvrir cette action, le demandeur
désire se concilier. Dont acte, sous toutes réserves.
Le coût est de.... (*Signature de l'huissier.*)

3. DEMANDE EN RÉSOLUTION DE VENTE.

1. La condition résolutoire est toujours sous-
entendue dans les contrats synallagmatiques, pour
le cas où l'une des deux parties ne satisfait point à
son engagement.

Dans ce cas le contrat n'est pas résolu de plein droit. La partie envers laquelle l'engagement n'a pas été exécuté, a le choix ou de forcer l'autre à l'exécution de la convention, lorsqu'elle est possible, ou d'en demander la résolution avec dommages et intérêts.

La résolution doit être demandée en justice. (*Code civil,* art. 1184.)

2. Le vendeur n'est pas censé, par cela seul qu'il a exercé des poursuites, avoir opté pour l'exécution du contrat, et il peut demander la résolution de la vente. (*Opinion de M. Merlin,* tome 5 de son *Répertoire.*)

3. Si l'acheteur ne paie pas le prix, le vendeur peut demander la résolution de la vente. (*Code civil,* art. 1654.)

4. La résolution de la vente d'immeubles est prononcée de suite si le vendeur est en danger de perdre la chose et le prix.

Si ce danger n'existe pas, le juge peut accorder à l'acquéreur un délai plus ou moins long, suivant les circonstances. Ce délai passé sans que l'acquéreur ait payé, la résolution de la vente sera prononcée. (*Ibid.,* art. 1655.)

5. S'il a été stipulé, lors de la vente d'immeubles, que, faute de paiement du prix dans le terme convenu, la vente sera résolue de plein droit, l'acquéreur peut néanmoins payer après l'expiration du délai, tant qu'il n'a pas été mis en demeure par une sommation; mais, après cette sommation,

le juge ne peut pas lui accorder de délai. (*Ibid.,* art. 1656.)

6. Le vendeur d'un immeuble moyennant une rente, est fondé, en cas de faillite de son acquéreur, à demander la résolution du contrat. (*Cour royale d'Angers,* 12 juin 1816.)

3.ᵉ **Formule.**

L'an mil huit cent...., le...., à la requête de....... (*intituler comme à la première formule*),

Pour se concilier, s'il est possible, sur ce que le citant expose

Qu'il a vendu au cité une pièce de terre labourable située sur le territoire de la commune de R...., climat dit...., de la contenance d'un hectare, joignant au midi Pierre J..., au nord Nicolas G...., moyennant la somme de 2,000 fr., qui devait être payée moitié il y a deux ans, et moitié le 20 juin de l'an dernier, suivant que le tout est stipulé dans l'acte portant vente de cette propriété, reçu M.ᵉ Jules D...., notaire à C...., en date du...., enregistré;

Qu'auxdits termes d'échéance le cité ne s'est libéré d'aucunes sommes; et bien que, suivant exploit de Pierre P...., huissier à...., en date du......, il lui ait été fait un commandement de payer lesdits 2,000 fr., avec les intérêts courus sur cette somme, il n'a nullement obéi à ce commandement.

C'est pourquoi le citant est forcé d'intenter une action en justice, tendant, 1.º à faire prononcer la résolution de la vente faite au cité par le citant de la propriété désignée ci-dessus, faute par le premier d'en avoir payé le prix aux termes convenus; 2.º et à faire condamner le cité à lui payer, à titre de dommages et intérêts, tant pour non-jouissance de sadite propriété que pour l'indemniser des fruits qu'il aurait pu y récolter pendant les deux dernières années, la somme de 400 fr., avec dépens, sous toutes réserves.

Mais, avant d'ouvrir cette action, le citant désire se concilier. Dont acte, sous toutes réserves. Le coût est de.... *(Signature de l'huissier.)*

4. DEMANDE EN PARTAGE OU LICITATION.

1. Nul ne peut être contraint de rester dans l'indivision; le partage peut être toujours provoqué, nonobstant prohibitions et conventions contraires.

On peut cependant convenir de suspendre le partage pendant un temps limité. Cette convention ne peut être obligatoire au-delà de cinq ans; mais elle peut être renouvelée. (*Code civil*, art. 815.)

2. Le partage peut être demandé, même quand l'un des cohéritiers aurait joui séparément de partie des biens de la succession, s'il n'y a eu un acte de partage, ou possession suffisante pour acquérir la prescription. (*Ibid.*, art. 816.)

3. L'action en partage à l'égard des cohéritiers

mineurs ou interdits peut être exercée par leurs tuteurs spécialement autorisés par un conseil de famille.

A l'égard des cohéritiers l'action appartient aux parens envoyés en possession. (*Ibid.,* art. 817.)

4. Le mari peut, sans le concours de sa femme, provoquer le partage des objets meubles ou immeubles à elle échus, qui tombent dans la communauté. A l'égard des objets qui ne tombent pas en communauté, le mari ne peut en provoquer le partage sans le concours de sa femme : il peut seulement, s'il a le droit de jouir de ses biens, demander un partage provisionnel.

Les cohéritiers de la femme ne peuvent provoquer le partage définitif qu'en mettant en cause le mari et la femme. (*Ibidem,* art. 818.)

5. Un testateur ne peut défendre à un légataire de partager ses biens ; ou, s'il ne l'institue qu'à charge de jouir indivisément, la prohibition et la condition de l'institution ne sont point valables. (*Cassation,* 22 *juillet* 1807.)

6. Des propriétaires d'un terrain indivis ne peuvent s'interdire d'en faire le partage, et stipuler qu'il restera commun entre eux pour le pâturage des bestiaux de leurs domaines respectifs. (*Cassation,* 18 *novembre* 1818.)

7. Le partage d'une succession peut être demandé, encore qu'il y ait eu convention entre les héritiers sur le mode de jouissance de l'objet indivis, et que le mode convenu ait duré plus de trente ans. (*Cassation,* 15 *janvier* 1813.)

8. De même, un des copropriétaires par indivis peut exercer l'action en partage, quoiqu'il ait été convenu que celui qui vendrait sa part la cèderait à ses copropriétaires d'après l'estimation.

Car la stipulation qu'en cas de vente le copropriétaire donnera la préférence à ses copropriétaires, ne peut pas interdire l'action en partage, qui est de nature différente. Nul n'est tenu de rester dans l'indivision, et le principe ne cesse pas d'être applicable à l'espèce. (*Cour royale de Toulouse, 30 mai* 1823.)

9. L'action en partage, et les contestations qui s'élèvent dans le cours des opérations, sont soumises au tribunal du lieu de l'ouverture de la succession. C'est devant ce tribunal que doivent être portées les demandes relatives à la garantie des lots entre copartageans, et celles en rescision du partage. (*Code civil,* art. 822.)

4.e **Formule.**

L'an mil huit cent. . . ., le. . . ., à la requête du sieur Léon J. . . ., rentier, demeurant à. . . ,

J'ai. . . ., huissier. . . . soussigné,

Cité, 1.º François B. . . ., cultivateur, demeurant à. . . . ;

2.º Et Etienne B. . . . son frère, aussi cultivateur, demeurant à. . . .,

A comparaître à. . . ., par-devant M. le juge de paix du canton de. . . .,

Pour se concilier, s'il est possible, sur ce que le citant expose

Qu'il est propriétaire, indivisément avec les cités, d'une maison et dépendances, sise à. . ., rue. . .,
n.º. . ., composée de six chambres au rez-de-chaussée, et confinée au midi par la rue, au nord par
Jacques D. . . . (*et autres confins*), laquelle a été
léguée par tiers aux parties par le sieur Paul J. . .,
leur oncle, en son vivant demeurant à. . . . ;

Que, malgré plusieurs tentatives pour amener
les cités au partage de cet objet, le citant n'a pu
réussir à avoir leur assentiment;

Qu'en conséquence il est dans l'intention d'ouvrir action en justice, tendant à faire ordonner
que des experts choisis par les parties, ou nommés
d'office par le tribunal, reconnaîtront si ladite
maison peut être partagée en trois lots sans perte,
ou bien si, n'étant point partageable, il y a lieu de
la vendre par licitation;

Faire ordonner, en outre, que le partage en sera
fait entre les parties dans le premier cas, ou la
vente par licitation dans le deuxième, suivant les
dispositions du rapport que les experts devront
rédiger de leur opération.

Mais, avant d'ouvrir cette action, le demandeur
désire se concilier.

Et j'ai auxdits défendeurs, parlant comme est
dit, laissé à chacun séparément copie des présentes.
Dont acte, sous toutes réserves. Le coût est de. . . .

(*Signature de l'huissier.*)

TITRE III.

DES TRIBUNAUX DE POLICE.

CHAPITRE PREMIER.

ARTICLE 137 DU CODE D'INSTRUCTION CRIMINELLE.

« Sont considérés comme contraventions de po-
» lice simple les faits qui, d'après les dispositions
» du quatrième livre du Code pénal, peuvent
» donner lieu, soit à 15 fr. d'amende ou au des-
» sous, soit à cinq jours d'emprisonnement ou au
» dessous, qu'il y ait ou non confiscation de choses
» saisies, et quelle qu'en soit la valeur. »

Notices.

1. Sous l'empire du Code pénal, l'emprisonnement peut toujours être prononcé en outre de
l'amende et avec l'amende ; mais cela est facultatif aux juges. Néanmoins, en cas de récidive, l'emprisonnement est de rigueur. (*Voyez les* art. 473,
476 et 480 *du Code pénal.*)

2. Les tribunaux de police sont incompétens
pour connaître des actes d'exécution de leurs ju-

gemens, dont ils ne règlent pas les suites. (*Cassation*, 2 *janvier* 1807.)

3. Les tribunaux de police sont encore incompétens pour prononcer des défenses à un individu d'exercer tel état ou profession, ou lui en prescrire un mode d'exercice ou pendant certaines heures. (*Cassation*, 27 *avril* 1806 et 9 *février* 1807.)

4. La règle que c'est le juge du lieu de la contravention qui doit connaître de sa répression, cesse lorsque les parties consentent à plaider devant un autre juge de police. (*Cassation*, 3 *mai* 1811.)

5. En matière de violences légères et voies de fait, les tribunaux de police ne doivent en connaître que lorsqu'il n'y a eu ni coups ni blessures : autrement c'est au tribunal de police correctionnelle. (*Cassation*, 9 *juillet* 1807, et plusieurs autres arrêts.)

ARTICLE 138 DU CODE D'INSTRUCTION CRIMINELLE.

« La connaissance des contraventions de police
» est attribuée aux juges de paix et aux maires,
» suivant les règles et les distinctions qui seront
» ci-après établies. »

1. Des contraventions de la compétence des juges de paix.
2. De la juridiction des maires comme juges de police.

1. DES CONTRAVENTIONS DE LA COMPÉTENCE DES JUGES DE PAIX.

« Les juges de paix connaîtront exclusivement,

» 1.º Des contraventions commises dans l'éten-
» due du chef-lieu de canton ;

» 2.º Des contraventions dans les autres com-
» munes de leur arrondissement, lorsque, hors le
» cas où les coupables auront été pris en flagrant
» délit, les contraventions auront été commises par
» des personnes non domiciliées ou non présentes
» dans la commune, ou lorsque les témoins qui doi-
» vent déposer n'y sont pas résidans ou présens ;

» 3.º Des contraventions à raison desquelles la
» partie qui réclame conclut, pour ses dommages
» et intérêts, à une somme indéterminée, ou à une
» somme excédant 15 fr. ;

» 4.º Des contraventions forestières poursuivies
» à la requête des particuliers ;

» 5.º Des injures verbales ;

» 6.º Des affiches, annonces, ventes, distributions
» ou débits d'ouvrages, écrits ou gravures con-
» traires aux mœurs ;

» 7.º De l'action contre les gens qui font le mé-
» tier de deviner et pronostiquer, ou d'expliquer
» les songes. » (*Code d'inst. crim.*, art. 139.)

« Les juges de paix connaîtront aussi, mais con-
» curremment avec les maires, de toutes autres
» contraventions commises dans leur arrondisse-
» ment. » (*Ibidem*, art. 140.)

Notices.

1. Le tribunal de simple police, quoique saisi par
les consentemens respectifs des parties pour décider sur une plainte portée à raison d'outrages ou

injures verbales contre un fonctionnaire public dans l'exercice de sa qualité, est incompétent pour en connaître lors-même qu'il se trouverait joint à ce délit une contravention qui serait dans les attributions du tribunal de simple police. (*Cassation*, 7 *octobre* 1809.)

2. Lorsqu'une contravention commise dans les bois d'un particulier, et poursuivie à sa requête, n'est passible que d'une peine qui n'excède pas 15 f. d'amende et cinq jours d'emprisonnement, elle doit être portée devant le tribunal de simple police du lieu où elle a été commise ; mais si elle entraîne une peine plus forte, ce n'est pas le cas d'appliquer la disposition de l'art. 7, n.º 10, du Code pénal. (*Cassation,* 27 *juin* 1811.)

2. DE LA JURIDICTION DES MAIRES
COMME JUGES DE POLICE.

« Les maires des communes non chefs-lieux de
» canton connaîtront, concurremment avec les ju-
» ges de paix, des contraventions commises dans
» l'étendue de leur commune par les personnes
» prises en flagrant délit ou par des personnes
» qui résident dans la commune ou qui y sont
» présentes, lorsque les témoins y sont aussi rési-
» dans ou présens, et lorsque la partie réclamante
» conclura, pour ses dommages et intérêts, à une
» somme déterminée qui n'excèdera pas 15 fr.

» Ils ne pourront jamais connaître des contra-
» ventions attribuées exclusivement aux juges de
» paix par l'art. 139, ni d'aucune des matières

» dont la connaissance est attribuée aux juges de
» paix comme juges civils. » (*Code d'instruction
criminelle* , art. 166.)

» C'est l'adjoint qui exerce auprès du maire les
» fonctions du ministère public, et, à défaut, un
» membre du conseil, désigné pour une année
» par le procureur du roi. » (*Ibidem,* art. 167.)

« Le ministère des huissiers n'est pas néces-
» saire pour les citations aux parties : elles peuvent
» être faites par un avertissement du maire. Il en
» est de même pour les citations aux témoins. »
(169 et 170, *ibidem.*)

DES CONTRAVENTIONS PRÉVUES
PAR LE CODE PÉNAL (1).

1. Contraventions de première classe.
2. Contraventions de deuxième classe.
3. Contraventions de troisième classe.

1. CONTRAVENTIONS DE PREMIÈRE CLASSE.

« Seront punis d'amende, depuis **1 fr.** jusqu'à
» **5 fr.** inclusivement,

» **1.º** Ceux qui auront négligé d'entretenir, ré-
» parer ou nettoyer les fours, cheminées ou usines
» où l'on fait usage du feu ;

(1) On sait que les dispositions du Code pénal, principalement en ce qui concerne les contraventions, ont été
modifiées par la loi du 28 avril 1832. Nous rapportons les
articles de cette loi avec ceux du Code pénal auxquels ils
se rapportent.

» 2.º Ceux qui auront violé la défense de tirer,
» en certains lieux, des pièces d'artifice;

» 3.º Les aubergistes et autres qui, obligés à
» l'éclairage, l'auront négligé; ceux qui auront
» négligé de nettoyer les rues ou passages, dans les
» communes où ce soin est laissé à la charge des
» habitans;

» 4.º Ceux qui auront embarrassé la voie pu-
» blique en y déposant ou y laissant sans néces-
» sité des matériaux ou des choses quelconques
» qui empêchent ou diminuent la liberté ou la
» sûreté du passage; ceux qui, en contravention
» aux lois et règlemens, auront négligé d'éclairer
» les matériaux par eux entreposés ou les exca-
» vations par eux faites dans les rues et places;

» 5.º Ceux qui auront négligé ou refusé d'exé-
» cuter les règlemens ou arrêtés concernant la petite
» voirie, ou d'obéir à la sommation émanée de l'au-
» torité administrative, de réparer ou démolir les
» édifices menaçant ruine;

» 6.º Ceux qui auront jeté ou exposé au-devant
» de leurs édifices des choses de nature à nuire
» par leur chute ou par des exhalaisons insa-
» lubres ;

» 7.º Ceux qui auront laissé dans les rues, che-
» mins, places, lieux publics, ou dans les champs,
» des coutres de charrue, pinces, barres, bar-
» reaux ou autres machines, ou instrumens, ou
» armes dont puissent abuser les voleurs ou autres
» malfaiteurs;

» 8.º Ceux qui auront négligé d'écheniller dans

» les campagnes ou jardins où ce soin est prescrit
» par la loi ou les règlemens ;

» 9.º Ceux qui, sans autres circonstances pré-
» vues par les lois, auront cueilli ou mangé sur
» le lieu même des fruits appartenant à autrui ;

» 10.º Ceux qui, sans autre circonstance, auront
» glané, râtelé ou grappillé dans les champs non
» encore entièrement dépouillés et vidés de leurs
» récoltes, ou avant le moment du lever ou après
» celui du coucher du soleil ;

» 11.º Ceux qui, sans avoir été provoqués, auront
» proféré contre quelqu'un des injures autres que
» celles prévues depuis l'art. 367 jusque et com-
» pris l'art. 378 ;

» 12.º Ceux qui imprudemment auront jeté des
» immondices sur quelque personne ;

» 13.º Ceux qui, n'étant ni propriétaires, ni usu-
» fruitiers, ni locataires, ni fermiers, ni jouissant
» d'un terrain ou d'un droit de passage, ou qui,
» n'étant agens ni préposés d'aucune de ces per-
» sonnes, seront entrés et auront passé sur ce ter-
» rain ou sur partie de ce terrain, s'il est préparé
» ou ensemencé ;

» 14.º Ceux qui auront laissé passer leurs bestiaux
» ou leurs bêtes de trait, de charge ou de mon-
» ture, sur le terrain d'autrui avant l'enlèvement
» de la récolte ;

» 15.º Ceux qui auront contrevenu aux règle-
» mens légalement faits par l'autorité administra-
» tive, et ceux qui ne se seront pas conformés aux
» règlemens ou arrêtés publiés par l'autorité mu-

» nicipale en vertu des art. 3 et 4, titre 11, de la
» loi du 16 — 24 août 1790, et de l'art. 46, titre
» 1.er, de la loi du 19 — 22 juillet 1791. » (*Loi
du* 28 *avril* 1832, art. 95, remplaçant l'art. 471
du *Code pénal.*)

EXTRAIT DE LA LOI DU 16 — 24 AOUT 1790,
TITRE 2, ART. 3.

« Les objets de police confiés à la vigilance et
» à l'autorité des corps municipaux sont,

» 1.º Tout ce qui intéresse la sûreté et la com-
» modité du passage dans les rues, quais, places
» et voies publiques : ce qui comprend le nettoie-
» ment, l'illumination, l'enlèvement des encom-
» bremens, la démolition ou la réparation des bâ-
» timens menaçant ruine, l'interdiction de rien
» exposer aux fenêtres ou autres parties de bâti-
» ment qui puisse nuire par sa chute, et celle de
» rien jeter qui puisse blesser ou endommager les
» passans, ou causer des exhalaisons nuisibles;

» 2.º Le soin de réprimer ou de punir les délits
» contre la tranquillité publique, tels que les rixes
» et disputes accompagnées d'ameutemens dans
» les rues, le tumulte excité dans les lieux d'as-
» semblées publiques, les bruits et attroupemens
» nocturnes qui troublent le repos des citoyens;

» 3.º Le maintien du bon ordre dans les endroits
» où il se fait de grands rassemblemens d'hommes,
» tels que foires, marchés, réjouissances et céré-
» monies publiques, spectacles, jeux, cafés, caba-
» rets, églises, et autres lieux publics;

» 4.º L'inspection sur la fidélité du débit des
» denrées qui se vendent au poids, à l'aune, ou à
» la mesure, et sur la salubrité des comestibles
» exposés en vente publique;

» 5.º Le soin de prévenir par les précautions
» convenables et celui de faire cesser par la dis-
» tribution des secours nécessaires les accidens et
» fléaux calamiteux, tels que les incendies, les
» épidémies, les épizooties, en provoquant aussi,
» dans ces deux derniers cas, l'autorité de dépar-
» tement ou de district;

» 6.º Le soin d'obvier ou de remédier aux évè-
» nemens fâcheux qui pourraient être occasionés
» par les insensés ou les furieux laissés en liber-
» té, et par la divagation des animaux mal-fai-
» sans ou féroces. »

L'art. 4 de la même loi est relatif à la police
des théâtres et spectacles, et a reçu des modifications par des lois subséquentes, notamment par
le décret du 13 janvier 1791.

EXTRAIT DE LA LOI DU 19 — 22 JUILLET 1791,
TITRE 1.ᵉʳ, ART. 5 ET 6.

« Dans les villes et dans les campagnes, les au-
» bergistes, maîtres d'hôtels garnis et logeurs,
» seront tenus d'inscrire, de suite et sans aucun
» blanc, sur un registre ou papier timbré, et pa-
» raphé par un officier municipal ou un com-
» missaire de police, les noms, qualités, domicile
» habituel, dates d'entrée et de sortie, de tous
» ceux qui coucheront chez eux, même une seule

» nuit; de représenter ce registre tous les quinze
» jours, et en outre toutes les fois qu'ils en seront
» requis, soit aux officiers municipaux, soit aux
» officiers de police ou aux citoyens commis par
» la municipalité. » (Art. 5.)

« Faute de se conformer aux dispositions du
» précédent article, ils seront condamnés à une
» amende du quart de leur droit de patente, sans
» que cette amende puisse être au-dessous de trois
» livres, et ils demeureront civilement respon-
» sables des désordres et délits commis par ceux
» qui logeront dans leurs maisons. » (Art. 6.)

(*Voyez* Contraventions de deuxième classe, *ci-dessous,*
pour le changement de la peine.)

2. CONTRAVENTIONS DE DEUXIÈME CLASSE.

« Seront punis d'amende depuis 6 fr. jusqu'à
» 10 fr. inclusivement,

» 1.º Ceux qui auront contrevenu aux bans de
» vendanges ou autres bans autorisés par les rè-
» glemens ;

» 2.º Les aubergistes, hôteliers, logeurs, ou
» loueurs de maisons garnies, qui auront négligé
» d'inscrire de suite et sans aucun blanc, sur un
» registre tenu régulièrement, les noms, qualités,
» domicile habituel, dates d'entrée et de sortie
» de toute personne qui aurait couché ou passé
» une nuit dans leurs maisons; ceux d'entre eux
» qui auraient manqué à représenter ce registre
» aux époques déterminées par les règlemens ou
» lorsqu'ils en auraient été requis, aux maires, ad-

» joints, officiers ou commissaires de police, ou aux
» citoyens commis à cet effet : le tout sans préju-
» dice des cas de responsabilité mentionnés en
» l'art. 73 du présent Code, relativement aux crimes
» ou aux délits de ceux qui, ayant logé ou sé-
» journé chez eux, n'auraient pas été régulièrement
» inscrits ;

   » 3.º Les rouliers, charretiers, conducteurs de
» voitures quelconques ou de bêtes de charge,
» qui auraient contrevenu aux règlemens par les-
» quels ils sont obligés de se tenir constamment
» à portée de leurs chevaux, bêtes de trait ou
» de charge, et de leurs voitures, et en état de les
» guider et conduire ; d'occuper un seul côté des
» rues, chemins ou voies publiques ; de se détour-
» ner ou ranger devant toutes autres voitures, et à
» leur approche, de leur laisser libre au moins la
» moitié des rues, chaussées, routes et chemins ;

   » 4.º Ceux qui auront fait ou laissé courir les
» chevaux, bêtes de trait, de charge ou de mon-
» ture, dans l'intérieur d'un lieu habité, ou violé
» les règlemens contre le chargement, la rapidité
» ou la mauvaise direction des voitures ; ceux qui
» contreviendront aux dispositions des ordonnan-
» ces et règlemens ayant pour objet la solidité
» des voitures publiques, leur poids, le mode de
» leur chargement, le nombre et la sûreté des
» voyageurs, l'indication, dans l'intérieur des voi-
» tures, des places qu'elles contiennent et du prix
» des places, l'indication à l'extérieur du nom du
» propriétaire ;

» 5.º Ceux qui auront établi ou tenu dans les
» rues, chemins, places ou lieux publics, des jeux
» de loterie ou autres jeux de hasard ;

» 6.º Ceux qui auront vendu ou débité des bois-
» sons falsifiées, sans préjudice des peines plus
» sévères qui seront prononcées par les tribunaux
» de police correctionnelle dans le cas où elles con-
» tiendraient des mixtions nuisibles à la santé ;

» 7.º Ceux qui auraient laissé divaguer des fous
» ou des furieux étant sous leur garde, ou des ani-
» maux mal-faisans ou féroces ; ceux qui auront
» excité ou n'auront pas retenu leurs chiens lors-
» qu'ils attaquent ou poursuivent les passans,
» quand même il n'en serait résulté aucun mal ni
» dommage ;

» 8.º Ceux qui auraient jeté des pierres ou autres
» corps durs ou des immondices contre les mai-
» sons, édifices et clôtures d'autrui, ou dans les
» jardins ou enclos, et ceux aussi qui auraient
» volontairement jeté des corps durs ou des im-
» mondices sur quelqu'un ;

» 9.º Ceux qui, n'étant propriétaires, usufrui-
» tiers, ni jouissant d'un terrain ou d'un droit de
» passage, y sont entrés et y ont passé dans le
» temps où ce terrain était chargé de grains en
» tuyau, de raisins, ou autres fruits mûrs, ou
» voisins de la maturité ;

» 10.º Ceux qui auraient fait ou laissé passer
» des bestiaux, animaux de trait, de charge ou de
» monture, sur le terrain d'autrui ensemencé
» ou chargé d'une récolte, en quelque saison que

» ce soit, ou dans un bois-taillis appartenant à
» autrui ;

» 11.º Ceux qui auraient refusé de recevoir les
» espèces et monnaies nationales non faussées ni
» altérées, selon la valeur pour laquelle elles ont
» cours ;

» 12.º Ceux qui, le pouvant, auront refusé ou
» négligé de faire les travaux, le service, ou de
» prêter le secours dont ils auront été requis dans
» les circonstances d'accidens, tumultes, naufrage,
» inondation, incendie, ou autres calamités, ainsi
» que dans le cas de brigandages, pillages, fla-
» grant délit, clameur publique, ou d'exécution
» judiciaire ;

» 13.º Les personnes désignées aux art. 284 et
» 288 du présent Code ;

Nota. Les deux articles précités établissent une réduc-
tion de peine de simple police, d'après l'article 284, 1.º à
l'égard des crieurs et afficheurs, vendeurs ou distributeurs
qui auraient fait connaître la personne de laquelle ils tiennent un écrit imprimé qui ne porte pas le nom de son auteur ou de l'imprimeur ; 2.º à l'égard de quiconque aurait
fait connaître l'imprimeur ; 3.º à l'égard même de l'imprimeur qui aura fait connaître l'auteur ;

Et d'après l'article 288, 1.º à l'égard des crieurs, vendeurs ou distributeurs de pamphlets, figures ou images
contraires aux bonnes mœurs, qui auront fait connaître la
personne qui aura remis l'objet du délit ;

2.º A l'égard de quiconque aura fait connaître l'imprimeur ou le graveur ;

3.º A l'égard même de l'imprimeur ou du graveur qui
auront fait connaître l'auteur ou la personne qui les aura
chargés de l'imprimer ou de le graver.

» 14.º Ceux qui exposent en vente des comes-
» tibles gâtés, corrompus ou nuisibles ;

» 15.º Ceux qui déroberont, sans aucune des
» circonstances prévues en l'article 388, des ré-
» coltes, ou autres productions utiles de la terre,
» qui, avant d'être soustraites, n'étaient pas en-
» core détachées du sol. » (*Loi du* 28 *avril* 1832,
art. 96, remplaçant l'art. 475 du *Code pénal.*)

« Pourra, suivant les circonstances, être pro-
» noncé, outre l'amende portée en l'article précé-
» dent, l'emprisonnement pendant trois jours au
» plus contre les rouliers, charretiers, voituriers
» et conducteurs en contravention ; ceux qui au-
» ront contrevenu aux règlemens ayant pour ob-
» jet soit la rapidité, la mauvaise direction ou le
» chargement des voitures ou des animaux, soit la
» solidité des voitures publiques, leur poids, le
» mode de leur chargement, le nombre ou la sû-
» reté des voyageurs ; contre les vendeurs et débi-
» tans de boissons falsifiées ; contre ceux qui au-
» ront jeté des corps durs ou des immondices. »
(Art. 97 ou 476.)

« Seront saisis et confisqués, 1.º les tables, ins-
» trumens, appareils des jeux ou des loteries éta-
» blis dans les rues, chemins et voies publiques,
» ainsi que les enjeux, les fonds, denrées, objets ou
» lots proposés aux joueurs, dans le cas de l'art.
» 476 ; 2.º les boissons falsifiées trouvées appartenir
» au vendeur et débitant : ces boissons seront ré-
» pandues ; 3.º les écrits ou gravures contraires
» aux mœurs : ces objets seront mis sous le pi-

» lon ; 4.º les comestibles gâtés, corrompus ou nui-
» sibles : ces comestibles seront détruits. » (Art.
98 ou 477.)

« La peine de l'emprisonnement pendant cinq
» jours au plus sera toujours prononcée, en cas de
» récidive, contre toutes les personnes mentionnées
» dans l'art. 475.

» Les individus mentionnés au n.º 5 du même
» article, qui seraient repris, pour le même fait,
» en état de récidive, seront traduits devant le
» tribunal de police correctionnelle, et punis d'un
» emprisonnement de six jours à un mois, et d'une
» amende de 16 fr. à 200 fr. » (99 ou 478.)

3. CONTRAVENTIONS DE TROISIÈME CLASSE.

« Seront punis d'une amende de 11 à 15 fr. in-
» clusivement, 1.º ceux qui, hors les cas prévus de-
» puis l'art. 434 jusques et compris l'art. 462 du
» Code pénal, auront volontairement causé du
» dommage aux propriétés mobilières d'autrui ;
» 2.º Ceux qui auront occasioné la mort ou la
» blessure des animaux ou bestiaux appartenant à
» autrui, par l'effet de la divagation des fous ou
» furieux, ou d'animaux mal-faisans ou féroces, ou
» par la rapidité, ou la mauvaise direction, ou
» chargement excessif des voitures, chevaux, bêtes
» de trait, de charge ou de monture ;
» 3.º Ceux qui auront occasioné les mêmes dom-
» mages par l'emploi ou l'usage d'armes sans
» précaution ou avec mal-adresse, ou par jet de
» pierres ou autres corps durs ;

» 4.º Ceux qui auront causé les mêmes acci-
» dens par la vétusté, la dégradation, le défaut de
» réparation et d'entretien des maisons ou édi-
» fices, ou par l'encombrement ou l'excavation,
» ou telles autres œuvres, dans ou près les rues,
» chemins, places ou voies publiques, sans les
» précautions ou signaux ordonnés ou d'usage ;

» 5.º Ceux qui auront de faux poids ou de
» fausses mesures dans leurs magasins, bouti-
» ques, ateliers ou maisons de commerce, ou dans
» les halles, foires ou marchés, sans préjudice des
» peines qui seront prononcées par les tribunaux
» de police correctionnelle contre ceux qui auraient
» fait usage de ces faux poids ou fausses mesures ;

» 6.º Ceux qui emploieront des poids ou des
» mesures différens de ceux qui sont établis par
» les lois en vigueur ; les boulangers et bouchers
» qui vendront le pain ou la viande au-delà du
» prix fixé par la taxe légalement faite et publiée ;

» 7.º Les gens qui font le métier de deviner et
» pronostiquer, ou d'expliquer les songes ;

» 8.º Les auteurs ou complices des bruits ou ta-
» pages injurieux ou nocturnes, troublant la tran-
» quillité des habitans ;

» 9.º Ceux qui auront méchamment enlevé ou
» déchiré les affiches apposées par ordre de l'ad-
» ministration ;

10.º Ceux qui mèneront sur le terrain d'autrui
» des bestiaux, de quelque nature qu'ils soient, et
» notamment dans les prairies artificielles, dans
» les vignes, oseraies, dans les plants de câpriers,

» dans ceux d'oliviers, de mûriers, de grenadiers,
» d'orangers, et d'arbres de même genre, dans tous
» les plants ou pépinières d'arbres fruitiers ou au-
» tres faits de main d'homme ;

» 11.º Ceux qui auront dégradé ou détérioré,
» de quelque manière que ce soit, les chemins pu-
» blics, ou usurpé sur leur largeur ;

» 12.º Ceux qui, sans y être dûment autorisés,
» auront enlevé des chemins publics les gazons,
» terres ou pierres, ou qui, dans les lieux appar-
» tenant aux communes, auraient enlevé les terres
» ou matériaux, à moins qu'il n'existe un usage
» général qui l'autorise. » (100 ou 479.)

« Pourra, selon les circonstances, être pronon-
» cée la peine d'emprisonnement pendant cinq
» jours au plus,

» 1.º Contre ceux qui auront occasioné la mort
» ou la blessure des animaux ou bestiaux appar-
» tenant à autrui, dans les cas prévus par le n.º 3
» du précédent article ;

» 2.º Contre les possesseurs de faux poids et de
» fausses mesures ;

» 3.º Contre ceux qui emploient des poids ou des
» mesures différens de ceux que la loi en vigueur
» a établis ; contre les boulangers et bouchers, dans
» les cas prévus par le § 6 de l'article précédent ;

» 4.º Contre les interprètes de songes ;

» 5.º Contre les auteurs de bruits ou tapages
» injurieux ou nocturnes. » (101 ou 480.)

« Seront de plus saisis et confisqués, 1.º les faux
» poids, les fausses mesures, ainsi que les poids

» et les mesures différens de ceux que la loi en
» vigueur a établis; 2.º les instrumens, ustensiles
» et costumes servant ou destinés à l'exercice du
» métier de devin, pronostiqueur, ou interprète
» de songes. » (Art. 481 du *Code pénal.*)

« La peine d'emprisonnement pendant cinq
» jours aura toujours lieu, pour récidive, contre
» les personnes et dans les cas mentionnés en
» l'art. 479. » (*Ibidem*, 482.)

DISPOSITIONS COMMUNES

AUX TROIS SECTIONS CI-DESSUS.

« Il y a récidive dans tous les cas prévus par le
» présent livre, lorsqu'il a été rendu contre le con-
» trevenant, dans les douze mois précédens, un
» premier jugement pour contravention de po-
» lice commise dans le ressort du même tribunal.
» L'art. 463 du présent Code sera applicable à
» toutes les contraventions ci-dessus indiquées. »
(102 ou 483.)

NOTA. L'article 463 du Code pénal autorise les tribunaux à réduire les peines quand il y a des circonstances
atténuantes.

DISPOSITION GÉNÉRALE.

« Dans toutes les matières qui n'ont pas été ré-
» glées par le présent Code, et qui sont régies
» par des lois et règlemens particuliers, les cours
» et tribunaux continueront de les observer. »
(*Code pénal,* art. 484.)

CHAPITRE II.

DE QUELQUES CONTRAVENTIONS.

QUI NE SONT PAS PRÉVUES

PAR LE CODE PÉNAL.

1. Bacs et bateaux.
2. Des pâtres et bergers.
3. Des cafés, auberges et cabarets.
4. Des poids et mesures.
5. Des volailles et pigeons.
6. Des bestiaux laissés morts.
7. Violences légères.
8. Des bois taillis.
9. Divagation des chèvres.
10. De la surveillance des chiens.
11. Du parcours.
12. Voierie, voie publique.
13. Bancs de bois ou de pierre, bornes, chasse-roues, bâtimens, couverts de chaume.
14. Interdiction du pâturage à différens particuliers.
15. De la vaine pâture.
16. Des reprises de terre.
17. Des octrois.

1. BACS ET BATEAUX.

« Il est expressément défendu aux adjudicatai-
» res, mariniers, ou autres personnes employées au
» service des bacs et bateaux, d'exiger dans aucun

» temps autres et plus fortes sommes que celles
» portées aux tarifs, à peine d'être condamnés par
» le juge de paix du canton, soit sur la réquisition
» des parties plaignantes, soit sur celle du minis-
» tère public, à la restitution des sommes indû-
» ment perçues, et en outre, par forme de police,
» à une amende qui ne pourra être moindre de la
» valeur d'une journée de travail, et à trois jours
» d'emprisonnement. Le jugement de condamna-
» tion sera imprimé et affiché aux frais du con-
» trevenant. En cas de récidive la condamnation
» sera prononcée par le tribunal de police correc-
» tionnelle, etc. » (*Loi du* 6 *frimaire an* 7.)

Nota. Il faut appliquer maintenant, pour l'amende ci-
dessus fixée, le § 5 de l'article 471 du Code pénal, qui est
relatif à ceux qui refusent d'exécuter les règlemens de petite voierie, de laquelle fait évidemment partie le passage
des bacs. Cette amende doit représenter la journée de travail dont parle l'article précédent.

« Si des passagers refusent de payer les droits
» de tarif, ou veulent s'y soustraire, ils seront
» condamnés par le jugement au paiement de ces
» droits, et, en outre, à une amende de la valeur
» d'une à trois journées de travail. En cas de réci-
» dive le juge prononcera avec l'amende un em-
» prisonnement d'un à trois jours, avec l'affiche de
» son jugement aux frais du contrevenant. Si le
» refus était accompagné d'injures, menaces, vio-
» lences ou voies de fait, les coupables seront punis
» correctionnellement, et condamnés à une amende
» qui ne pourra être moindre de 100 fr., et à un
» emprisonnement qui ne pourra excéder trois
» mois. » (*Ibid.,* art. 57.)

2. DES PATRES OU BERGERS.

« Dans les lieux sujets au parcours ou à la vaine
» pâture, où les habitans mettent en commun
» leurs bestiaux pour les faire pâturer sur les ter-
» rains communaux, tous ces bestiaux sont réunis
» et confiés à la garde des pâtres communaux. »
(*Loi du* 6 *octobre* 1791.)

Notices.

1. Chaque propriétaire peut avoir un berger
particulier, quand même il existe un pâtre pour
la commune.

2. Les communes sont responsables des dégâts
commis par leurs pâtres, sauf leur recours contre
eux. (*Cassation,* 22 *février* 1811.)

« Les pâtres et les bergers ne pourront mener
» les troupeaux d'aucune espèce dans les champs
» moissonnés et ouverts, que deux jours après
» la récolte entièrement enlevée, sous peine de
» la valeur d'une journée de travail. L'amende
» est double si les bestiaux ont pénétré dans un
» enclos rural. » (*Loi du* 6 *octobre* 1791, art. 22.)

Notices.

1. L'amende est élevée à trois journées de travail pour tous les délits ruraux. (*Loi du* 23 *thermidor an* 4.)

2. L'art. 484 du Code pénal maintient l'exécu-

tion de la loi du 6 octobre 1791, attendu que ce Code ne comprend ni ne prévoit ses dispositions. (*Arrêt du* 19 *brumaire an* 8.)

3. Le délit de dépaissance ou pâturage, commis par les pâtres ou bergers, lors même qu'il y a garde à vue des bestiaux, peut être jugé par les tribunaux de police. (*Cassation,* 1.er *février* 1822.)

3. DES CAFÉS, AUBERGES ET CABARETS.

« Les objets de police confiés à la vigilance et à » l'autorité des corps municipaux sont, 1.º, etc.; » 3.º le maintien du bon ordre dans les endroits où » il se fait de grands rassemblemens d'hommes, » tels que foires, marchés, réjouissances et céré- » monies publiques, spectacles, jeux, cafés, caba- » rets, églises, et autres lieux publics. » (*Loi du* 24 *août* 1790, art. 3.)

4. DES POIDS ET MESURES.

« Les maires, adjoints et commissaires de police, » sont chargés de faire plusieurs fois l'année des » visites dans les boutiques ou magasins des mar- » chands, dans les foires, halles et marchés, pour » s'assurer si l'on se sert des nouveaux poids et » mesures, vérifier leur exactitude et fidélité, sai- » sir ceux qui ne seront pas étalonnés, ou qui se- » raient faux ou non autorisés. » *Loi du* 22 *juillet* 1791.)

Notices.

1. Les fonctions attribuées aux maires et adjoints par l'article précédent, sont déléguées à des inspecteurs des poids et mesures. (*Arrêté du* 29 *prairial an* 9.)

2. Les dispositions nécessaires à l'exécution des lois relatives aux poids et mesures, sont attribuées aux préfets. (*Arrêt du* 10 *septembre* 1819.)

3. Celui qui néglige de faire vérifier les poids et mesures qui doivent l'être, est passible de l'amende de 11 à 15 fr. (*Cassation,* 5 *mars* 1813.)

4. Le tribunal de police est incompétent pour connaître des contraventions aux arrêtés des préfets, contenant des mesures pour obliger les marchands, débitans et autres, à se nantir de poids et mesures, à les faire annuellement vérifier et étalonner. (*Cassation,* 29 *mars* et 17 *mai* 1821.)

5. DES VOLAILLES ET PIGEONS.

« Les objets de police confiés à la vigilance et à » l'autorité des corps municipaux sont, 1.º tout ce » qui intéresse la sûreté et la commodité du pas- » sage dans les rues, quais, places et voies pu- » bliques. » (*Loi du* 24 *août* 1790, art. 3, tit. 2.)

Notices.

1. Les maires peuvent interdire la circulation ou divagation des oies, poules et canards, dans les rues et lieux publics, attendu que ces animaux nuisent à la propreté et à la liberté du passage. (*Cassation,* 2 *juin* 1821.)

2. Celui qui laisse vaguer ses volailles sur le terrain d'autrui, est passif des peines du Code du 3 brumaire an 4. (*Cassation,* 11 *août* 1808.)

3. Les maires peuvent défendre de laisser les oies dans les champs sujets au parcours du bétail. (*Arrêt du* 11 *octobre* 1821.)

« Le propriétaire, le détenteur ou fermier d'un » terrain sur lequel des volailles font du dom- » mage, peut les tuer sur le lieu, sans pouvoir s'en » emparer. » (*Loi du* 6 *octobre* 1791, art. 2, tit. 2.)

Notices.

1. Le fait de tuer des volailles sur un terrain appartenant à autrui n'est pas une contravention. Il n'y a lieu qu'à une action civile pour le paiement du dommage devant le juge civil. (*Lois des* 24 *août* 1790 et 6 *octobre* 1791.)

2. C'est à l'autorité municipale à fixer les époques auxquelles les colombiers doivent être fermés; mais les municipalités ne peuvent infliger aucune peine pour défaut de leur fermeture, parce que la loi permet alors de détruire les pigeons. (*Loi du* 4 *août* 1790, et *Décision du comité féodal du* 23 *juillet* 1790.)

6. DES BESTIAUX LAISSÉS MORTS.

« Le propriétaire doit enfouir ses bestiaux morts » à quatre pieds de profondeur, et dans son terrain,

24

» ou dans le lieu désigné par la municipalité, sous
» peine par le délinquant de payer une amende
» d'une journée de travail. » (*Loi du 6 octobre
1791, art. 23, tit. 2.*)

Notices.

1. L'amende prévue par l'article précédent est
élevée à trois journées de travail par la loi du 24
thermidor an 4, art. 2.

2. On doit enfouir à 50 toises au moins des
maisons, et à 8 pieds de profondeur, les bestiaux
morts de maladies contagieuses. (*Arrêts de règlement des 24 mars 1745 et 16 juillet 1784. — Ordonnance royale du 22 janvier 1815.*)

7. VIOLENCES LÉGÈRES.

« Sont punis de peines de simple police, 1.º ceux
» qui....., les auteurs de rixes...., de voies de
» fait et de violences légères, pourvu qu'ils n'aient
» blessé ni frappé personne, et qu'ils ne soient pas
» notés, d'après les dispositions de la loi du 19
» juillet 1791, comme gens sans aveu, suspects,
» mal intentionnés: auxquels cas ils ne peuvent être
» jugés que par le tribunal correctionnel. » (*Code
de brumaire an 4, art. 605.*)

Notice.

La Cour de cassation a clairement caractérisé
les violences légères, par arrêt du 14 avril 1821,
dont voici la teneur :

« Attendu que les faits imputés à Louis Chalier
» sont d'avoir, sur une place publique, saisi par
» derrière une jeune personne avec violence, de
» lui avoir ensuite ouvert la bouche, et de l'avoir
» remplie de son ; attendu que ces faits, n'ayant été
» accompagnés ni de blessures, ni de coups, ne
» peuvent se rattacher à l'art. 311 du Code pénal,
» ni au jet de corps durs ou d'immondices dont
» parle l'art. 475, mais qu'ils ont, au contraire,
» le caractère de voies de fait et de violences lé-
» gères exprimées par l'art. 605 du Code de bru-
» maire an 4 ;

» Que lesdites voies de fait et violences légères
» n'étant l'objet d'aucune disposition du Code pé-
» nal de 1810, ni d'aucune autre loi postérieure à
» celle du 3 brumaire an 4, les dispositions qui s'y
» rapportent sont formellement maintenues par
» l'art. 484 du nouveau Code pénal ;

» Que, la peine étant de simple police, le tribu-
» nal d'Uzès n'a pu renvoyer le prévenu à la po-
» lice correctionnelle sans méconnaître les règles
» de sa compétence, casse et annulle. »

8. DES BOIS-TAILLIS.

« Les propriétaires d'animaux trouvés de jour en
» délit dans les bois de dix ans et au-dessus, seront
» condamnés à une amende de 1 fr. pour un co-
» chon, 2 fr. pour une bête à laine, 3 fr. pour un
» cheval ou autre bête de somme, 4 fr. pour une
» chèvre, 5 fr. pour un bœuf, une vache ou un

» veau. L'amende sera double si les bois ont moins
» de dix ans, sans préjudice, s'il y a lieu, de dom-
» mages et intérêts. » (*Code forestier,* art. 199.)

« La peine sera double en cas de récidive. » (*Ibid.,*
art. 200. — Voyez, au surplus, *Code pénal,* art.
475, § 10.)

9. DIVAGATION DES CHÈVRES.

« Il est défendu de conduire les chèvres sur l'hé-
» ritage d'autrui dans les lieux qui ne sont sujets
» ni au parcours ni à la vaine pâture, contre le
» gré du propriétaire, sous peine d'une amende
» de trois journées de travail. » (*Lois des* 6 *octobre*
1791 *et* 24 *thermidor an* 3, art. 2.)

« Dans les pays de parcours ou de vaine pâ-
» ture, où les chèvres ne sont pas rassemblées et
» conduites en troupeaux communs, celui qui au-
» ra des animaux de cette espèce, ne pourra les
» mener aux champs qu'attachés, sous peine d'une
» amende d'une journée de travail par tête d'a-
» nimal.

» En quelque circonstance que ce soit, lors-
» qu'elles auront fait du dommage aux arbres,
» fruits, ou autres, haies, vignes, jardins, l'a-
» mende sera double, sans préjudice du dédom-
» magement dû au propriétaire. » (*Ibid.,* 6 *octobre* 1791.)

Notice.

Malgré l'autorisation donnée par un maire de
faire paître des bestiaux dans un bois-taillis, il y

a délit relativement aux chèvres. (*Cassation*, 6 *juin* 1817.)

10. DE LA SURVEILLANCE DES CHIENS.

« Les chiens qui ne sont reconnus par per-
» sonne, ou dont les maîtres sont inconnus, doi-
» vent être tués. » (*Edit de Henri II du mois de
mars* 1556.)

« Il est défendu aux artisans, cultivateurs et
» autres, de laisser vaguer leurs chiens, de se
» faire suivre par eux, à moins qu'ils ne les atta-
» chent en laisse, ou qu'ils ne soient muselés, de
» les agacer et faire battre contre d'autres chiens,
» de les faire courir devant les voitures, ou de les
» placer en garde sous les charrettes sans y être
» attachés. » *Ordonnance du* 20 *avril* 1725, 11
» *février* 1741, 10 *avril* 1762, et 21 *mai* 1724.)

Notices.

1. Les maires ont droit de prendre des arrêtés
qui ordonnent de renfermer les chiens pour prévenir qu'ils ne soient mordus des chiens enragés.
Ils tiennent ce droit des lois des 24 août 1790 et
22 juillet 1791, qui chargent les autorités muni-
cipales de prendre toutes les mesures convenables
pour la sûreté publique, pour prévenir les accidens, et pour la liberté du passage dans les rues.
(*Cour de cassation*, 19 août 1819.)

2. Le propriétaire d'un chien qui, dans les
rues, mord ou attaque les passans, est passible des

peines portées en l'art. 475, n.º 7, du Code pénal.

3. Tout propriétaire de chien ou autres animaux domestiques, qui ne prend pas de précautions pour prévenir le mal qu'ils peuvent causer, est tenu de réparer pleinement celui qu'ils commettent, à moins que le dommage ou la blessure ne provienne de la faute de celui qui l'éprouve, en excitant ou agaçant l'animal auteur du mal. (*Cour de Paris*, 24 *mai* 1810.)

11. DU PARCOURS.

1. L'exercice du droit de parcours se règle par des arrêtés locaux ou municipaux, et les juges de paix sont compétens pour connaître des contraventions relatives à ce droit. (*Cassation*, 25 *janvier* 1821.)

2. Dans aucun cas et dans aucun temps le droit de parcours ni celui de vaine pâture ne pourront s'exercer sur les prairies artificielles, et ne pourront avoir lieu sur aucune terre ensemencée ou couverte de quelque production que ce soit, qu'après la récolte. (*Loi du* 6 *octobre* 1791, art. 5, tit. 1.ᵉʳ)

3. Le tribunal de police n'est pas compétent pour prononcer une peine pour le seul fait d'avoir exercé le parcours sans titre ni possession : il faut pour cela qu'il existe un règlement local et municipal qui interdise le parcours. Ni le Code pénal ni la loi du 6 octobre 1791 ne sont applicables à cet égard. (*Cassation*, 9 *mars* 1821.)

4. Il n'appartient pas aux juges de police, sous

prétexte de l'intérêt de l'agriculture, de changer, réformer ou modifier les règlemens locaux concernant l'exercice du droit de parcours, ni même de suspendre l'exécution de ces règlemens par le refus de décider sur les contraventions qui y sont faites.

5. Les juges de police ne doivent pas déférer à des règlemens municipaux qui seraient contraires aux lois, ou non autorisés par elles. » (*Cassation,* 12 *novembre* 1815.)

12. VOIERIE, VOIE PUBLIQUE.

« L'administration en matière de grande voie- » rie appartiendra aux corps administratifs; et la » police de conservation, tant pour les grandes » routes que pour les chemins vicinaux, aux juges » de district. » (*Loi du 7 septembre* 1790, art. 6, tit. 4.)

Notices.

1. En matière de petite voierie, quoique le pouvoir de déterminer les alignemens des maisons qui bordent les rues appartienne aux maires, il n'en est pas ainsi de la connaissance des contraventions aux arrêtés pris sur ces alignemens : c'est une attribution spéciale des juges de police, qui seuls exercent la police municipale créée par la loi du 24 août 1790, attribution confirmée par l'art. 471 du Code pénal. Il faut en excepter les alignemens qui, formant le prolongement d'une grande route, sont, par cette circonstance, dans les attributions de la grande voierie. (*Arrêt du* 29 *mars* 1821.)

2. L'administration attribuée aux corps administratifs par l'art. 6, rapporté ci-dessus, comprend, dans toute l'étendue du royaume, l'alignement des rues des villes, bourgs et villages, qui servent de grande route. (*Loi du 7 octobre* 1790. —Voyez l'art. 479, § 11 du *Code pénal.*)

13. BANCS DE BOIS OU DE PIERRE, BORNES, CHASSE-ROUES, BATIMENS, COUVERTS DE CHAUME.

1. Il est défendu de placer des bancs de bois ou de pierre près des maisons donnant sur la voie publique, à moins d'en obtenir la permission des agens de la voierie.

Ces bancs, s'il en est placé sans autorisation, seront détruits, et les contrevenans seront condamnés à une amende de 20 fr. (*Ordonnance du* 16 *juin* 1693.)

2. On ne peut établir des bornes, chasse-roues, contre les maisons sur la voie publique, dans les campagnes et dans les villes, sans une permission de la petite voierie, à peine d'amende.

3. Les bornes, chasse-roues, ne peuvent avoir une saillie plus forte que de 25 centimètres, à peine d'arrachement et d'amende. (*Ordonnance des* 22 *et* 25 *février* 1787.)

4. L'amende à infliger pour tout ce qui regarde la voie publique est de 1 à 5 fr. (*Code pénal,* art. 471.)

5. Un règlement administratif portant défense de couvrir les maisons en chaume, avec de la

paille ou des roseaux, est obligatoire. (*Cassation,* 21 *août* 1818.)

14. INTERDICTION DU PATURAGE

A DIFFÉRENS PARTICULIERS.

Il est fait défense à tous propriétaires, usufruitiers, fermiers et autres possesseurs de biens ruraux, d'avoir plus d'une bête à laine et son suivant par arpent de terre labourable qu'ils possèdent ou cultivent. Il est également défendu à tous autres habitans qui ne font valoir aucune terre, d'envoyer paître des bêtes à laine dans les campagnes, sous quelque prétexte que ce puisse être, à peine de 10 livres d'amende, de saisie et de confiscation des bêtes à laine qui seraient trouvées dans les campagnes. (*Arrêt du parlement de Paris,* 9 mai 1777.)

Ce règlement n'est pas abrogé. (Voyez l'art. 484 du *Code pénal.*)

15. DE LA VAINE PATURE.

1. Le droit de vaine pâture dans une paroisse, accompagné ou non de la servitude du parcours, ne pourra exister que dans les lieux où il est fondé sur un titre particulier, ou autorisé par la loi ou par un usage local immémorial, et à la charge que la vaine pâture n'y sera exercée que conformément aux règles et usages locaux qui ne contrarieront point les réserves portées dans les arti-

cles suivans de la présente section. (*Loi du* 6 *oc--
tobre* 1791, art. 3, tit. 1.er)

2. Tout chef de famille domicilié, qui ne sera
ni propriétaire ni fermier d'aucune terre sujette
à la vaine pâture, et les propriétaires ou fermiers
auxquels la modicité de leur exploitation n'assu-
rerait pas l'avantage qui va être déterminé, pourront mettre sur lesdits terrains, soit par troupeaux
séparés, soit en troupeau commun, jusqu'au nombre de six bêtes à laine, et d'une vache avec son
veau, sans préjudice aux droits desdites personnes
sur les terres communales, s'il y en a dans la paroisse, et sans entendre rien innover aux lois,
coutumes ou usages locaux, et de temps immémorial, qui leur accorderaient un plus grand
avantage. (*Loi du* 6 *octobre* 1791, art. 14.)

3. Les arrêtés des maires et des préfets pour le
maintien et le bon ordre de la vaine pâture sont
obligatoires. (*Cour régulatrice, du* 24 *août* 1790.)

(*Voyez* 1.re *partie, au mot* Prescription.)

16. DES REPRISES DE TERRE.

« Si quelqu'un, avant leur maturité, coupe ou
» détruit de petites parties de blé en vert, ou
» d'autres productions de la terre, sans intention
» manifeste de voler, il paiera en dédommage-
» ment, au propriétaire, une somme égale à la
» valeur que l'objet aurait eue dans sa maturité. Il
» sera condamné à une amende égale à la valeur
» du dédommagement, et il pourra l'être à la dé-

» tention de police municipale. » (*Code rural,* 28 *septembre* 1791, tit. 2, art. 28.)

Notices.

1. Il existe un genre de contravention qui n'a pas été prévu par le Code pénal, et qui est la source de bien des contestations entre les cultivateurs : ce sont les reprises de terre, c'est-à-dire la reprise d'une portion de terrain emblavé sur un champ voisin auquel elle avait été jointe tout récemment au préjudice de celui qui la reprend.

2. Voici les moyens indiqués par M. Henrion de Pansey, page 165 de sa *Compétence des juges de paix,* pour rendre compétent le tribunal de simple police en matière de contravention de cette nature :

1.° Il faut que la partie civile ne réclame par sa citation, à titre d'indemnité, qu'une somme qui n'excède pas 15 fr.

2.° S'il n'y a pas de partie civile, et que le juge de paix estime ou fasse estimer le dommage causé suivant l'art. 148 du Code d'instruction criminelle, et que l'évaluation de ce dommage n'excède pas 15 fr., l'action à intenter est aussi de la compétence du tribunal de police.

Dans ces deux cas le savant auteur est d'avis que l'art. 28, tit. 2, du Code rural du 28 septembre 1791, dont nous venons de rapporter le texte, doit être appliqué; et c'est aussi la jurisprudence généralement adoptée.

5. Mais si la partie civile réclame plus de 15 fr., ou que l'évaluation du juge de paix s'élève au-dessus de cette somme, ou bien, enfin, que la demande soit indéterminée, l'action doit être portée au tribunal de police correctionnelle.

4. Il faut observer toutefois que la peine d'emprisonnement prévue par l'art. 28 de la loi de 1791, précité, ne peut plus être appliquée sous l'empire du Code pénal, qui restreint les cas d'emprisonnement à ceux spécifiés par les art. 473, 474, 478 et 482 du Code pénal.

17. DES OCTROIS.

« Toutes amendes en matière d'octroi ne peu-
» vent être prononcées que par les juges de police
» et de police correctionnelle. » (*Lois du 27 frimaire an 8*, art. 17, et *du 2 vendémiaire même année*, art. 2.)

Notices.

1. Bien que l'art. 95 du décret du 15 avril 1811 attribue à l'autorité administrative les contestations en matière de contributions indirectes, celles concernant l'octroi seront toujours portées devant les tribunaux. (*Décret du 22 décembre 1812.*)

2. L'amende encourue pour droit d'octroi ne peut être jugée que par les tribunaux de police : de manière qu'un tribunal civil qui appliquerait cette amende, violerait l'art. 17 de la loi du 27 frimaire an 8.

5. L'action résultant des procès-verbaux en

matière d'octroi, et les questions qui pourraient naître de la défense du prévenu, seront de la compétence exclusive soit du tribunal de police, soit du tribunal correctionnel du lieu de la rédaction du procès-verbal, suivant la quotité de l'amende encourue. (*Ordonnance du 9 décembre 1814*, art. 78.)

4. Tous les actes de procédure en matière d'octroi, de la compétence des tribunaux de simple police, doivent être faits par les préposés, et sont par conséquent étrangers au ministère des huissiers.

(*Voyez, pour les actions civiles en matière d'octroi, chapitre 4, 2.e partie.*)

NOTA. Il peut se trouver encore bien des matières qui n'aient été réglées ni par le Code pénal, ni par les lois et règlemens dont nous en avons fait suivre la nomenclature; mais dans toutes ces matières, qui sont régies par des lois et règlemens particuliers, les cours et tribunaux doivent continuer de les observer. (*Code pénal*, art. 484.)

DE LA DISTINCTION

DANS LE MODE DE POURSUIVRE LES CONTRAVENTIONS,

ET DE LA DIFFÉRENCE QUI EXISTE ENTRE ELLES.

1. Il y a deux sortes de contraventions, savoir :

1.º Celles dont celui qui a souffert le dommage peut demander la réparation par action civile ou par voie de police indifféremment et à son choix;

2.º Et celles que la police seule a le droit de réprimer, et qui ne peuvent être poursuivies que par suite d'un rapport, d'une plainte, ou d'une citation devant le tribunal de simple police.

2. A l'égard des premières, le juge de paix, compétent pour connaître de toutes comme juge civil, n'a pas la même latitude comme juge de police. En cette dernière qualité sa compétence est restreinte aux cas où ces contraventions ne doivent pas être portées devant les tribunaux de police correctionnelle.

3. Les actions que l'on peut indifféremment suivre par voie de police ou porter devant le juge de paix comme juge civil, sont celles que l'on intente pour injures verbales, rixes et voies de fait, pour dommage fait, soit par les hommes, soit par les animaux, aux fruits et récoltes, pour déplacement de bornes, pour usurpation de terres, arbres, fossés et autres clôtures, commis dans l'année.

Si l'on veut intenter une action par voie de police contre quiconque a déplacé ou supprimé les
bornes, ou pieds corniers, ou autres arbres servant de limites; contre ceux qui ont, en tout ou
en partie, comblé des fossés, détruit des clôtures,
de quelques matériaux qu'elles soient faites, coupé
ou arraché des haies vives ou sèches, dévasté des
récoltes sur pied, ou des plants venus naturellement ou de main d'homme, abattu des arbres,
détruit des greffes, coupé des grains ou des four-
rages, on devra la porter devant le tribunal de police correctionnelle.

Dans ces différens cas, si la partie lésée se pour-
voit par action civile, le juge de paix peut statuer,
parce que la demande n'a pour objet que des dommages et intérêts; mais lorsque l'affaire est portée
devant lui comme juge de police, il doit la renvoyer au tribunal correctionnel, par la raison que,
jugeant en police, il serait obligé de condamner
à une amende les auteurs de ces délits, et qu'il
n'a pas le droit de prononcer celle que la loi leur
inflige.

La partie lésée peut, par une citation, déférer
au juge de paix les griefs dont elle se plaint, sans
être obligée d'attendre que le ministère public se
pourvoie, mais sauf à celui-ci, qui doit toujours
être présent aux audiences de police, à requérir
l'application de la peine.

FORMULES DIVERSES.

Section 1.re Contraventions poursuivies à requête des particuliers.
    2. Contraventions poursuivies par le ministère public.
    3. Citation aux témoins.
    4. Signification des jugemens de simple police contenant opposition.
    5. Opposition à un jugement de police par un acte séparé.
    6. Appel des jugemens de simple police.

SECTION PREMIÈRE.

CONTRAVENTIONS POURSUIVIES A REQUÊTE DES PARTICULIERS.

1. Injures verbales.
2. Reprises de terre.
3. Contravention forestière.

1. Injures verbales.

L'an mil huit cent...., le....,à la requête du sieur François G....., manouvrier, demeurant à.....,

J'ai, Charles P...., huissier exerçant près les tribunaux civils de....., et de simple police du canton de...., demeurant à...., y patenté de troisième classe, n.º...., le...., etc.,

Cité Jean-Baptiste R...., vigneron, demeurant à...., où étant, en son domicile, parlant à...., qui a reçu copie des présentes,

A comparaître à...., par-devant le tribunal de simple police du canton de ce lieu, en la salle ordinaire des audiences, rue...., n.°...., à... heures du matin, le....., pour entendre dire

Que, le huit du présent mois, dans la commune de...., en la rue appelée...., à quatre heures du soir, en présence de plusieurs personnes, le cité, sans aucune provocation, a traité publiquement le requérant, de voleur, brigand, sans autre qualification; que, de telles injures pouvant porter atteinte à la réputation dudit requérant, il est obligé d'en poursuivre en justice la répression.

En conséquence il conclut à ce que le cité soit déclaré convaincu, après l'audition de témoins, de l'avoir traité de voleur, brigand, dans les lieux et aux heures indiqués ci-dessus; à ce qu'il soit condamné, à raison de ces faits, en 50 fr. de dommages et intérêts, et à tous les dépens, sans préjudice des peines et amendes auxquelles le ministère public pourra conclure contre lui pour la vindicte publique. Dont acte, sous toutes réserves. Le coût est de.... (*Signature de l'huissier.*)

2. **Reprises de terre**.

L'an mil huit cent...., le...., à la requête du sieur Victor J....., cultivateur, demeurant à.....,

J'ai...., huissier.... soussigné,

Cité Louis F..., cultivateur, demeurant à...,

A comparaître à...., par-devant le tribunal de simple police, etc., pour ouïr exposer

Que le requérant possède une propriété au territoire de...., climat dit...., joignant d'un côté le sieur François E...., d'autre le cité; que dans le cours de la semaine dernière il a labouré cette propriété dans toute la largeur qu'il croit lui appartenir, et y a semé du blé; que le cité, qui a cultivé, deux jours après, la pièce de terre qui lui appartient joignant la propriété précédente, pour l'ensemencer aussi, a anticipé sur cette propriété, dans la partie qui le joint, d'une longueur de cent mètres sur un mètre de large, et a bouleversé la semence de cette partie de terrain, qu'il a jointe à la sienne;

Que par ce fait il a porté dommage au citant; et que celui-ci, pour en obtenir réparation, est obligé de le traduire en justice, et de conclure

A ce qu'il plaise à M. le juge de paix

Déclarer le cité, après l'audition des témoins qui seront produits ou la vérification des lieux, convaincu d'avoir bouleversé la semence dudit citant sur la quantité de terre énoncée, et dans le champ désigné ci-dessus; le condamner en conséquence à lui payer, pour réparation du préjudice qu'il lui a causé par ce fait, la somme de 15 f., avec dépens, sous toutes réserves, sans préjudice des peine et amende auxquelles le ministère public pourra conclure pour la vindicte publique. Dont acte. Le coût est de....   (*Signature de l'huissier.*)

NotA. Il est bien entendu que ce genre d'action n'est ouvert qu'autant que les terres sont ensemencées, et qu'on ne peut suivre de cette manière si des reprises de terre ont lieu sur des terrains qui ne le sont pas.

3. Contravention forestière.

L'an mil huit cent...., le...., à la requête du sieur Paul-Ernest T...., propriétaire, demeurant à....,

J'ai...., huissier.... soussigné,

Cité Pierre G....., manouvrier, demeurant à.....,

A comparaître à....., le....., pour ouïr exposer

Que, par procès-verbal du sieur Pierre P...., garde particulier des bois du requérant, en date du..., enregistré, il est constaté que ledit G.... a été vu et connu le...., à..... heure du..., dans les bois de...., situés sur le territoire de la commune de...., dans la partie appelée...., qui venait de couper un arbre essence de chêne, de la circonférence de quatre décimètres : ce qui porte préjudice audit requérant,

S'entendre en conséquence condamner, ledit cité, à payer à celui-ci, à titre de dommages et intérêts, la somme de 12 fr. pour réparation du préjudice qu'il lui a causé, avec dépens, sous toutes réserves, sans préjudice des peine et amende auxquelles le ministère public pourra conclure pour la vindicte publique.

Et j'ai audit G..., parlant comme est dit, laissé

copie tant dudit procès-verbal relaté que du présent exploit. Dont acte. Le coût est de. . . . .

(*Signature de l'huissier.*)

Nota. Il faut, à peine de nullité, qu'il soit donné copie du rapport et de l'affirmation avec la citation. (*Code forestier,* art. 172 et 189.)

SECTION DEUXIÈME.

CONTRAVENTIONS POURSUIVIES PAR LE MINISTÈRE PUBLIC.

1. Contravention rurale.
2. Contravention rurale dont il y a partie civilement responsable.

1. Contravention rurale.

L'an mil huit cent. . . ., le. . . ., à la requête de M. Louis D. . . ., maire de. . . ., (*ou du commissaire de police, ou de l'adjoint, suivant que les fonctions du ministère public sont remplies par l'un ou l'autre de ces fonctionnaires*), exerçant les fonctions du ministère public près le tribunal de simple police du canton de. . . ., demeurant en ce lieu, où il fait élection de domicile en la mairie,

J'ai. . . ., huissier. . . . soussigné,

Cité Etienne B. . . ., manouvrier, demeurant à. . . ., où étant, en son domicile, parlant à. . . ., qui a reçu copie du présent,

A comparaître à. . . ., par-devant le tribunal de simple police du canton de. . . ., etc., pour ouïr dire

Que, par procès-verbal du garde-champêtre P.., de la commune de...., en date du...., enregistré, il est constaté que ledit Etienne B....., le..., à..... heure du...., a été vu et bien connu, faisant paître deux bœufs dans une pièce de terre ensemencée de trèfle, appartenant à..., située en ladite commune, climat appelé.....

(*Contravention prévue par l'art.* 479, n.° 10, *du Code pénal*);

En conséquence, ouïr prononcer sur les conclusions qui seront prises à raison de cette contravention. Dont acte. Le coût est de....

(*Signature de l'huissier.*)

2. Contravention rurale dont il y a partie civilement responsable.

L'an mil huit cent...., le...., à la requête (*même intitulé que ci-dessus*),

J'ai...., huissier.... soussigné,

Cité, 1.° Joseph G...., fils mineur du sieur François G...., cultivateur, demeurant à...., étant en leur domicile commun, parlant à...., qui a reçu copie du présent;

2.° Et ledit François G...., comme civilement responsable des actions de son fils, étant en son domicile, parlant à..., qui a reçu aussi copie, et chacun séparément,

A comparaître à...., par-devant...., pour ouïr exposer

Que, par procès-verbal du garde-champêtre

C...., de la commune de...., en date du...., enregistré, il est constaté que le..., à.... heure du...., ledit Joseph G..... a été vu et bien connu, laissant passer une vache confiée à sa garde, sur une pièce de terre ensemencée de blé, située en ladite commune, climat appelé...., appartenant à.....

(*Contravention prévue par l'art.* 475, n.° 10, *du Code pénal*) ;

Entendre en conséquence, lesdits cités, prononcer sur les conclusions qui seront prises à raison de cette contravention. Dont acte. Le coût est de...

(*Signature de l'huissier.*)

SECTION TROISIÈME.

CITATION AUX TÉMOINS.

L'an mil huit cent...., le...., etc.,

(*C'est un particulier qui poursuit.*)

A la requête du sieur Victor J...., cultivateur, demeurant à...., lequel élit domicile en sa résidence audit lieu,

(*C'est le ministère public qui poursuit.*)

A la requête du sieur Louis D...., maire de la commune de..., y demeurant, exerçant les fonctions du ministère public près le tribunal de simple police séant à...., lequel élit domicile en la mairie de ce lieu,

J'ai...., huissier.... soussigné,

Cité, 1.° François L....., cultivateur, demeu-

rant à. . . . , étant en son domicile, parlant à. . . ,
qui a reçu copie du présent;

2.º Et le sieur Pierre M. . . . , vigneron, demeurant à. . . . , en son domicile, parlant à. . . . , qui
a reçu aussi copie, et chacun séparément,

A comparaître en personne à. . . . , par-devant
le tribunal de simple police du canton de ce lieu. . . ,

Pour, après avoir prêté serment, faire leurs dé-
clarations sur les faits et circonstances dont il leur
sera donné connaissance, dans l'affaire intentée
contre le sieur Pierre E. . . . , à peine, lesdits témoins, d'y être contraints, en conformité de l'art.
157 du Code d'instruction criminelle. Dont acte.
Le coût est de. . . . (*Signature de l'huissier.*)

SECTION QUATRIÈME.

SIGNIFICATION DES JUGEMENS DE SIMPLE POLICE, CONTENANT OPPOSITION.

L'an mil huit cent. . . . , le. . . . . (*voir les intitulés à la formule précédente*),

J'ai. . . . , huissier. . . . soussigné,

Signifié au sieur Claude P. . . . , propriétaire,
demeurant à. . . . , en son domicile, où étant, et
parlant à. . . . , qui a reçu copie,

Un jugement rendu contre lui par le tribunal
de simple police du canton de. . . , en date du. . . ,
enregistré (*énoncer, si l'on veut, l'objet de la condamnation*), à ce qu'il n'ignore du contenu en
ce jugement, et qu'il ait à s'y conformer.

Et à l'effet de ce que dessus, j'ai audit P. . . . ,

étant et parlant comme est dit, laissé copie tant
dudit jugement que de mon présent exploit.

Et à l'instant ledit Claude P..... m'a déclaré
qu'ayant été empêché de paraître à l'audience
du...., où ledit jugement a été rendu contre lui,
il s'y oppose formellement, et qu'à la prochaine
audience, qui doit se tenir le...., à..... heure
du...., il motivera son opposition, en la forme
sur ce qu'il n'a pas eu la citation à temps pour
paraître à ladite audience où il a été condamné,
et au fond sur ce qu'il n'est pas l'auteur de la contravention à raison de laquelle il a été appelé en
justice (*ou toutes autres causes d'opposition*), laquelle opposition a été signée dudit P...., de
ce requis. Dont acte. Le coût est de....

(Signature de l'huissier.)

SECTION CINQUIÈME.

OPPOSITION A UN JUGEMENT DE POLICE PAR ACTE SÉPARÉ.

L'an mil huit cent...., le...., à la requête
du sieur Claude P...., propriétaire, demeurant
à...., où il fait élection de domicile en sa résidence audit lieu,

J'ai..., huissier.... soussigné,

Signifié et déclaré (*si c'est à un particulier*) au
sieur Victor J...., cultivateur, demeurant à....
où étant, en son domicile, parlant à...., qui a
reçu copie,

(*Si c'est au ministère public*) au sieur Louis D...., maire de la commune de...., remplissant les fonctions du ministère public près le tribunal de simple police du canton de....., étant au greffe de ce tribunal, parlant à M. Jules F..., greffier y attaché, lequel a reçu copie et visé mon présent original,

Que le requérant s'oppose formellement et expressément au jugement rendu par défaut contre lui le...., par le tribunal de simple police du canton de....

Il fonde son opposition, d'abord, en la forme, sur ce qu'il n'a pas reçu à temps sa citation pour pouvoir paraître à l'audience où ce jugement a été rendu ; et au fond, sur ce qu'il n'est pas coupable de la contravention qui lui est imputée dans ladite citation.

En conséquence (*si c'est à un particulier, on peut mettre*) j'ai cité ledit Victor J.... à paraître à la prochaine audience du tribunal de simple police du canton de...., qui se tient à..., le..., à.... heure du...., salle ordinaire des audiences, pour voir dire que le requérant sera déchargé des condamnations prononcées contre lui, et ledit J.... condamné à tous les frais.

(*Si c'est le ministère public, on peut mettre simplement*)En conséquence, à la première audience, ledit requérant fera valoir ses moyens, et conclura à ce qu'il soit déchargé de toutes condamnations prononcées contre lui par ledit jugement, sans aucuns dépens. Dont acte, sous toutes réserves. Le coût est de.... *(Signature de l'huissier.)*

SECTION SIXIÈME.

APPEL DES JUGEMENS DE POLICE.

L'an mil huit cent...., le...., à la requête du sieur Claude P..., propriétaire, demeurant à..., lequel fait élection de domicile à.... *(désigner ici le lieu où siége le tribunal)*, en l'étude de M.ᵉ N..., avoué en cette ville,

J'ai...., huissier.... soussigné,

Signifié et déclaré *(comme à la formule précédente, suivant la personne ou l'autorité qu'on assigne)*

Que le requérant, par le présent, interjette appel d'un jugement rendu contre lui par le tribunal de simple police du canton de...., et qui lui a été signifié par exploit de...., huissier à...., à raison des torts et griefs qu'il en ressent, et qu'il déduira devant le tribunal.

Et, afin de voir statuer sur cet appel, j'ai, huissier susdit et soussigné, parlant comme est dit, assigné *(désigner la personne qu'on assigne)*,

A comparaître à...., par-devant le tribunal de police correctionnelle séant en cette ville, en la salle ordinaire de ses audiences, au palais de justice, le... (1), à.... heures du matin, pour,

(1) Il faut assigner à un délai de trois jours au moins. *(Code d'instruction criminelle,* art. 184.)

Attendu que la contravention pour laquelle il a été condamné par le jugement dont est appel, n'a pas été poursuivie dans l'année, et que la prescription était acquise au moment des poursuites exercées contre ledit requérant,

Ouïr dire en conséquence qu'il a été mal jugé, bien appelé du jugement du tribunal de simple police dont il est question, et que ce jugement sera mis au néant et comme non avenu; que le requérant sera déchargé des condamnations prononcées contre lui; faisant droit au principal, voir dire que le défendeur est non-recevable dans la demande sur laquelle est intervenu ledit jugement, et condamné à tous les dépens, tant d'instance principale que d'appel. Dont acte, sous toutes réserves. Le coût est de. . . .

(Signature de l'huissier.)

(*Voyez* 1.re *partie, aux mots* Appel, Citation, Opposition, Signification.)

FIN.

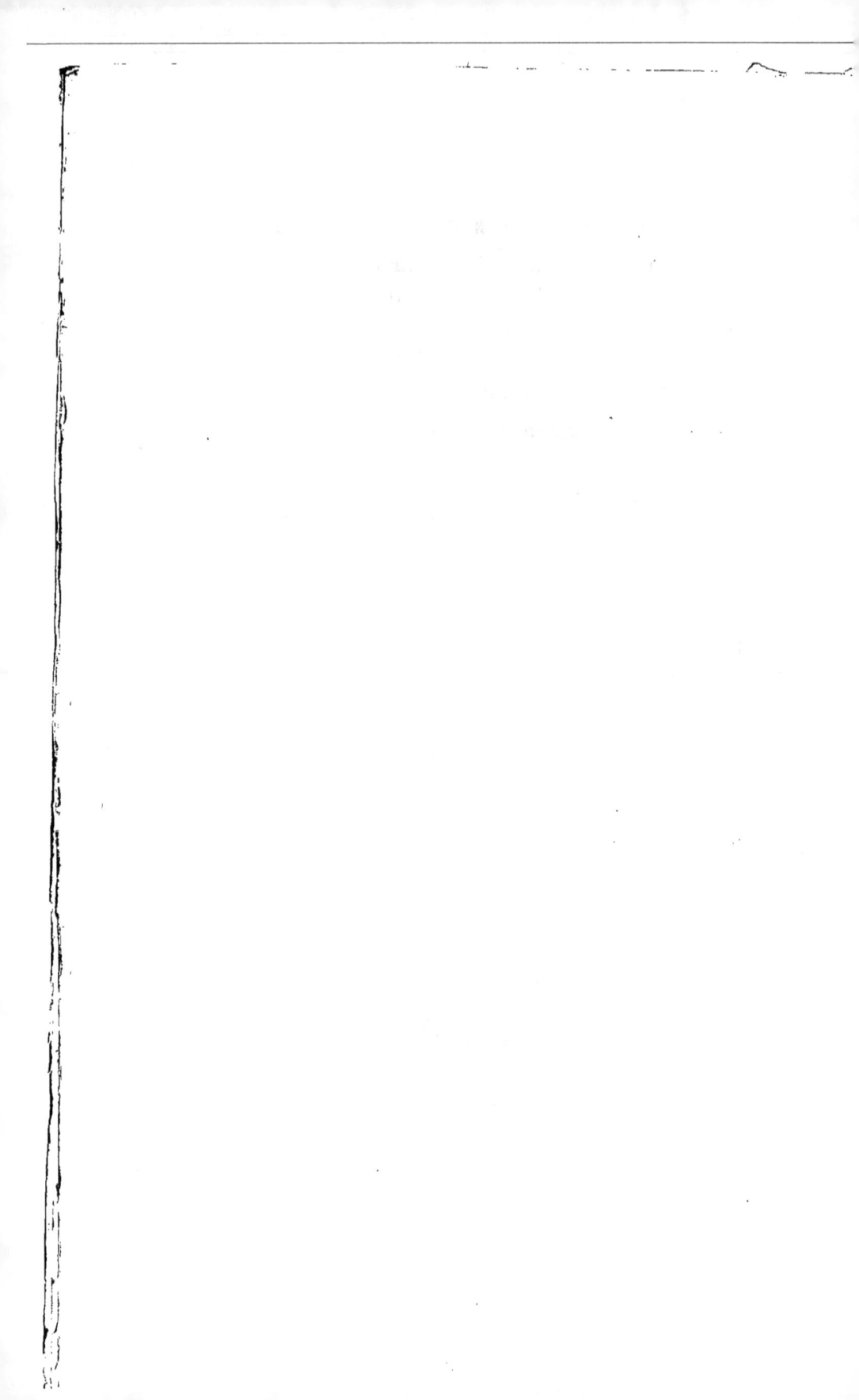

TABLE DES MATIÈRES.

A

Pages

Abrogation. Comment celle des lois a lieu........ 239

Absence. Absent. Distinction des circonstances qui
déterminent l'absence; des cas où l'absent doit
être cité à son domicile le dernier connu; et de
ceux où il est indispensable, au lieu de le citer
lui-même, de diriger les poursuites contre ses
héritiers présomptifs...................... 1

Actions. De toutes celles en général dont le juge de
paix peut connaître, et pour lesquelles le ministère d'huissier est nécessaire................ 149

Actions personnelles ou mobilières. De la compétence
des juges de paix à cet égard; formules dans divers cas, d'après la loi du 25 mai 1838........ ib.

Actions possessoires (Des divers genres d')........ 206
— Des choses qui peuvent être l'objet de ces ac-
tions................................... 212
— Conditions requises pour l'exercice des actions
possessoires............................. 217
— Personnes qui peuvent intenter ces actions... 218
(Voyez aux mots Dénonciation de nouvel
œuvre, Complainte, Réintégrande.)

Adjoint. (Voyez Maire, Membres du conseil, Procureur du roi, Visa.)

Alimens. (Voyez Pension alimentaire.)

Alliance. Empêchement des huissiers de justice de
paix pour cause de parenté et alliance; des effets
de l'alliance, et de divers cas dans lesquels l'huissier ne peut instrumenter pour ses alliés; différence entre l'art. 4 et l'art. 66 du Code de procédure.................................. 2

Amende pour contraventions aux lois sur le timbre.. 3

AMENDE pour contraventions aux lois sur l'enregistrement.................................. 6

— Amendes diverses dont les huissiers sont passibles.................................... 11

APPEL de cause; des huissiers qui y sont tenus; leur rétribution............................. 13

— des jugemens civils de justice de paix; de ceux qui en sont susceptibles; des délais et des formalités qui doivent être observés.............. 14

— Formule.................................. 322

— de ceux en matière de police.............. 15

— Formule................................. 394

APPRENTIS. Contestation entre maître et apprenti.... 189

ARBRES (Elagage des)...................... ib.

AUBERGES (Contraventions de police relatives aux)... 367

AUBERGISTES (Actions relatives aux).............. 162

(Voyez Citation, p. 55.)

AUDIENCES. Quels jours elles peuvent être indiquées; de la police des audiences; par qui elle doit être faite..................................... 19

AUDIENCIERS. Par qui ils sont choisis en justice de paix; suppression des priviléges attachés à ce titre sous l'ancienne législation.............. 20

AUTORISATION des mineurs non émancipés.......... 22

— des mineurs émancipés.................... 23

— des personnes pourvues d'un conseil judiciaire. 26

— Règles diverses.......................... 28

— de la femme mariée, sous tous les régimes de communauté............................. 29

— des communes........................... 38

— des établissemens publics, comme *Hospices, Fabriques*................................ 42

(Voyez à tous ces mots, et encore au mot *mari*.)

— Par qui l'autorisation peut être donnée, et comment on peut l'obtenir.................... 35

AVERTISSEMENT. De ce qu'il était autrefois, et de l'innovation dont il est l'objet depuis la nouvelle loi; pour qui il est obligatoire, et de ceux pour lesquels il n'est que facultatif; mode particulier d'avertissement.......................... 46

B

Bacs et bateaux. Contraventions de police à cet égard. 364
Bancs de bois ou de pierre. Contraventions dont ils sont l'objet. 376
Bateliers (Actions relatives aux). 162
(Voyez Citation, p. 55.)
Batimens. Contraventions dont ils peuvent être l'objet. 376
Bergers. Contraventions à leur égard. 366
Bestiaux laissés morts; constituent une contraven-tion. 369
Billet. Quels juges peuvent connaître de certains billets souscrits entre simples particuliers, sans qualification, ou avec celle de commerçant..... 44
Bois-taillis (Contraventions pour dommages dans les). 371
Bornage (De la nature des actions en). Devant quel juge elles doivent être portées. Innovation à cet égard.................................... 45
Notices et formule....................... 219, 228
Bornes (Déplacement de)..................... ib.
Bourse commune (Lois relatives à la). Emolumens qui ne doivent pas y être versés................ 45
Brevet d'invention. Changement de législation à cet égard; quels juges doivent maintenant en con-naître. 46

C

Cabarets (Police des). 367
Cafés (Police des)............................ ib.
Caution. Par qui elle doit être reçue............ 89
— Délai dans lequel elle doit être présentée. — Pré-sentation de caution; acceptation de caution; contestation de caution; discussion des biens du débiteur principal; formules dans tous ces cas. . 306

Cédule. (Voyez *Enquête.*)

Citations. Des formalités qui sont nécessaires pour leur validité; devant quels juges elles doivent être données, dans tous les cas, en justice de paix, en conciliation, en simple police; innovation sur quelques points contraires à l'ancienne jurisprudence; par quel huissier elles doivent être données; des personnes et des lieux où la citation doit être remise, avec les distinctions relatives *au domicile* de toutes les personnes, et dans toutes les positions; pour quelle personne l'huissier de justice de paix ne peut instrumenter; délais à observer en matière civile, de police, et en conciliation............................... 48

Champs (Dommages aux).................. 189, 192

Changement de domicile. (Voyez *Domicile* et *Citation.*)

Chasse-roues. Contraventions dont ils sont l'objet... 376

Chaume (Couverts en). Des cas où ils constituent une contravention de police................... ib.

Chèvres (Divagation des); est une contravention de police............................ 372

Chiens. De la surveillance des chiens sous les peines de simple police.......................... 373

Commerce (Les affaires de), quelle que soit leur valeur, ne sont pas de la compétence des juges de paix.................................. 156

Communes. Formalités qu'elles doivent remplir pour plaider; intitulés de formules pour les procès qu'elles peuvent avoir tant en demandant qu'en défendant........................... 38, 65

Compensation (Demandes en)............... 230, 252

Compétence des juges de paix depuis la loi du 25 mai 1838, et de celle que les anciennes lois non abrogées leur attribuent encore................. 66

Complainte. Ce qu'on entend par complainte; des diverses actions qui doivent être intentées par cette voie................................. 206

COMPLAINTE (Formule de)..................... 224

CONCILIATION. Procédures relatives au bureau de conciliation, avec formules dans quelques cas les
plus ordinaires.......................... 324

CONCURRENCE entre les huissiers du même canton; innovation à cet égard....................... 66

CONGÉ. Demande en validité de congé, avec formule.. 169

CONSEIL JUDICIAIRE (Manière de procéder pour les personnes pourvues d'un). Intitulés de formules.... 26

CONSEILS DE FAMILLE (Procédures relatives aux). De
leur composition, convocation et réunion; convocation sur réquisition; convocation d'office;
sommation de composer le conseil; notification
de l'avis du conseil; cédule pour être autorisé à
délibérer sur une excuse du tuteur ou subrogé
tuteur; assignation pour demander la réformation d'une délibération du conseil qui n'a pas été
unanime; requête pour obtenir l'homologation
d'une délibération de ce conseil; assignation pour
obtenir l'homologation du conseil contre le tuteur; opposition à homologation; assignation
pour faire déclarer non-recevable l'opposition à
l'homologation; formules dans tous ces cas..... 248

CONTRAINTES. Quels huissiers doivent signifier les contraintes des juges de paix................ 112

CONTRAVENTIONS. (Voyez *Tribunal de police*, chapitre 1.er, page 346; et au mot *Prescription*,
page 129).

COPIE. Ce qui est relatif aux copies. (Voyez *Exploit*
et *Citation*.)

COPIES DE PIÈCES. (Voyez *Amende* et *Tarif*.)

CURAGE DES FOSSÉS ET CANAUX.................. 189

D

DATE. Ce qui rend la date des actes exacte et régu-
lière................................. 68

DÉFAUT. (Voyez *Jugement*.)

26

Dégradation dans divers cas dont le juge de paix
    peut connaître. 83
Délais. Cédule pour abréger les délais de citation. 281
Délaissement. (Voyez *Conciliation.*)
Délit. (Voyez *Contravention.*)
Déni de justice. Des cas où il y a lieu à un acte de
    cette nature, et à qui il doit être signifié....... 68
Dénonciation de nouvel oeuvre (Des actions en).... 210
    — Formule.................................... 226
Dépens. (Voyez *Frais* et *Salaire.*)
Diffamation verbale (Action civile pour)........... 190
Dimanche. (Voyez *Fêtes.*)
Distance (de la). Des travaux intermédiaires requis
    pour certaines constructions dont connaît le juge
    de paix. 204
Domestiques et maîtres (Contestation entre)....... 189
Domicile. Comment se reconnaît le domicile; de ce
    qu'il est relativement à la juridiction; de ses ef-
    fets; comment il s'acquiert; de quelle manière
    il cesse..................................... 69
      (Voyez Citation, 59.)
Dommages aux champs, fruits, et récoltes......... 189
Douanes (Compétence des juges de paix en matière
    de)... 279
Droits litigieux. Ce qu'on entend par là; des per-
    sonnes qui ne peuvent les exercer, les huissiers
    entre autres................................. 75

E

Élagage des arbres et haies. 189
Empêchement des huissiers de la justice de paix; cé-
    dule qui en commet un autre en ce cas; notifi-
    cation de la cédule........................... 280
Enquêtes. Quand le juge de paix peut ordonner une
    enquête; requête pour être autorisé à citer des
    témoins; ordonnance d'autorisation; citation aux
    témoins..................................... 75
    —Formules.................................. 295

ENREGISTREMENT. Bureaux où les actes doivent être enregistrés ; de ceux qui doivent l'être gratis, en débet, et des droits d'enregistrement sur tous les autres actes d'huissier.. 77

ETABLISSEMENS PUBLICS. (Voyez *Fabriques, Hospices.*)

ETRANGERS. Ce qu'on entend par étrangers ; ce qu'ils doivent faire pour plaider devant les tribunaux français ; en quels lieux ils doivent être cités.. .. 88

EXÉCUTION PROVISOIRE. Dans quels cas il y a lieu à exécution provisoire des jugemens de justice de paix.................................. 89

EXPERTS. Cédule pour les appeler ; notification de cette cédule................................ 285

EXPLOITS. De leur rédaction ; par qui ils peuvent être écrits ; comment ils doivent être signifiés ; jurisprudence relative aux formalités nécessaires pour les rendre réguliers.................... 89

EXPULSION DE LIEUX. Des cas où les juges de paix en connaissent.............................. 169

F

FABRIQUES D'ÉGLISE. Formalités qu'elles doivent observer pour intenter une action ; disposition particulière quand c'est un objet de peu de valeur ; par qui leurs procès doivent être soutenus ; les tribunaux ordinaires sont compétens en ces matières ; par qui le visa doit être donné en cas de signification ; intitulés de formules en demandant et en défendant.................... 97

FAMILLE (Voyez *Conseil de*).

FEMME MARIÉE. Comment elle doit procéder en justice ; des cas où elle a besoin d'autorisation ; de ceux où cette autorisation ne lui est pas nécessaire... 99
(Voyez *Autorisation.*).

FERMAGES (Action en paiement de)............ 169

FERMIER (Action pour non-jouissance de la part du). 183

FORMALITÉS. De celles nécessaires pour la validité des actes................................. 101

404 TABLE.

Fêtes. Quelles sont celles en France pendant lesquelles on ne peut signifier les exploits....... 100

Fondés de pouvoirs. (Voyez *Procureur fondé.*)

Fossés et canaux (Curage des)................. 189

Frais et salaire. Comment les huissiers doivent procéder pour le paiement de leurs frais; devant quel tribunal leurs demandes à cet effet doivent être portées.............................. 102

Fruits (Dommages aux)....................... 189

G

Garans, Garantie. Mise en cause des garans; des différentes garanties; garantie simple; garantie formelle; elle n'a lieu au possessoire qu'en certains cas.................................. 289

Gens de travail. Contestation entre eux et ceux qui les occupent............................. 189

Greffier de justice de paix. (Voyez *Récusation,* et *Opposition en matière de police.*)

H

Haies (Elagage des)........................ 189

Héritier bénéficiaire. (Voyez *Homologation.*)

Homologation. (Voyez *Conseil de famille.*)

Hospices. Par qui ces établissemens sont administrés, et au nom de qui les procès qui les concernent doivent être soutenus; intitulés de formules des demandes formées pour eux et contre eux.... 103

Hôteliers. Actions relatives aux hôteliers et voyageurs................................. 162

Huissiers de justice de paix. Leur historique, leur résidence, leurs attributions; service à l'audience; devoirs divers; notices de jurisprudence qui les concernent................................ 105
        (Voyez *Exploit.*)

I

IMMATRICULE. (Voyez *Exploit.*)

INDEMNITÉS réclamées par le fermier ou locataire.... 183

INONDATION (Dans quelles limites le juge de paix connaît des pertes causées par)................. 184

INCENDIE. (Compétence du juge de paix pour pertes causées par)............................. 184

INJURES (Action civile pour). 190
   (Voyez *Tribunal de police.*)

INTERDICTION du pâturage..................... 377

INTERDITS. Comment ils agissent en justice; intitulés de formules........................ 26, 113

INTERLOCUTOIRES (Voyez *Jugemens*).

J

JUGE DE PAIX. Attributions de ce magistrat....... 114

JUGEMENS interlocutoires et préparatoires.......... 285

JUGEMENT par défaut, avec signification........... 298

— de simple police, contenant opposition...... 391

JURIDICTION des maires comme juges de police...... 349

L

LICITATION. (Voyez *Conciliation.*)

LOCATAIRE. Action du locataire pour non-jouissance.. 183

LOCATIONS EN GARNI (Actions relatives aux)........ 162
   (Voyez *Citation*, p. 55.)

LOGEURS (Actions relatives aux). 162

LOYERS (Action en paiement de)................ 169

M

MAIRES. Attributions et obligations de ces fonctionnaires; des actes de justice de paix qu'ils doivent recevoir et viser...................... 94, 115

— Leur juridiction comme juges de police....... 349

MAITRES ET DOMESTIQUES (Contestation entre les).... 183

MANDATAIRE. (Voyez *Procureur fondé.*)

26 *

MARGUILLIER. Formalités à donner aux actes qui leur sont signifiés............................. 94

MARI. De son autorité et de sa responsabilité à l'égard de sa femme.............................. 115
    (Voyez *Autorisation,* 29; *Femme mariée,* 99.)

MEMBRES DU CONSEIL MUNICIPAL. Cas où ils sont préposés pour recevoir copie des actes d'huissiers de justice de paix, et de ceux où ils n'ont pas qualité... 116

MILITAIRES. Des personnes comprises sous cette dénomination; comment et où elles doivent être citées. 117

MINEURS non émancipés. Comment et par qui ils doivent être représentés en justice ; intitulés de formules..................................... 22

MINEURS émancipés; distinction entre ceux-ci et les premiers; de l'assistance du curateur; autres genres de formules............................ 23
    (Voyez *Exploit.*)

MINISTÈRE PUBLIC. Qui exerce ces fonctions en simple police; ses attributions...................... 118
    (Voyez *Tribunal de police,* p. 346.)

MISE EN CAUSE DES GARANS. (Voyez *Garans.*)

MOBILIÈRE (Action). (Voyez *Action.*)

MORT CIVILE. Droits dont elle prive les personnes.... 119

N

NOURRICES (Contestations relatives aux)............ 190

NOUVEL OEUVRE (Voyez *Dénonciation de*).

NULLITÉ. Exception en justice de paix à l'égard des nullités; des cas où elles ont lieu dans les actes en conciliation et en simple police.......... 119

O

OCTROIS. Actions de la compétence des juges de paix en matière civile à l'égard des octrois; formules.. 270
— en matière de police simple.............. 380

OPPOSITION aux jugemens de justice de paix et de

simple police; formalités qui doivent être obser-
vées... 120
OPPOSITION. Formules d'opposition aux jugemens par
défaut, d'opposition après les trois jours écoulés,
de l'ordonnance qui doit l'autoriser en ce cas.. 301
OPPOSITION aux scellés (Voyez *Scellés.*)
OPPOSITION à homologation. (Voyez *Conseil de fa-
mille.*)
ORDONNANCE. (Voyez *Enquête.*)
ORIGINAL. (Voyez *Citation, Exploit, Visa.*)
OUVRIERS (Actions relatives aux)................ 162
(Voyez Citation, p. 55.)

P

PARENT. PARENTÉ. Diverses espèces de parenté; de
ceux pour lesquels l'huissier de justice de paix
ne peut instrumenter. Distinction entre l'article
4 et l'article 68 du Code de procédure à cet
égard..................................... 124
PARCOURS (Contraventions à l'égard du)......... 374
PARLANT A. Comment il doit être rempli pour la régu-
larité des actes.......................... 95
(Voyez *Citation.*)
PARTAGE OU LICITATION. (Voyez *Conciliation.*)
PATENTE. Enonciations auxquelles les huissiers sont
tenus..................................... 126
(Voyez *Exploit.*)
PATRES Règlement à l'égard des)................ 366
PATURAGE (Interdiction du); contraventions à cet
égard..................................... 377
PATURE (De la vaine); peut donner lieu à contra-
vention.................................... 377
PENSION ALIMENTAIRE (Demande de)...... 204, 222, 229
PÉREMPTION. Comment elle s'acquiert en justice de
paix; délais particuliers.................. 127
PERSONNELLE (Action). Voyez *Action.*
PIGEONS (Police à l'égard des)................. 368

PLANTATIONS D'ARBRES ou haies (Actions relatives aux)................................. 204, 219

POIDS ET MESURES. Cas où il y a contravention à cet égard.................................... 361

POSSESSOIRE (Action). Voyez *Action.*

POUVOIR nécessaire aux huissiers pour agir........ 128

PRÉNOMS. (Voyez *Citation.*)

PRÉPARATOIRES (Voyez *Jugemens*).

PRESCRIPTION des actions dont peut connaître le juge de paix en matière civile, de police, etc. 129

PROCURATION. (Voyez *Procureur fondé.*)

PROCUREUR DU ROI. Cas où l'huissier est obligé de recourir à lui pour régulariser ses actes........ 135

PROCUREUR FONDÉ. Comment on agit en justice en cette qualité.................................... 131

— Comparution par procureur fondé............. 282

R

RATURE. Comment elle se constate et doit être approuvée................................... 136

RÉBELLION. Ce que l'huissier doit faire en ce cas... 136

RÉCOLTES (Dommages aux)...................... 189

RECONNAISSANCE D'ÉCRITURE; n'est pas de la compétence du juge de paix.......................... 147

RÉCONVENTION. Des demandes reconventionnelles.... 250

RECOURS EN CASSATION des jugemens de justice de paix. 238

RÉCUSATION du juge de paix, du ministère public, des experts, des arbitres; formules dans ces différens cas..................................... 312

RÉINTÉGRANDE (Ce qu'on entend par). Actions qui doivent être intentées par cette voie........ 208

— Formule.................................... 225

RENVOIS. Comment ils se font et doivent être approuvés. 138

RÉPARATIONS locatives des maisons ou fermes, à la charge du locataire.......................... 189

RÉPERTOIRE. Comment les huissiers doivent le tenir... 158

REPRISE DE TERRE, ou dommages aux champs (Ce

qu'on entend par), en matière civile et de police............................ 192, 378

Résiliation de baux (De la compétence du juge de paix, avec formule, en matière de)......... 169

Résolution de vente. (Voyez *Conciliation.*)

Responsabilité des huissiers.................. 138

Réunion de plusieurs demandes; comment le juge de paix peut en connaître.................. 232

Rixes et voies de fait (Actions civiles pour)........ 190

S

Saisie-gagerie (Demande en validité de) devant le juge de paix............................ 169

— Cas où le juge de paix peut permettre cette saisie.................................... 233

—Requête pour obtenir cette permission....... 234

—Ordonnance portant permission de saisir-gager.. 235

— Formule de saisie-gagerie................. 236

Scellés (Procédures relatives aux). Opposition sur le procès-verbal; opposition par exploit séparé; *idem* d'un héritier bénéficiaire et par un intéressé en sous-ordre; sommation d'assister à la levée des scellés.......................... 240

Signification des jugemens de justice de paix...... 300
        (Voyez *Enregistrement*, p. 82.)

— des jugemens de simple police, avec opposition.................................... 391

Sommation d'assister à la levée des scellés.
        (Voyez *Scellés.*)

Subrogé tuteur. (Voyez *Conseil de famille.*)

Suspension des huissiers de justice de paix........ 239

T

Taillis. (Voyez *Bois-Taillis.*)

Tarif des huissiers de justice de paix en matière civile et de police........................ 140

Témoins. (Voyez *Enquête* et *Tribunal de police.*)

Timbre. De celui qui doit être employé, et des peines encourues pour contravention aux lois sur le timbre.................................... 145

Tribunal de paix. Comment il est composé, et de ses attributions....................... 146

Tribunal de police. De sa composition ; du ministère public à ce tribunal......................... 146

— De sa compétence pour juger des contraventions de première, deuxième et troisième classe prévues par le Code pénal, et des contraventions qui n'ont pas été prévues par ce Code........ 346

— Distinction dans le mode de poursuivre les contraventions, et de la différence qui existe entre elles.................................. 382

— Formules diverses d'actions poursuivies par les particuliers pour injures verbales, reprises de terre, et contraventions forestières.......... 384

— Formules d'actions intentées par le ministère public pour contraventions rurales, lorsqu'il y a ou non partie responsable.................. 388

— Citation aux témoins en simple police........ 390

— Signification de jugement de simple police contenant opposition.......................... 391

— Opposition à un jugement de police par acte séparé, signifiée à un particulier ou au ministère public.................................. 392

— Appel des jugemens de simple police........ 394

Tuteur. (Voyez Autorisation, p. 22, et Conseil de famille.)

V

Violences légères ; constituent une contravention particulière.................................. 370

Visa. Par qui il doit être donné quand on cite une commune.................................. 97

— Des cas où l'huissier de justice de paix doit le requérir, des personnes qui doivent le donner, et de la rétribution y attachée dans certains cas. 147

Voies de fait (Actions civiles pour). 190

Voierie. Voie publique. Contraventions à cet égard. . 375

Voisins. Les copies de citation en justice de paix ne doivent pas leur être remises.

Voituriers (Actions relatives aux). 162
(Voyez Citation, p. 55.)

Volailles. Comment se répriment leurs dégâts. 368

Voyageurs (Actions relatives aux). 162
(Voyez Citation, p. 55.)

FIN DE LA TABLE.

ADDITIONS ET RECTIFICATIONS.

Page 15, ligne 28, au lieu de *compétent*, lisez *compétemment*.

Page 20, ligne 3, au lieu de *verbalement*, lisez *valablement*.

Page 26, ligne 19, au lieu de *augmenter*, lisez *emprunter*.

Page 38, ligne 8, après *domicile*, ajoutez *marital*.

Page 43, ligne 8, après *justice*, supprimez *de paix*.

Page 45, ligne 14, après *domicile*, ajoutez *du défendeur*.

Page 47, ligne 20, au lieu de *la*, lisez *leur*.

Page 67, ligne 4, au lieu de 13 *juin*, lisez 14 *juin*.

Page 80, ligne 2, après 50 *centimes*, ajoutez *et si c'est à partie*, 1 *fr.*

Page 97, ligne 4, au lieu de 10 *juin* 1832, lisez 1812.

Page 121, ligne 13, au lieu de *si le délai*, lisez *si dans le délai*; et ligne 15, après *lendemain*, ajoutez *du dernier jour*.

Page 122, ligne 15, après *trois mois*, lisez (*aujourd'hui trente jours.*)

Page 131, ligne 4, au lieu de *délits ruraux*, lisez *contraventions*; et ligne 6, au lieu de *ceux-ci*, lisez *celles qui y sont prévues*.

Page 132, ligne 19, au lieu de 290. lisez 190.

Page 136, ligne 16, au lieu de *sera*, lisez *serait*.

Page 167, ligne 16, au lieu de 59, lisez 2.

Page 185, ligne 13, au lieu de *incompétent*, lisez *compétent*; et ligne 18, supprimez *aussi*.

Page 206, ligne 5, au lieu de *Rioche*, lisez *Bioche*, et partout où cet auteur est rappelé.

Page 210, ligne 22, au lieu de *possession*, lisez *trouble*.

Page 213, ligne 9, au lieu de *Garnier*, lisez *Granier*, et partout où cet auteur est rappelé.

Page 337, ligne 20, après *billet*, ajoutez *et portant à la somme de*....

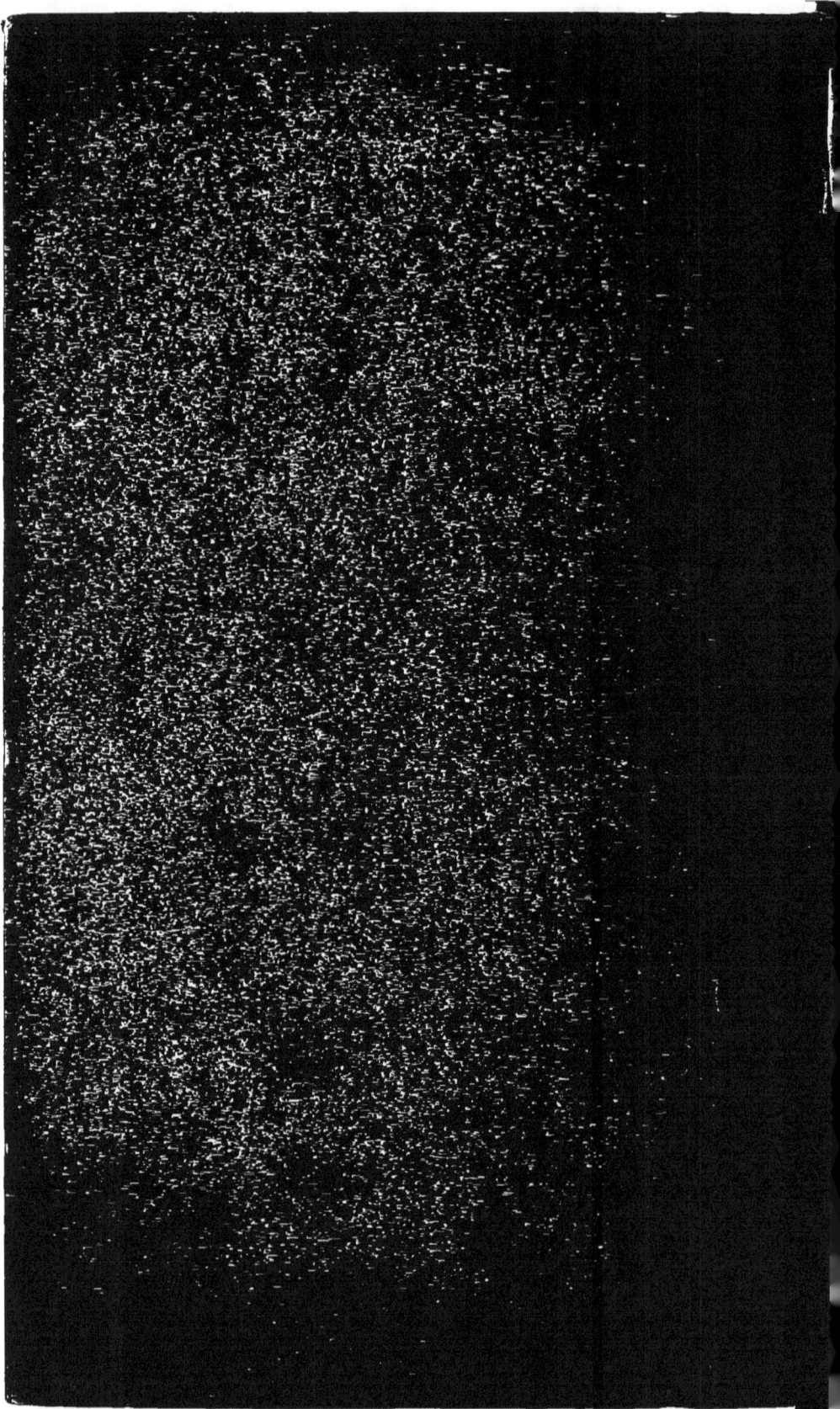

www.ingramcontent.com/pod-product-compliance
Lightning Source LLC
Chambersburg PA
CBHW060951220326
41599CB00023B/3680